部级领导干部历史文化讲座

大国价值

中华优秀传统文化蕴含的道德理念规范

国家图书馆◎编

国家圖書館出版社

图书在版编目（CIP）数据

大国价值 / 国家图书馆编. –– 北京：国家图书馆出版社, 2017.10

ISBN 978–7–5013–6285–1

Ⅰ.①大… Ⅱ.①国… Ⅲ.①中华文化—文集 Ⅳ.①K203–53

中国版本图书馆CIP数据核字(2017)第244568号

书　　名	**大国价值**	
著　　者	国家图书馆　编	
责任编辑	王燕来　　黄　鑫	
出　　版	国家图书馆出版社（100034　北京市西城区文津街7号）	
	（原书目文献出版社　北京图书馆出版社）	
发　　行	（010）66114536　66126153　66151313　66175620	
	66121706（传真）　66126156（门市部）	
E－mail	nlcpress@nlc. cn（邮购）	
Website	www.nlcpress.com→投稿中心	
经　　销	新华书店	
印　　装	北京中科印刷有限公司	
版　　次	2017年10月第1版　2017年10月第1次印刷	
开　　本	787×1092（毫米）　1/16	
印　　张	25.5	
字　　数	354千字	
书　　号	ISBN 978–7–5013–6285–1	
定　　价	68.00元	

目　录

宁　可
中国古代吏治的得失与借鉴

　　宁可（1928—2014），男，湖南省浏阳市人，1928年12月生，毕业于北京大学史学系。1948年参加革命，中共党员。历史学者、敦煌学者。

　　首都师范大学历史系教授、博士生导师。著有《宁可史学论集》《敦煌社邑文书辑校》（合作）、《敦煌的历史与文化》（合作）等；主编或参加主编有《中国经济发展史》《隋唐五代经济史》《中华五千年纪事本末》《敦煌学大辞典》《英藏敦煌文献（汉文非佛经部分）》等。

吏治，指古代官吏特别是地方官吏管理和统治民众的方式和治绩。放宽一些，它涉及官吏的教育、选拔、任免、考核、监察和奖惩等诸多方面。从这样的意义上说，吏治也就是治吏，或者叫吏政。

官吏、官或吏，是各级官员的通称。但古代官和吏亦各有专门的含义。官，一般指有品级的、地位较高的官员，低的无品级的如书办等则称为吏。吏在中国古代官僚体制中是很重要的一部分，人多而杂，问题也多。官多是读书人出身，读的是儒家的经书，很多实用的东西没有学，也不大清楚，官是个特权阶层，高高在上，不熟悉下情，具体的政务不大会管，也不怎么想管，具体的事都由吏去办；官又往往有一定的任期和升降调动，而吏则在本部门常年办事，熟悉事务和各种关系。所以，吏在官僚体制中很重要，甚至可以操纵政事，问题最多，也最难管理，吏治的败坏，他们往往起着很大的作用。在这里，我们把官和吏共同的问题放在一起讲，至于属于吏的一些特殊问题，先不涉及。

官分文武，这里只讲到文官，武官的一些特殊问题也先不涉及。

一、中国古代吏治的概况

中国古代统治者十分重视吏治，乃至"治吏"重于"治民"，韩非子甚至主张"治吏不治民"，这是中国古代政治的一个特点，是专制主义中央集权的官僚制度所决定的。专制主义中央集权政治是中国古代历史的一大特点。战国秦汉以来，中国封建社会的基础是地主经济，地主占有土地，分租给农民，收取地租，主要是一种经济上的剥削关系。地主比较分散，作为单个的地主，在政治上直接统治农民是比较困难的，不够强的。不像欧洲中世纪的领主那样，他们有自己的行政权、财政权、司法权、军事权等。因此，地主阶级的政治权力集中到他们的总代表皇帝那里。皇权是最高的、唯一的、绝对的。但皇帝不可能直接统治和管理民众，而是要靠各级官吏来管理和统治。就像一个金字塔式的网络，顶尖上是皇帝，下边是各级政府和官吏，底层是民众。官僚的权力是皇帝给的，官僚对皇帝负责。这种权力很大，几乎是事无不统，例如户籍制度之严密是世界历史上仅见的，强制性极强。君主专制、中央集权其他古代国家也有，像古代埃及、波斯、拜占庭，后来的奥斯曼帝国、俄罗斯等，但没有中国这样完备而严整的官僚制度。17、18世纪以来的欧洲，曾经出现过专制王权和官僚体制，它的基础同中国的君主专制不同，它的君主专制是贵族、平民、僧侣等力量制衡的产物，也是近代民主制度下文官制度的前身，跟中国古代的情况是不一样的。

（一）中国古代吏治的完备与严整性

中国古代吏治的完备与严整性表现在：

1.有明确的指导思想

重视官员的"德"，也就是官员的教育。教育从小抓起，包括学校，主要是教授儒家经书中的政治思想和德行操守，选官要依此标准，考试也依此。而且官员还负有"教化"百姓的职责。这是中国古代吏治的一个重要特点。

2.有为官的具体规范和标准

先秦典籍《左传》里就讲到相传为舜制法律的皋陶法中规定："昏、墨、贼，杀。"即当官的不明、贪赃、滥施刑法的杀头。反过来，清明廉洁、公正执法，就是做官的基本要求。以后也一直如此。"清官"的标准也就是"公正廉明"，当然还有其他一些。此后，做官的具体规范、要求越来越多。出土的云梦秦简有官书《为吏之道》，此后皇帝的诏诰圣训、律法等也有不少这方面的内容。唐宋以来私家著述多了起来，托名东汉大儒马融的《忠经》，主要是针对做官的和要做官的人讲的。还有各式各样的"官箴"，从宋到清，数量不少。具体到如何断案，对付上级、下级、猾吏，连对付仆役、长随的办法都有。

3.有法令的详细规定

中国法律，主要是刑法，这是中华法系的一个特点，其中相当大的一部分是官员执法和犯法的处罚规定。

4.对吏治有专门机构负责

其中尤其是相对独立的强有力的御史制度，这也是中国古代政治制度的一个特点。

中国历史悠久，专制主义中央集权的官僚制度从秦汉以来延续了两千多年，关于吏治的记录非常丰富，是中国的特点。从这里总结出来的经验教训非常多，可资借鉴的不少。我们以唐朝为例，约略勾画一下古代吏治的方方面面。之所以选择唐朝，是因为它处在中国封建社会的一个承上启下的时期，各种制度由秦汉时的粗疏多变而趋于定型完备，并为后世所继承，当然后世也有变化和趋于严密。就吏治败坏的材料而论，唐朝不如以后各朝那么多而具体。晚清吏治败坏，有李宝嘉的《官场现形记》和吴趼人的《二十年目睹之怪现状》两部小说可看。虽是小说，却真实反映了当时官场腐败的情况，而且多以真人真事为基础，可以增加一些感性认识。

（二）唐朝吏治的情况

1.指导思想

唐继隋而建。隋建立时局面很好，但被第二个皇帝隋炀帝的暴政搞垮了。凭借农民大起义浪潮而起的唐朝，以唐太宗为代表的统治者有一个很明确的思想，那就是接受前朝覆亡的教训，处理好统治者与民众的关系，这和西汉初年的统治者是一样的。不同的是西汉初年统治者崇尚黄老的"清静无为"，而唐朝初年的统治者则采取儒家的"仁

《官场现形记》封面

义为治""简静务本"的治道方法。具体做法都是去奢省费，轻徭薄赋，减省刑法，以求恢复和发展生产，稳定社会秩序。突出的是，唐太宗清楚地认识到，"官吏贪求"是导致隋末农民起义的重要原因，而清明的吏治则是实施上述种种政策的重要环节和保证。为此，针对"民少吏多"的弊端，大力省并州县，裁减内外官吏，节省政府开支，减轻人民赋役负担。重视选用廉吏，特别是地方长官人选。唐太宗曾把各地都督、刺史的名字写在屏风上，"得其在官善恶之

《二十年目睹之怪现状》封面

迹，皆注于名下，以备黜陟"。并曾派大员巡行全国，升迁廉吏，惩治贪官。他"深恶官吏贪浊，有枉法受财者，必无赦免。……随以所犯，置以重法"。再就是广开言路，虚心纳谏。这样，隋末混乱残败的局面很快改观，几年之内就出现了农业丰收，逃户归乡，四夷降附，人口繁息，牛马被野，物价下落，商旅野次无复盗贼，图圄常空的太平繁荣的景象，这就是历史上有名的"贞观之治"。而唐太宗的重视吏治及其种种措施的作用，是显而易见的。

2.对官吏的选拔任用

西汉立国，官员的选拔任用尚没有具体的制度。以后实行察举制，主要由地方官吏推荐人才，标准是德和才，尤其是德。这样的标准太抽象又不固定，加上地方官是自行了解推荐，缺乏衡量的规范，结果弊端丛生，冒滥作假，东汉后期弄到"举秀才，不知书，举孝廉，父别居"的地步。魏晋南北朝，随门阀政治而行九品中正制，以门第高下取得不同的任官资格，结果是"上品无寒门，下品无势族"。隋朝起，行科举制，唐朝大行，一直延续到晚清，靠考试选官，考试内容主要是儒家经

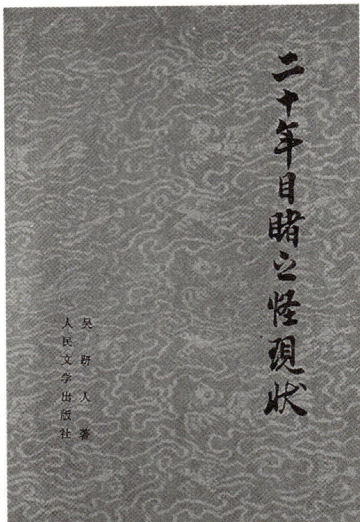

典。标准具体、方法公平，更多的人可以凭自己的本事经过考试去做官，做官的途径扩大了，这是一大进步。问题是儒家经典的理念和现实政治生活及做官治事的能力有一段相当大的距离。考试的方法，唐代是"帖经"，即填空，纯属知识的记忆。最煊赫的考试是进士科，重视诗赋，但那也只是显示考试者的文才，而非经世之道。到了明清，考试是具有严格框架程式的八股文，内容又限制为"代圣贤立言"，不许有独立见解，更是脱离实际。唐代科举，请托走后门是公开的；宋代以后，有糊名誉录之制，但仍然难以杜绝作弊；清代几次科场大案，处死的考官不少，获罪发配的官员更多。唐代科举考试合格，只是取得任官资格，中者还需经吏部试"身、言、书、判"，考核其做官能力，才能任命。此后，这样的做法淡化了。总之，科举考试是一种比察举和九品中正进步的制度，但仍难于很好地选择行政人才。

古人科举考试的场景

科举只是唐以后选官制度的主流，察举、九品中正的遗风一直不断，荐举、私人任命、门荫仍是重要门径。至于花钱买官，从西汉开始就一直不断，晚清捐纳之滥，更是到了空前绝后的地步。此外，地方官直接任免属吏的办法一直延续下来，不属于正式品官的属吏差役直接行使权力，又最冗滥难治，这也是吏治最难办的一个方面。科举之外的非正途出身的官员是吏治败坏的一个原因，而科举出身的官员又因其并不见得胜任，往往要依靠属吏，包括清代的"师爷"。在当时条件下，科举考试并不可能真正做到优选人才，为政清明，遏制腐败。

3.对官吏的考核

唐代官员一年一小考，四年一大考，由吏部考功司负责日常材料，临考核时大臣主持。有统一的考课内容和评定标准（很复杂，不备举），分为九等，其中居官谄诈、贪浊有状的为下下等（可以注意，古代吏治历来重视贪污受贿问题），以考核定官阶俸禄的升降。认真执行，是很好的办法，但如敷衍塞责、官官相护、徇私受贿，那就只能是具文，而且是腐败的表现。

4.对官吏的监察

监察制度是中国封建专制主义中央集权官僚体制的一个大特点。

封建专制主义中央集权制度最高权力集中在皇帝，运作则靠庞大的各级官僚体系。皇帝对这个机构和官员的控制、防范与监察是必然的。监察机构一般直属皇帝，在官僚系统中具有相对的独立性，地位很高，权柄很大，有直接检查、接受投诉、弹劾官吏、处置案件等权，甚至可以"风闻奏事"。不仅有对官员的监察权，而且有行政权和司法权，并有保障这些权力不受干扰阻碍的种种规定（当然也有限制这些权力被滥用的种种规定）。秦和西汉，中央政府中司监察的御史大夫地位很高，是副丞相，地方上也有相应职司监察的官吏。但御史大夫职掌很多，管事很杂，以后御史大夫才专司监察。西汉中期，又设司隶校尉纠察京畿，十三部刺史分巡各地。刺史以六条问事，其中五条针对地方官员。唐代监察有多种渠道，好些政府机构内部及彼此间都有互相监察的职能。专门监察机构分台、谏两部分，谏官对皇帝提意见，议论政务得失，常是不痛不痒之议，作用不大。御史台则专门为皇帝监督官员，非常重要。御史是皇帝的耳目，直接对皇帝负责，甚至称可"代天子巡狩"。唐朝御史台分三院：台院专门纠弹中央百官，殿院巡视宫禁京城，察院的监察御史，分道巡按州县。明清御史台称都察院，长官都御史官居一品。地方的总督、巡抚也带金（副）都御史衔，有监察属下各级官员的权力。御史特别是分巡各地的巡按权柄很大：第一，可以直接受理人们的投诉，甚至越衙上告。第二，可以独立办案，不受地方官员的干扰，可以会同司法机关审案，也可直接处置案件，包括抓人、搜集罪证、审问、定罪、施刑（有时死刑也可先斩后奏）。第三，监察范围很广，举凡行政、军事、财政、司法乃至官员生活作风都可以管。宋朝以后，御史特别是巡按御史更集中在接受上告、清查案件、平反冤狱这方面，即官员的执法与枉法问题。宋以后，人们称道歌颂的清官，往往是侧重这个方面。第四，沟通民情，中国封建社会，民告官属于以下犯上，限制很多，唐代越衙上告，多半可不受理，还要受答刑，先治你个以下犯上之罪。后来到御史那里告状，限制要少一些，甚至御史巡按一地，出牌"放告"，放开来受理。第五，正因为这样，对监察官的要求、任用、处罚也就特别严格。

5.对官吏犯罪的处罚与防范

法令有明确的规定。特别是涉及贪污受贿的处罚。中国古代特别重视官吏的贪赃问题，贪赃必定枉法。前述皋陶为舜制定法律时就强调"昏、墨、贼，杀"。唐太宗注重选用廉吏，深恶官吏贪浊。明太祖朱元璋讲过，"吏治之弊，莫过于贪墨"。唐代法律对"主守盗"（贪污）、"以财行求"（行贿）、"因事受财"（受贿）、"受所监临财物"（侵吞公物，收受属下财物，包括送礼）、"请求"（请托）、"乞索"（勒索）、非法役使属下和百姓、侵夺百姓私人田产等，都有具体的量刑规定。还规定官员不许经商放贷，不许通过代理人经商，家属也不能在其辖区内经商放贷，不许利用职权参加外贸活动。另外，还有官吏任职的回避制

唐代官吏常服

度，地方官避本籍，中央高官近亲避京畿，中央高官子弟避监谏官，亲戚避同署联事。官吏犯罪，还要追究其上级和同僚的连带责任。

关于提高行政效率，法令也有明确规定。如公文的收授周转均有时日限制，超出要处分，延缓、扣压有罪。

"贞观之治"给唐朝吏治开了一个好头，但到唐太宗晚年，他所奉行的"治道"原则已经不大能讲求了，他个人奢侈逸乐的毛病也开始出现。到了高宗特别是武则天，政局有几次变化，这期间武则天大量非制度化除授官吏，告密酷刑之风四起。武则天打击的主要是上层反对她的政治势力，唐太宗奠定的开明吏治的基础还在，制度化的运作还能大体遵行，保证了唐朝在这80年间维持着上升的局面。武则天以后，中宗、韦后、太平公主操纵朝政，吏治松池。玄宗即位，励精图治，整饬吏治，任用贤臣，淘汰冗官，加强制度化运作，以保障经济繁荣和社会稳定，唐朝在玄宗开元年间达到它兴盛繁荣的顶点，但社会矛盾也在兴盛外衣下逐渐孕集。到了天宝年间，玄宗从励精图治走向怠惰逸乐，政事不修，大肆奢靡。各种制度开始败坏，"钱谷之司，务为刻剥，向下苛索，名目万端"，吏治由松弛走向败坏。杨贵妃兄宰相杨国忠一身兼四十多个使职，"军国之务，决于私家，事务责成胥吏，贿赂公行"。促成了安史之乱。安史之乱以后，唐朝开始走下坡路，吏治情况也越来越糟，其间虽有几个皇帝和大臣想改变这种局面，但无法扭转这一趋势。文宗时的改革因政变而失败，宣宗时稍有起色，不久后就更糟。社会危机增长与吏治败坏是同步的。晚唐懿宗时的刘允章上直谏书，举出"官有八入，国有九破，民有八苦、五去"，其中多数属于吏治的问题。

"官有八入（收入）"是：节度使奏改、用钱买官、诸色功优、从武入文、虚衔入仕、改伪为真、媚道求进、无功受赏。收入主要是来自官员的贪污受贿。以用钱买官而言，史不绝书。大官王锷在河东，用钱数千万赂遗权幸，求兼宰相。就连完全没有做官资格的白丁富商郭七郎，花几百万钱也能买到一个刺史。上述的贪污受贿的钱主要来自官员，来自其他方面贪污受贿的更不知有多少。

"国有九破"：其中贿赂公行、长吏残暴、赋役不等、食禄人多输税人少等四条属于吏治，其他五条属于社会问题及自然灾害。

"民有八苦"：官吏苛刻、赋税繁多、所由乞敛、替逃人差科、冤不得申屈不得理等五条属于吏治。"民有五去（逃亡）"：土地兼并为首，其次就是猾吏侵夺、破丁作兵。而土地兼并最厉害的则是官员。像懿宗时一个县令罢职，在家置良田万顷及华宅园子，官僚韦宙在江陵就有积谷7000堆，被称为"足谷翁"，这还不是任上贪污受贿的钱得来的么？

结果是，民有五去而无一归，有八苦而无一乐，国有九破而无一成，独独官有八入而无一出。皇帝高高在上，地主是分散的，直接管制老百姓的是官，老百姓受害也直接来自官。败坏的吏治，促成了社会危机，引发了农民大起义，导致了唐朝的灭亡。"天高皇帝远，民少相公多，一日三遍打，不反待如何"（元朝民谚）。官逼民反，不仅唐朝如是，历朝大体也都如此。

总的来说，唐朝的吏治开头是比较好的，逐渐趋于败坏，其中有几次起伏，最后不可收拾，它与王朝的兴衰是同步的。这种情况，中国历史上几个比较长久的王朝如汉、唐、明、清，大体上都是这样，其中似乎有种规律性存在。从制度上看，从秦汉到明清，大体上从粗略到完备再到严密。各朝在吏治方面的情况和出现的问题大略近似，但也各有一些自己的特点。例如西汉的内外朝，任用酷吏（包括治吏与打击地方豪强）；东汉时的外戚、宦官的擅权与斗争；魏晋南北朝时期的门阀政治；唐朝后期的藩镇、宦官、朋党的相互争斗又互相勾结；宋朝吏治一开始就松弛疲软；元朝蒙古人色目人当官，治理不行，又不用汉族读书人，以致政事全由属吏把持，是吏在历史上起作用（多半是坏作用）最大的时代；明朝中期以后皇帝昏庸荒淫不理政事，宦官乱政；清朝满汉官员共治及胥吏和师爷的作用等等。其中三个朝代宦官在吏治上起了特别坏的作用，那就是东汉、唐和明。在这些比较长久的王朝中，宋的情况有点不同。宋朝是由割据而走向统一的，没有经过强大的全国性的农民战争，因此宋朝最高统治者首先和着重考虑的是怎样不致削弱专制主义皇权，怎样不要再出现分裂割据的局面。这里，第一要控制的是军队，第二要控制的是官吏。他们考虑的不是通过"治吏"而去"治民"，而是只着眼于"治吏"，防止和限制官吏权力过大，因此采取各种"内重外轻""内外相维"的办法限制，牵制官吏的权力，加强对官吏的监察。另一方面则多让他们得到做官的好处，甚至养起来，不让他们捣乱和造反。宋朝的冗兵、冗官、冗费是很突出的，官僚机制从一开始就那么松弛、疲软，也是少见的。这样，宋朝从一开始吏治就不怎么样，以后越来越坏。岳飞有段有名的话，有人问他，天下如何能致太平，他说，文官不爱钱、武官不怕死，天下就太平了。那时正是金人入侵的危急时刻，天下不太平，可见，文官总爱钱，武官多怕死，正是当时的普遍现象。过去官吏有所谓良吏、循吏、能吏、干吏、廉吏、酷吏等等称呼，"清官"这个词正是在宋朝从民间兴起的。第一号清官包拯就是出现在宋朝，号为"包青天"，他的事迹有些是真实的，更多的

包拯像

是民间传说。当时人称"关节不到，有阎罗包老。"金人元好问诗曰："能吏寻常见，公廉第一难。只从明府到，始见有清官。"把执法公正和廉洁不贪赃受贿结合在一起，称之为清官，甚至是青天大老爷。那青天之外，就是一片黑暗了。人们那么企盼清官，清官又那么少，贪官赃官昏官之多之普遍，也就可想而知了。

二、影响古代吏治的因素

在一个比较长久的朝代中，吏治的好坏起伏，呈现了上述的现象，其所以如此，有体制性的因素，也有时势性的因素。

（一）体制性的因素

1.专制主义中央集权官僚制度追求事无不统，政事必然由开始的清简走向繁苛。这样，机构的重叠、职责的不清、效率的低下是必然的。这里有事务的增加，也是官僚制度本身带来的。英国人帕金森写过一本有名的小书——《官场病——帕金森定律》，其中讲到官僚制度如何会不断地增设机构、增加人员，弄得机构越来越庞大，人员越来越冗滥，而精简则难于收效。中国古代各朝就是这样。唐太宗时，中央机构有品级的官员600多人，到了唐朝后期，至少是2800人，大量体制外的正式机构外的单位和人员就更多了。唐太宗时，军队主要是不脱离生产的府兵，其后成了募来的职业兵。唐朝后期，禁军、藩镇兵等曾达到100万，养了这么多兵，要多大的费用！这些兵又主要是用来打

岳飞像

内战，即中央对藩镇、藩镇对藩镇的战争。再加上贵族、僧道等等，以致当时人感慨"以三分劳筋苦骨之人，奉七分坐待衣食之辈"。官员的冗滥、军队的庞大、开支的增加，为官吏的贪赃枉法大开了方便之门。前引的"官有八人"，主要就是靠买官，及在官员的任免、升调、奖励上捞钱。

中国古代政府职能中的经济职能是很强大的，不仅实行统治，而且还直接经营农业、手工业和商业及放高利贷。唐朝官员有职分田，作为

自己任职的收入，有公廨田和公廨钱，用作办公费用，其中公廨钱更是用来放债取息。像赈贷、专卖、治水、营建、盐政、漕运、税关等，都是捞钱的好差使。唐朝法律禁止官员经商，实际上形同具文，以后也不大禁了。在官营商，官商勾结，官也就是商了。剑桥大学学者罗伯特巴尔德近来曾把公职腐败定为"公职人员为捞取个人好处而违反公共事务的行为准则"。据说，美、英、德、法过去两个世纪中已经远离腐败，现在腐败现象卷土重来，是因为政府与私人企业互动，而非保持一定距离，即政府插手经济交易事务，他的话可供参考。

2.官僚是一个特权阶层。士农工商，士为四民之首，介乎统治者与被统治者之间，士的出路就是做官，进入统治者的行列。士人做官，称为"入仕"，在"士"边上加一个"人"字旁，士仕相通。士人是有文化的，读书才能做官，这是封建社会读书人最好的出路。宋朝汪洙作的儿童读本《神童诗》就说："天子重英豪，文章教尔曹。万般皆下品，惟有读书高。"读书就是为了做官，做了官，什么都有了。据说是宋真宗作的《劝学文》说"书中自有黄金屋，书中自有千钟粟，书中自有颜如玉"。民谚"千里求官只为财"。发财靠官俸是不行的，靠的是手里的权，以权谋财，权财交易，贪赃枉法几乎是必然的，虽然与圣人的教诲大相径庭，但那是面子，这是里子。贪污受贿有些是公开的，甚至是合法的，如送礼受礼，清朝中央官员收受地方官员的"冰敬""炭敬"，以及诸如陋规、折色、火耗等等，但这不仅不能消灭非法的、私下的贪污受贿，反而助长了后者。做了官，无本万利，民谚中说，就是"三年清知府"，也有"十万雪花银"。这样，几乎无官不贪，而贪赃必然枉法。法律虽严禁贪污，但制度却默认、准许乃至助长贪污受贿。法律成了具文，吏治必然腐败。

3.专制主义中央集权制度是封闭式地操作的，本身缺乏激励的机制，更缺乏外来的激励，特别是自下而上的民众的激励与监督。仅靠自我教育、自我约束与自我监督，不论是多么完善与严密，也是难于解决根本问题的。最强烈的最大的自下而上的外来激励来自人民群众的起义，它往往推翻了一个王朝或者瓦解了一个王朝。这样，新建立的王朝在初期吏治多少好一些，制度的运作和法律的执行也好一些，可是不能持久，不管自我激励、自我监督的机制多完善严密。从根本上说，官官相护、结党营私是必有的现象，也是无法克服的问题，吏治还是要坏下去。

4.制度在当时应当算是严密和完备的，但是专制主义中央集权制度却无法保证这个制度圆满地运作并且坚持下去，人为的因素是很大的。这种因素有时促成了这个制度较好地运作，但多数时期是对之进行了阻碍、干扰和破坏。前者较难，后者则因专制主义体制的根本性质，是很容易而且很严重的。法治与人治的矛盾，在专制主义中央集权制度下是无法解决的。

（二）时势性的因素

1.封建政治权力最后集中在皇帝。皇帝个人的明、贤、庸、愚、昏、暴，对政治包括吏治的作用非常之大。皇帝的个人特点、个人色彩给封建政治抹上了重重的一笔。唐太宗在初唐政治中的作用、唐太宗个人前后的不同表现就是一例。康熙、乾隆也是这样。朱元璋"严明以驭吏，宽裕以待民"的思想使他对官吏贪污的处置十分严酷。御史具有抓官审问定罪然后上报的大权，不仅小犯即斩，而且杀了还要剥皮塞草，放在公座旁警示后来的官。雍正在吏治上的严苛也是很出名的。至于皇帝本人淫逸放纵，助长吏治的败坏，更是史不绝书。

古代官员宴饮行乐

2.官僚集团之间的倾轧斗争是历史上常见的。这种斗争往往不是政见不同，而是权势利害之争。即使有政见不同，也会夹杂着和演化为权势利害之争。这个集团所坚持的，对立集团就必定全盘反对，往往脱离了是非。为此，援引、支持、拉拢、排斥、打击不遗余力，自然带来政局的败坏，像唐朝后期宦官、藩镇、朋党之争就是这样。藩镇割据地盘，自搞一套；宦官自成系统，所谓南衙（政府机构）与北司（宫廷机构）相水火；藩镇、宦官、官僚内部又互相争斗，个个又援引其他势力，这对吏治的败坏当然有很大影响，像东汉、宋朝、明朝，这种情况都是相当突出的。

3.时势性因素中最根本的一条，一个封建王朝在建立的初期，为了保持自己的统治，比较重视与民众的矛盾，多少约束自己贪残的阶级本性，吏治也就比较清严。然而，随着统治的稳定，力量的增长，其贪残的本性也就日益暴露、膨胀，与百姓的矛盾日益尖锐，社会危机日趋严重，吏治也就从清严而走向松弛、败坏，终于导致王朝的覆亡。这个问题，在封建社会是不能根本解决的。这就像做蛋糕。王朝初年蛋糕小，统治者那一块切多了其实多不到哪里去，民众那块少了，还不能专心地做，倒不如统治者不要切多了，让蛋糕做得大些。民众可以享受一点做蛋糕的好处，专心把蛋糕做大，做蛋糕的人也多了起来。这样，自己切的那一块比例上不算太大，而实际分量则大大增加了。可是再做下去，蛋糕大了，贪心也大了，就不免在比例上大大加大，最后弄得几乎独吃，做蛋糕的人吃不到了，不干了，散伙了，造反了，统治者也就吃不成了，垮台了。

中国历史上有一个现象，一个王朝建立之初的十几年、几十年之后，往往会出现一次危机，过得去，王朝就延续下去，过不去就完了。这个现象，抗战时黄炎培访问延安时向毛泽东同志提过，章士钊在《柳文指要》里指出过，台湾的柏杨在《中国人史纲》里把它称为瓶颈现象。这个危机，如果只是统治阶级内部的冲突或者是对外战争，那一般还是过得去的。但如果涉及对人民的暴政，尽管这个王朝看起来多么强大，那就过不去了。像秦、隋，就是如此。这些王朝，往往是结束分裂割据局面之后建立的，它们还没有吃过农民起义的苦头，没有接受这方面的教训，不免恣意妄为，弄得民不聊生，民怨沸腾，揭竿而起，他们也就垮台了。汉奸汪精卫在早年还是个革命青年的时候，译过雨果

《柳文指要》封面

的一首诗："此辈封狼从瘦狗，生平猎人如猎兽，万人一怒不可回，会看太白悬其首。"就是这些统治者的写照，当然后来也成了汪精卫自己的写照。在这里，吏治的成败与人民的斗争和统治者是否接受教训是有很大关系的。

三、古代吏治可资借鉴之处

关于中国历史上的吏治，可借鉴的地方很多，姑且列出三条来：

（一）对吏治的重视

中国历史上对吏治的重视程度，在世界历史上似乎绝无仅有。道路、纲领、政策制定之后，"干部决定一切"，吏治的成败涉及王朝的兴亡，古代中国似乎早就认识到了。问题在于官吏的定位。中国古代的官吏是"行君之命而致之于民也"，即奉皇帝之命管理和统治民众，对皇帝负责而不是对民众负责。管理，是为了统治，统治是第一位的。统治和管理根本上是为了让民众能很好地奉养统治者，所谓"无君子莫以治野人，无野人莫以养君子"。韩愈甚至说过这样杀气腾腾的话："民者，出粟米麻丝，作器皿，通财货以事其上者也。民不出粟米麻丝，作器皿，通财货以事其上者，则诛！"做官的对皇帝负责而不是对人民负

责，是牧民之官，把民众当畜群一样牧养，而不是公务员、公仆，甚至也不是美国人口头上常说的，官员是用纳税人的钱雇的，就得为纳税人办事的那种雇佣关系。

也因此，中国古代吏治最高最好的指导思想是儒家的"民本"（而非近代的"民主"）、"仁政"。唐太宗对此理解应该是最深刻的，并且努力地去付诸实施，他反复讲的"君者，舟也；庶人者，水也。水则载舟，水则覆舟。"（语出《荀子·王制》，《吕氏春秋》亦有记载）"君依于国，国依于民，刻民以奉君，犹割肉以充腹，腹饱而身毙，君富而国亡。"（《资治通鉴》武德九年）就是基于这种儒家的"民本"思想，也是中国封建统治者进步思想的极限和局限。"贞观之治"是它的成果，也是中国古代吏治的一个高峰。这是封建政治所能达到的极限，也是当时人们所企盼的"国泰民安"的太平盛世，然而这要在种种条件凑合下才能出现，是一种特殊情况。绝大多数的皇帝和官僚是做不到的或者是反其道而行之的。

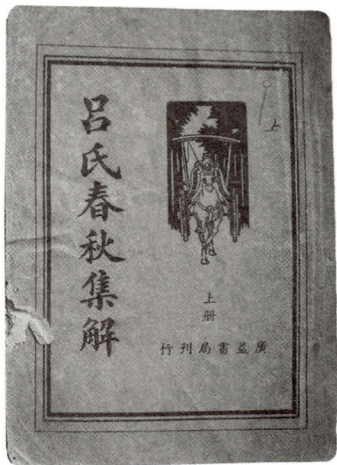

《吕氏春秋集解》封面

（二）重视对官吏的培养和教育

中国古代重视对官吏的培养和教育，特别是政治思想和道德操守的教育。问题在于教育的内容，因为官吏的定位而有根本的局限。缺乏能力的培养训练也是它的很大弱点。由考试而做官，但明清的八股文完全脱离政治的实际，被当成做官的"敲门砖"。官做上了，砖头也丢到一边去了，一个重要的原因是它对具体当官没有用处。

（三）有相当完备、严密的制度和运作的程序、方法

这里可供借鉴的东西很多，值得汲取，特别是监察制度。问题是它在一个封闭的体系中运作，是一种自控机制，官任官，官管官，自己管自己，这就必然会出现问题，而这些问题又是不能根本解决的。

以监察制度而论，其严密、权威在世界古代历史上是绝无仅有的。但西方古代对官吏的监察走的路子同中国不很一样，这条路子不完备，但它是一种趋向于和行政分开的机制，位于政府的外部。像罗马法，规定平民和官到法院打官司，官民地位是平等的。官员贪污，要受严惩，由独立于皇帝之外的审判官审理。英国中世纪有普通法庭和王家法庭，有关官员的案子王家法庭审，普通法庭也可以审。王家法庭维护王室利益，不公平，人们都到普通法庭去告官。英国中世纪国会立法，监察由国会进行，它是代表"民意"（领主、骑士、市民）的机关，其作用是抑制君权，防止独裁，而中国的监察机关是皇权的延伸。欧洲行政司法多少分开，中国的行政司法合一。虽然中国的监察制度应该说是古代世界最完备严密的制度，但终究是专制主义中央集权制度中的一环。

总体来说，中国的吏治是中国古代封建政治和中国专制主义中央集权制度下的产物，它的成败从根本上说不是由这个制度自身所能决定的，而它的根本改革，也只能在这个制度根本变革的条件下才能做到。日本明治维新、君主立宪是在19世纪60年代。清朝宪政，经过戊戌维新的挫折，直到20世纪初年才开始进行，可是步子很慢，窒碍甚多，不仅晚了，而且也做不到。没有几年，辛亥革命爆发，清廷被推翻了。这里原因很多，但不能不考虑到，日本历来专制不强，又是从300年的幕府制进行改革，是以加强天皇的作用和权威相号召来实行立宪的，而中国的宪政，则是要削弱君主专制，要改变中国几千年来的专制主义中央集权体制。靠这个政权自己来变革，不仅是个步子慢的问题，恐怕是根本做不到的，这也是没几年后就爆发了辛亥革命的原因。

张大可

司马迁笔下的明君贤臣与开明政治思想

张大可，1940年生，重庆市人。1966年毕业于北京大学中文系古典文献专业。曾任兰州大学历史系教授、北京外国语大学中文系教授，现任中央社会主义学院教授。社会兼职：中国历史文献研究会常务理事，中华伏羲文化研究会常务理事，中国史记研究会常务副会长。享受国务院政府专家津贴。

长期从事中国历史文献与秦汉三国史的教学与研究，在这两个学术领域发表论文150余篇。出版学术专著10余部，主要有《史记研究》《史记文献研究》《史记论赞辑释》《史记精言妙语》《司马迁评传》《史记新注》《三国史研究》《三国史》《三国十二帝》。主编高校教材三种：《中国历史文选》《中国文献学》《史记教程》。其中有六种论著获全国及省部级优秀图书奖。《中国历史文选》在2008年被评为教育部"十一五"国家级精品教材。

司马迁所写《史记》总结了古代三千年的历史，提供了治国理民较为完备的资料，今天要谈的内容主要分为三个部分。

在此先要简单介绍一下司马迁的创作之路。

家学渊源 司马迁在《太史公自序》中追述司马氏世系，源远流长，始祖是唐虞之际的重黎氏，历唐虞夏商，世典天官，至周世典周史，这是司马迁自认为最为光荣的家世，即史官世家。

司马迁的师承和友谊。汉武帝时代，有几位影响历史深远的大学问家。一位是今文学大师董仲舒，一位是古文学大师孔安国，还有一位天文学大师唐都，均因司马谈的关系，使得司马迁有幸拜他们为师。司马迁出仕为郎，又与大文学家司马相如、严安、庄助等为友，所得良师益友古代没有第二个人。

二十壮游 汉武帝元朔三年（前126），司马迁20岁，正当盛壮之年，怀抱着凌云壮志，奉父命漫游全国，首创走出书斋读无字之书，向社会调查。

奉使西征 奉使西征巴蜀以南，这是司马迁青年出任郎中后所做的第一件大事。司马迁在今云贵两省及四川西部地区工作了半年时间，设置了武都、文山等郡。由于使命是安抚新区少数民族，司马迁提出了"以故俗治"的办法，开创了尊重少数民族风俗习惯的施政大纲，承认少数民族的自制

司马迁

权力，是了不起的先进思想。

司马迁得天独厚的家学渊源和师承，培植了他的学；壮游和受祸，锤炼了他的识；史官世家的传统和气质，涵育了司马迁的德。这些主客观条件是《史记》成为不朽著作的根本原因。

一、《史记》是一部人人必读的人伦道德教科书

众所周知，《史记》是一部文史名著，它既是史学，又是文学，以人物为中心，帝王称"本纪"，人臣称"列传"，合称纪传体，但这是就其主要方面说的。《史记》内容极其丰富，它是一部融史学、文学、历史哲学于一编的旷世大典。司马迁自己定位为《史记》是效《春秋》而作的人伦道德教科书。孔子为何作《春秋》？司马迁在《史记·孔子世家》《十二诸侯年表》《儒林列传》《太史公自序》等篇章中均有记载。这些记载的大意是：春秋末年周室衰微王道中断，孔子为救世而周游列国宣传王道，但各国诸侯都不能用他。晚年的孔子受获麟的鼓励而做《春秋》。《春秋》笔削严谨，辞约旨博，字里行间蕴含了许多"义法"，孔子就是通过这些义法来评价历史和现实，以"使乱

《史记》书影

臣贼子惧"。《史记》以人为中心述史，就是要效法《春秋》从道德评判出发，树立社会楷模，整齐社会秩序，司马迁非常自信，他以承接道统而自居，所写《史记》是一部新时代的王法，因此是人人必读的《春秋》。《太史公自序》说：不读《春秋》"君不君，臣不臣，父不父，

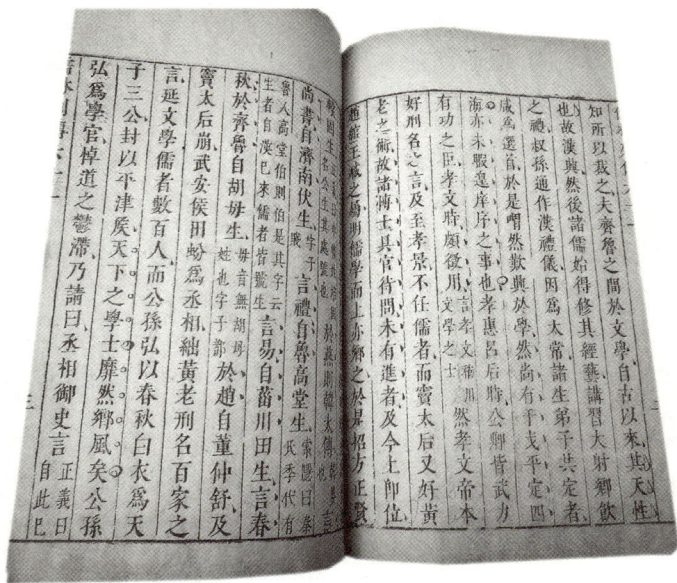

《儒林列传》书影

子不子"。如果读了《春秋》，就会懂得礼义道德，君为明君，臣为贤臣，父慈子孝，社会和谐。司马迁说的《春秋》，实指《史记》。

下面集中来谈司马迁笔下的明君贤臣，他提供的榜样是什么样子呢？

二、司马迁笔下的明君贤臣

（一）司马迁笔下的明君

1. 帝王无私，要天下为公。《五帝本纪》写尧舜禹禅让，揭示上古帝王无私的伟大精神。尧年老，他的儿子朱丹不成才，尧要找一个人接班，众臣推荐了舜。舜继承帝位，天下的人得利，而朱丹一人不利；朱丹继承帝位，朱丹一人得利，天下的人都要受害。两相权衡，尧说"不以天下之病而利一人"，即不能让全天下的人受害而使一人得利。这个人即使是自己的儿子也不行。尧做出了榜样，舜年老，又重复了尧的话

"不以天下之病而利一人"，没有把帝位传给儿子商均而传给了大禹。

2. 帝王成事，要任贤使能。贤才决定事业成败。《匈奴列传赞》说："尧虽贤，兴事业不成，得禹而九州宁，且欲兴圣统，唯在择任将相哉。"《高祖本纪》载刘邦以弱胜强，他自己总结楚亡汉兴的原因说："夫运筹策于帷帐之中，决胜于千里之外，吾不如子房。镇国家，抚百姓，给馈饷，不绝粮道，吾不如萧何。连百万之军，战必胜，攻必取，吾不如韩信。此三者，皆人杰也，吾能用之，此吾所以取天下也。"

治平天下需要众多的贤才。贤才如此重要，大道理人人都懂，凝聚人才的办法也很多，如重金招聘，伯乐推荐，毛遂自荐，积资升迁等等，但都不是要害。帝王任贤，最核心之点是要有容人之量，也就是帝王气度。刘邦以一介布衣登天子之堂，成功的秘诀就是他有帝王气度，能够役使高于自己的命世大才，所以他取得了成功。刘邦有过人之处，就是他能识人、用人。刘邦有一句口头禅，叫"为之奈何"，这件事怎么办？降下身份，不耻下问，承认山外有山，这就是刘邦识人的秘诀。

3. 帝王要兼听，察纳雅言。圣明君主亲信贤人，远离奸佞，能够倾听不同意见，择善而从。如果择非而从，那就不叫纳谏，不是圣明之君，喜欢阿谀奉承，那就是昏暴之君。司马迁批评殷纣王拒谏，"智足以拒谏"，纣王的小聪明只用在拒谏上，甚至剖心杀了忠臣比干，最后的结果是破家亡国。司马迁称许汉文帝为仁君，他真诚纳谏，有两个举措为后世君主树立了榜样。一是下诏求言，创立了举贤良制度。此制由大臣和地方长吏推举贤良文学到京都议政，入选条件是"能直言极谏之士"，颇具现代议会风采。二是明确宣布言者无罪，言事者无论对与错都不承担责任。汉文帝认为，纳谏的后果由君主承担责任，"国之大患"是"择者不明"。汉文帝开明的流风余韵，一直影响到昭宣中兴。昭帝始元六年的盐铁会议，创立了中国古代开明议政的典范，为两汉的政治转轨，奠定了舆论基础。

4. 帝王要勤政。凡雄略之主，都有勤政的精神。秦始皇办公，课以日程，批阅公文，每天定量批阅简牍一百二十斤，不完不休息。司马迁批评秦始皇"贪于权势如此"。司马迁所讲的"勤政"，指勤于关心民生，而不是具体的政务。恰恰相反，帝王不要去干预臣工的政务。明君之"明"，是明于国家大体，把握方向，创建制度，要了解民情，像黄帝、尧、舜那样，一年四季巡视百姓，"未尝宁居"。

5. 帝王节俭爱民。汉文帝没有惊天动地的伟业，但他十分珍惜民财，非常节俭。他所宠幸的慎夫人，只穿短裙，帷帐不准绣花。汉文帝要修一个观景台，一说是观天文的高台，需要一百金，相当于十户中产人家的收入，汉文帝停建。汉文帝临终时下诏，臣下守灵，只在早晚各哭十五声，举行一个仪式就停止。下葬器具不用金银，只用陶器。汉文帝还解除了很多禁令，让天下平民有更好的生产环境。减轻一半农业税，汉初十五税一，汉文帝减为三十税一，后来又免除全部农业税。所以司马迁称许汉文帝为"仁"。《史记》只写了一个"仁"君，这个仁君就是汉文帝。也就是说仁君的典型就要像汉文帝一样，心中装有人民，并能给黎民百姓带来幸福生活。

（二）司马迁笔下的贤臣

1. 居官理民，要为民办事。西汉萧何"因民之疾秦法，顺流与之更始"，想民之所想，疾民之所疾，司马迁称许说"何之勋烂焉"。曹参继萧何为相，启用不善言辞的厚重长者，贬黜巧舌如簧、只说漂亮话、不办实事的官吏。曹参遵守前任萧何行之有效的好政策，不标榜个人，不擅改政令，史称"萧规曹随"。万

萧何

石君一门贵盛，碌碌无为，一生谨慎，只仰承天子鼻息，但能"为百姓言"。是否与民办事，是贤臣的最高标准，在当时是了不起的先进思想。遍查中国古代典籍，只有《史记》写有"为百姓言"几个字。

2. 张释之为廷尉，天下无冤民。在古代断狱判案是国家施政的重中之重。刑措不用，是太平盛世的标牌。在古代行政干预司法，尤其是君主干预司法，往往使国家陷于深重灾难。汉武帝时，酷吏张汤、杜周断案，往往使国家陷于深重灾难。张释之，字季，南阳堵阳（在今河南方城东）人。西汉著名贤臣，汉文帝时廷尉，执法公正，认为法律是天下人的法律，不是皇帝个人的意志。张释之劝谏汉文帝带头按法律办事，为天下人的表率。

张释之

3. 为官要清廉，不与民争利。公仪休是春秋时鲁国国相，他为官清廉，公私分明，一尘不染的高风亮节，给为官的人树立了一面高悬的明镜。公仪休喜欢吃鱼，有人投其所好，专程送来了几条鱼，公仪休坚辞不受。他对送鱼的人说："我正因为喜欢吃鱼，一份微薄的俸禄还吃得起鱼。如果我收了你的鱼，丢了俸禄，那时谁来送鱼呢？"一席话说得送鱼人哑然失笑，公仪休的话既拒腐，又委婉，一针见血地揭穿了送鱼人请托的目的，却又在幽默诙谐中做了说服教育工作。公仪休的夫人勤劳贤淑，亲自种菜织布，公仪休劝说不听，休了夫人，说她争夺了士农工商的口食。公仪休防微杜渐，制

止当官的亲属与民争利，这种精神无比崇高，但休妻之举，未免过分和迂腐。

4. 救民水火，甘冒斧钺。汉武帝时，河内郡发生火灾，烧了一千多家。汉武帝派汲黯去巡察。汲黯路过河南，那里发生了大旱灾，接着是水灾，颗粒不收，地方对此瞒报。汲黯见此，自作主张打开粮仓救灾，这是要冒杀头危险的。汲黯的行为，急民之所急，不顾个人安危，汉武帝赦免了他的罪过，还称赞汲黯是"社稷之臣"。

5. 当官要自律，职位是责任。春秋晋文公时，晋国最高司法长官李离，办案五年没有出过差错。公元前632年，李离的部属错判了一件死刑案，李离自责，向晋文公请求死刑。李离说："我是最高司法长官，俸禄最多，职位最高，俸禄多就要担负最高责任。臣不能平时想享受高位高禄，有了过错推给下属。"李离不接受晋文公的赦免，自杀而死，承担责任。

6. 治理积弊，要有智慧，启迪民智。如何处理尖锐复杂的矛盾，解决积重难返的社会问题，作为一个手握权力的长官，是用暴力推行善政，还是用智慧让恶人现身说法，教育人民群众觉醒，两种办法，两种效果。褚少孙所补战国时西门豹治邺，提供了一个以人为本，运用智慧办事的典型。西门豹也用暴力，一是有限度，二是只用于惩办首恶。

邺城是魏国的领地，在今天河北临漳县一带，经常闹水灾。那里的官绅和巫婆结成一伙坑害民众。他们每年都要为河伯，即河神娶媳妇，家家都要出钱，搜刮民脂民膏。有钱的出钱免灾，没钱的就带着女儿逃匿流浪。西门豹到任后，了解情况后，决定革除陋俗，动员民众修水利。但面

西门豹

对在强大黑社会势力笼罩下尚未觉醒的民众，强力推行很难奏效。西门豹不动声色，他也声称要参加河伯娶媳妇的典礼，并以县长之尊做主持人。当娶媳妇的典礼正式开始的时候，西门豹声称要查看女子是否漂亮。然后要求巫婆向河伯报信，说时迟，那时快，没等西门豹话音落地，捕快就把巫婆投入水中筏子上随水漂去。西门豹装出一副严肃认真的样子，等待回音。巫婆久久未回，西门豹声称派巫婆的弟子去催促，不容分说，又把巫婆的两个徒弟先后投入水中。用此办法，西门豹把一个欺压百姓的地方官吏投入水中，吓得其他官吏叩头如捣蒜，现身说法，揭穿骗局，退出赃款，全体百姓受到教育。西门豹趁热打铁，组织全县百姓挖沟修渠，共修通了十二条渠，彻底免除了水患。

三、司马迁开明的政治理想

司马迁生活的时代是秦汉大一统盛世。这个新时代来之不易。历经春秋战国500多年的战乱，秦国从秦孝公变法起，经过六代人的努力才完成了统一。秦始皇认为战乱是诸侯造成的，废分封，行郡县，要传之万世，结果二世亡国。西汉统一虽然只经过五年，可是死了几百万上千万的人，血流成河，人民付出的代价太沉重。西汉能长治久安吗？怎样才能长治久安？这是统治者要解决、要思考的问题，也是全国老百姓要思考并期盼的问题，更是先进思想家要思考、要解决的问题。

司马迁的回答是"述往事，思来者"，又称之为"志古自镜"，在总结历史经验中塑造明君贤臣的典型，并把构想的政治蓝图寓于叙事之中。

司马迁的政治思想是为秦汉大一统政治服务，他拥护皇帝集权制度，但主张皇帝权力要为人民办事，要有制度约束，统称为开明的政治思想。古代的开明，与今天的民主有很大的差别。开明是自律透明，民主是制度透明。但两者有一个共通点，以国家服务于民生为最高原则，所以司马迁讲的古代历史，是可以"志古自镜"的。

司马迁的开明政治思想，从以下三个方面来评说。

（一）司马迁开明政治思想的内容

主要有三个方面：

1. 主张大一统，颂扬秦始皇汉武帝之功。《秦始皇本纪赞》云："自缪公以来，稍蚕食诸侯，竟成始皇。"《六国年表序》称赞秦取天下多暴，"然世异变，成功大"。《太史公自序》肯定汉武帝的功业，说："汉兴五世，隆在建元，外攘夷狄，内修法度，封禅，改正朔，易服色。"西汉人不承认秦王朝，说它充其量只是一个闰统，司马迁批评这些人是"耳食之儒"。秦朝国运短祚是亡于暴政，而不是秦始皇所建立的制度。司马迁不遗余力宣扬大一统，构建了民族共同心理的历史哲学。

2. 主张顺民之俗，颂扬无为政治。如高祖、吕太后、孝文帝诸本纪赞，律书序，萧、曹世家赞等篇。汉高祖刘邦，起自匹夫而得"天统"，是因为他顺民之俗，"承敝易变，使人不倦"。吕太后无为，"民务稼穑，衣食滋殖"。汉文帝"能不扰乱，故百姓遂安"，司马迁许之为"德至圣"的"仁"君。治国的最高原则是"顺民之俗"，要办老百姓希望办的事。怎样才能做到？西汉初的无为政治就是顺民之俗。当时民无盖藏，急需休养生息，国家施政以休养生息为要务，因此"无为"不是不做事，而是量力而行。具体说，有两条最基本的国策：第一，君臣无为，不举措暴众，不滥用民力。该办的事，能办则办，不能办等到条件成熟再办。第二，民众则是有为，士农工商全面发展。"无为"是道家的语言，老子主张"绝圣去智，灭去人欲"。恰恰相反，司马迁主张一个人要积极用世，提倡立德、立功、立言的"三立"精神，人生的追求是"不令己失时，立功名于天下"。司马迁不认为人欲是洪水猛兽，而是发展生产的动力，鼓励人人发财致富。国家施政，不是阻遏人欲，而是"善者因之"，即最好的办法是因势利导，让人民富裕，构建和谐社会。国家怎样施政才能达到这一境界呢？那就是君明、臣贤。明君的榜样是汉文帝，带头执法不干预臣职。贤臣的榜样是张释之和冯唐。张释之依法审案，冯唐直言切谏。《汉文帝本纪》与《张释之冯唐列传》描绘了一幅开明施政的蓝图。

3. 崇尚德治，反对暴政。在司马迁笔下，"德治"与"暴政"两相对立，褒贬倾向极为鲜明。《太史公自序》将古圣先贤禹、汤、文、武称颂为德治之君。将夏桀、殷纣、周幽王、周厉王，以及秦始皇、秦二世这些昏暴之君，贬抑为"暴"。司马迁用这一政治观念模式总结历史经验，指出暴力不可恃。司马迁用古今的历史事实来说明"得民心者得天下，失民心者失天下"这一民本思想，可以说是贯穿《史记》全书。但司马迁没有到此为止。他不仅认识到了人民力量对历史的演进起最后的决定作用，而且肯定人民的反暴斗争，大声赞美革命行动，颂扬汤武诛暴，为项羽立本纪。司马迁写《刺客列传》和《游侠列传》，大旨都是颂扬反暴的精神。司马迁歌颂他们，表现了他同情广大人民的反暴愿望，这已经超出了传统的儒家思想，受到正统史家的非难。但这正是司马迁思想的精华之一。

（二）创立民族共同心理的历史哲学

司马迁熔铸于《史记》叙事中丰富的历史哲学思想内涵，是一种民族特征在文化上的表现，它表现了共同的社会心理追求。这里单说司马迁构建的大一统历史观，在中华民族发展历史上起了无与伦比的凝聚作用，为中华民族所认同。中华民族历经夏商周到秦汉已基本形成，并突破中原界限而实现了大一统局面。这一历史过程为古代思想家所捕捉，经过孔子、董仲舒，到司马迁首次做了完整的构建。司马迁所写的《史记》，上起黄帝，下迄汉武帝，象征历史从统一到统一的发展，就是突显大一统的历史观。在司马迁笔下，从黄帝到秦皇、汉武的大一统，象征着历史发展的方向，象征着帝王德业的日益兴盛。中华民族不断壮大，各民族互相融合，远方殊俗日益统一，这就是司马迁大一统历史观的内容。

司马迁从三个方面提出了系统的理论建构，至今是中华的民族魂、爱国主义的思想源泉。

1. 天人合一的历史观。《史记·天官书》把天上的星空分布，按人间的政治结构来附会。实际上，天上的秩序是把地上大一统的模式搬到天上。反过来说，地上大一统的中央集权是符合天道的。古代天文学家解读的天人关系为现存的政治制度服务。

2. 中华民族皆黄帝子孙。《史记》开卷为《五帝本纪》，塑造了人文始祖黄帝统一部落、草创国家的生动形象，成为中华民族的共同祖先。三皇五帝的传说是华夏文化多元民族融合的反映。黄帝子孙这一民族大一统观念，数千年来激励了无数的仁人志士为中华民族的生存、繁荣和进步而斗争。

3. 民族统一观。自古以来，中国就是一个由多民族组成的国家，中华民族的历史是汉族和各少数民族共同创造的历史。司马迁首创民族史传，把华夏周边民族说成是同祖同源。都是黄帝子孙，中国之虞与勾吴是兄弟之邦，主张周边各民族有参与中原事务的权力，并提出了民族地区"毋赋税，故俗治"的主张，尊重民族的生活风俗。

（三）树立了认识事物先进的历史观

这里着重谈司马迁对《史记》自己评价的三句话，十五个字："究天人之际，通古今之变，成一家之言。"

1. "究天人之际"，就是研究天与人的关系。今天看来，天人关系即人与自然的关系。但在古代，除了自然之天外，还有意志之天，即上帝；命运之天，即某种具有循环周期的天道。所以，究天人之际在古代是上层建筑领域的一个重大问题。天能支配人事，这一观念是维护统治权的理论基础，所以它总是统治阶层的官方哲学。司马迁作为史官维护天的权威，这一点丝毫没有动摇。司马迁之伟大，他是用"天人之际"来代替董仲舒的"天人相与"。"天人相与"，只讲天人合一，强调天能支配人事。"天人之际"，既讲天人合一，又讲天人相分。"际"，指两墙相合之缝，既相与，又相分（见下图）。司马迁讲的"相与"是一种哲学观念，告诫人要敬天，畏天，要贯彻天道惩恶佑善，约束自己，尤其是帝王不能为所欲为。"相分"，讲天是天，人是人，天不能支配人事，人世间的事由人世间自己来做。也就是说，司马迁对天是抽象肯定，只是一个维系人心的信仰，而做事是靠人为，所以《史记》在具体讲历史变迁和评价人物的时候，是看不到天命论的。

天　神
上界
天人之际
天人相与（感应）　天人相分（非感应）
（两墙相会）
下界
地　人

2. "通古今之变"，"变"是司马迁朴素唯物主义历史观的核心。他认为宇宙间一切事物都在"变"，只有用"变"的观点才能探究事物的规律。他说："无成势，无常形，故能究万物之情。"从"变"的理论观点出发，决定了司马迁用发展变化的眼光看待人类社会的历史。通观整部《史记》，司马迁"通古今之变"是围绕以下几个层次全方位展开的：一是时势之变，二是兴亡之变，三是成败之变，四是穷达之变。总之，"变"是历史进步的永恒法则，"物盛而衰，固其变也"（《平准书》）。国家施政要不断地调整、变革，这是避免革命发生的途径。《史记》写了许多变革事例，供人采择。

3. "成一家之言"，"言"就是议论、理想和主张。这表明，司马迁述史并不是历史资料的汇抄和事实的堆积，而是要阐明自己的理想。司马迁"成一家之言"，有两大原则值得我们借鉴。第一，建立新思想，要吸收以往的全部知识。司马迁称之为"网罗天下放矢旧闻"。第二，融会贯通，自成一家之言。

综上所述，司马迁塑造明君贤臣的榜样，用以构建他理想的开明政治蓝图，核心思想是两个方面：第一，贤者在位；第二，言路畅通。落实在帝王身上就是"用贤"与"讷谏"。无论是古代的"文景之治""贞观之治"，还是近世的"康乾之治"，历史学家总结经验，不出这两条，比如范文澜的《中国通史简编》，也大体如此。"用贤"与"讷谏"放之四海而皆准，大道理不难懂，关键是国家施政怎样才能落实"用贤"与"纳谏"，司马迁升华为"贤者在位"与"言路畅通"，构思制度建设，不仅是超越了前人，而且是超前以至于今，司马迁的开明政治思想在今天仍然光芒四射。

其一，贤者在位。司马迁讲的"贤者在位"，有三个突破：第一，"贤者在位"，不是单纯的用贤，而是包括君主在位，也要贤者，明君、贤臣，缺一不可。第二，治平天下，需要众多贤才，"三代之际、非一士之智也"。第三，智不可专，民间有贤才。

其二，言路畅通。司马迁讲的"言路畅通"，也不是单纯的"讷谏"与"兼听"，而提出"言者无罪"，帝王要像汉文帝那样下诏求言，听取民间意见。

司马迁不只是思想境界的突破，他进一步提出怎样才能保证"贤者在位"与"言路畅通"的方法，提出了贤者要集体推荐，试用考察，民心拥护，君臣在位都要遵守制度约束、司法公正等等先进思想，至今仍有借鉴价值。

司马迁大一统历史观简表

附：

（说明）华夏民族皆黄帝子孙，此即司马迁大一统史观。这即由此构成的历史见证。此表据一统理论提供的历史观，《史记》各本纪、世家及三代、十二诸侯、六国等年表资料综合制成。

黄帝

玄嚣（长子）—蟜极—帝喾—帝挚
昌意（次子）—颛顼—帝颛顼

称—卷章—重黎
鲧—禹（文命）
穷蝉—女修—大业—大费
吴回—陆终

帝尧
帝舜（重华）

后稷—十二代—太王古公亶父—季历—文王昌—武王发—成王诵—历王—宣王—两传—平王东迁（东周）

十三代至（汤）

吴太伯—吴
季历—文王昌—（传三十代至王季至赧王延亡）

周公旦—鲁
蔡叔度—蔡
曹叔振铎—曹
康叔封—卫
召公奭—燕
毕公高—魏
韩祖—韩
微子开—宋

昭公友（平王封）—郑
唐叔虞（成王封，其后为晋，魏三家所分）—晋
（武王封）—鲁
（武王封）—蔡
（成王封）—曹
（武王封）—卫
（武王封）—燕
（武王封平年，其后为魏）—魏
（晋君封韩侯，其后为韩）—韩
（周武王封）—宋

契—天乙（汤）—夏禹王—殷汤王—周武王—纣（亡）

十六代二十九传

九代十一传—历公佗—陈—公子完—田—二十四传三传至—齐

陈胡公满（周武王封）
桀亡（其子淳维，居北方，为匈奴）
四代五传—少康
十传—蛮康
六传—非子（周孝王封秦）—秦襄公（始侯）—五传至—秦始皇（大一统）
季胜—造父（周穆王封赵，其后为赵）—赵
吕尚（周武王封齐，其后为田氏所代）—齐
季连—熊绎（周成王封楚）—楚

三千年的历史发展
从五帝三王至秦统一

秦始皇

• 36 •

林甘泉
秦汉中央与地方政府的权力结构及问责制度

　　林甘泉，1931年11月生，福建省石狮市人。1949年4月厦门大学历史系肄业。曾任中国人民大学研究部干事，中国科学院《历史研究》编辑部编辑，中国科学院历史研究所助理研究员、研究室副主任，中国社会科学院历史研究所研究室主任、研究员、副所长、所长。现为中国社会科学院学部委员、历史研究所研究员、博士生导师。曾任国务院学位委员会历史学科评议组成员、中国史学会副会长、中国秦汉史研究会会长。

　　主要著作有：《林甘泉文集》《中国古代政治文化论稿》《中国古代史分期讨论五十年》（合著）、《孔子与20世纪中国》（合著）、《中国经济通史·秦汉经济卷》（主编）、《中国历史大辞典·秦汉史》（主编）、《从文明起源到现代化——中国历史25讲》（主编之一）、《郭沫若与中国史学》（主编）、《中国史稿》（第2、3卷主要执笔者），先后发表有关先秦史、秦汉史、社会经济史和史学史方面的论文50余篇。

中国是一个拥有5000年文明的伟大国家。世界几大古代文明，如古埃及、古巴比伦、古印度等，在历史进程中有的中断了，有的消失了，只有中华文明经历数千年一直绵延至今，这与中国历史发展的环境和条件有重要的关系。

夏、商、周三代是中国早期国家形成和发展的时代，先秦文献中提到了"万邦""多邦"，即指规模大小不等的一些邦国。春秋战国时代，各诸侯国的社会经济和政治制度发生了剧烈变动。秦统一六国之后，建立了统一的封建中央集权国家。此后2000多年，虽曾出现过分裂割据的局面，但国家的统一始终是历史发展的主流，为2000多年中国封建社会的政治制度奠定了基础。

毛泽东曾经谈到国体和政体的区别，国体指社会各阶级在国家中的地位，政体则指政权构成的形式。政体和国体有联系，但毕竟是两个概念。今天主要谈政体问题，政权形式和运作方式。

中国这样一个多民族的大国之所以能够长期保持统一的格局，可以从经济、社会、政治和思想文化各个层面去探讨，我们从秦汉中央与地方政府的权力结构及官吏问责制度的角度切入，可以增强对2000年间封建国家政治制度重要特点的了解。

一、郡县制代替分封制的行政体制是保障统一的中央集权国家的重要条件

西周灭商以后，为统治广阔的被征服地区，分封同姓和异姓诸侯，构筑起一道屏障，作为周王室的保护层。《左传》昭公二十六年记载："武王克殷，成王靖四方，康王息民，并建母弟，以蕃屏周。"周天子和诸侯之间虽然有君臣名分，但是封邦建国实际上带有武装殖民的性质。到了春秋战国时期，被分封的诸侯相互诛伐，王室

无力制止，兵戈不休。各诸侯国势力逐渐强大，周天子失去了原有的威望，周王室日益衰落。分裂割据不仅导致长期战乱，妨碍商品流通，有的诸侯国甚至"以邻国为壑"（《孟子·告子下》），制造了一些不应有的自然灾害。

公元前221年，秦始皇统一六国，建立了统一的、多民族的中央集权国家，之后，又派兵平定了闽越和南越地区。当时，秦朝所面临的一个重要问题，即采取什么样的行政体制统治刚统一的帝国。丞相王绾主张恢复西周分封诸侯的制度，廷尉李斯极力反对，他说："周文武所封子弟同姓甚众，然后属疏远，相攻击如仇雠，诸侯更相诛伐，周天子弗能禁止。今海内赖陛下神灵一统，皆为郡县；诸子、功臣以公赋税重赏赐之，甚足易制。天下无异意，则安宁之术也。置[1]诸侯不便。"（《史记·秦始皇本纪》）李斯认为只有实行郡县制才是安宁之术。秦始皇采纳李斯的建议，废除了分封制，在全国范围内推行郡县制，并作为帝国的基本政治制度。

唐代思想家柳宗元在《封建论》中，从权力结构的角度对封建制[2]和郡县制作了比较和颇为深刻的分析。他说：殷周"封建"是"私其卫于子孙也"。"秦之所以革之者，其为制，公之大者也；其情，私也，私其一己之威也，私其尽臣畜于我也。然而公天下之端自秦始。"柳宗元认为，秦始皇实行郡县制也是出于一己之私，是要树立皇帝和皇权至上的权威，使天下所有人都臣服于他。但是用郡县制代替

柳宗元

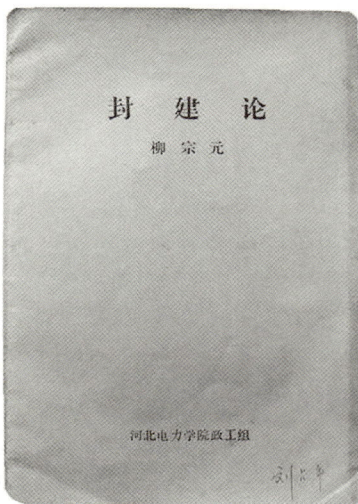

《封建论》封面

封邦建国的封建制，作为一种制度却是最大的"公"。废除分封制，以天下为"公"是从秦朝开始的。柳宗元是进步的思想家，他认为用郡县制代替封建制是一种历史的进步，是从私天下转向公天下的很重要的一步。明清之际的思想家王夫之说，"秦以私天下之心而罢侯置守，而天假其私以行其大公"，他的观点与柳宗元是一致的。

实行郡县制，贵族可以食封租税，官吏可以领取俸禄。官吏与皇帝的关系，不是资本主义的雇佣关系，也不像周天子与同姓子弟的关系。官吏实际上是职业化的官僚队伍，其封赏均来自皇帝，并随时可以被皇帝剥夺。秦始皇以郡县制代替分封制，是为了强化皇权，让皇位传"二世三世至于万世"，这当然是"私天下之心"。然而，历史的发展并没有遂他的心愿，秦朝只传二世而亡。对于秦朝灭亡的原因，后世有很多争论，有人认为，秦灭亡的原因在于没有继承分封制而实行郡县制，使得王室孤立。柳宗元则认为，秦失在于政，不在于制，即秦朝亡于它的暴政，而不是亡于它的制度。

秦亡以后，郡县制的行政体制没有废除，而是随着历史的发展不断地改善，保证了统一的中央集权国家得以长期延续。然而，郡县制代替分封制不是一帆风顺的。西汉初年，刘邦为了稳定统治，恢复分封制，分封异姓诸侯王和同姓诸侯王，构筑皇权的屏障。同姓诸侯王权力很大，可以自行征收赋税、铸造钱币和任免官吏，结果与中央专制主义皇权的矛盾日益激化。汉景帝时御史大夫晁错建议"削藩"，引起吴楚"七国之乱"。叛乱被平定后，诸侯王的地位和权力大大削弱，郡县制和分封制两种体制的斗争才告结束。汉武帝时颁布"推恩令"[3]，从王国分出许多改由郡统辖的小侯国。诸侯王只能享受封国的租税，不能干预政事，中央集权国家得到进一步巩固。

顾炎武说："汉兴以来，承用秦法以至今日者多矣。"中央集权制度是2000多年中国封建政治制度的基础，自"汉承秦制"之后，历隋、唐、宋、元、明、清各主要王朝，无一不引作国家的基本政治制度而沿袭下来。

二、秦汉中央政府的机构设置及其职能

秦汉中央政府在皇帝之下设丞相、御史大夫、太尉，合称三公。丞相"掌丞天子，助理万机"，统领百官政务。御史大夫又称副丞相，主管监察百官。太尉掌管军事。从西汉到东汉，三公名称有些变化，亦称为大司马、大司徒、大司空或称作太师、太傅、太保。

三公之下设有九卿，是分管各项具体事务的官员。九卿名称前后也有变化。《汉书·百官公卿表》记载的九卿实际上有10个：

奉常，掌宗庙礼仪。

郎中令，掌宫殿掖门户。

卫尉，掌宫门卫屯兵。

太仆，掌舆马。

廷尉，掌刑辟。

典客，掌诸归义蛮夷。

宗正，掌亲属。

治粟内史，掌谷货。

少府，掌山海池泽之税。

中尉，掌徼循[4]京师。

从九卿的设置可以看出，其职责主要是管理国家的租税收入、财政开支、刑狱审理、宫殿和京城的警卫、皇帝的生活起居、皇室和宗庙的

事务以及少数民族来朝事宜。由三公、九卿及其下属官吏所组成的中央政府是秉承皇帝旨意、执行皇帝命令的国家统治机构。中央政府的首要任务是为皇权服务，国家机器本质没有变化。

封建中央集权国家的最高权力属于皇帝，皇帝可以按照自己的意志决定一切。西汉有一个廷尉叫杜周，他在审理案件的时候，专门揣摩皇帝的意图，秉承皇帝的意旨决定要重判还是要轻判，而不是根据案件本身的是非情况审理。因此，有同僚批评他"不循三尺法"[5]。杜周说："三尺安出哉？前主所是著为律，后主所是疏为令；当时为是，何古之法乎！"（《汉书·杜周传》）杜周的说法不一定被所有的封建官吏所认同，却说出了专制君主希望独擅权势的政治理念。《史记》记载：秦始皇"刚戾自用，天下之事无小大皆决于上"，这是专制主义发展到极致的一种表现。秦亡汉兴，汉初的统治者奉行黄老清静无为学说，是"衣食滋殖，刑罚用稀"（《汉书·刑法志》）的时期，但是专制主义皇权的神圣地位并没有动摇。

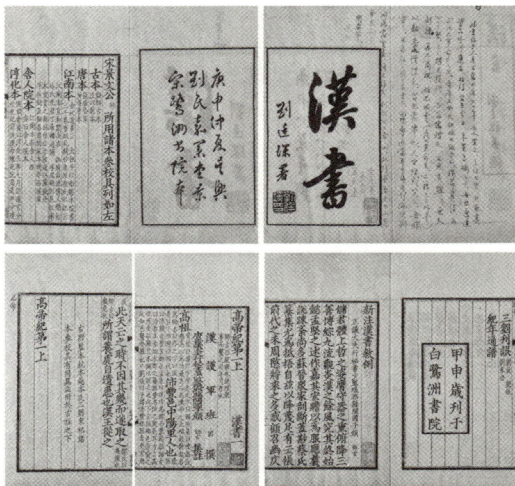

《汉书》书影

汉武帝是一位很有作为的封建君主，他在位期间抗击匈奴对汉朝边郡的侵掠，打通内地和西域的联系，开发西南夷地区，实行盐铁官营和改革币制等经济统治措施，打击不帮助公家之急和牟取暴利的富商以及放高利贷者，同时还大力表彰儒家学说，提拔大批儒生充当各级官吏。这些政策措施，使封建中央集权制度得到进一步加强，巩固了多民族国家的统一。但是，作为专制君主，他没有可能摆脱独擅权势的政治理

汉武帝刘彻

念。有一位名叫汲黯的大臣，性格耿直，曾经批评武帝说："陛下内多欲而外施仁义，奈何欲效唐虞之治乎！"（《汉书·汲黯传》）说武帝内心私欲太多，在表面上施仁义，怎么能够达到唐虞的境界呢？武帝听后虽然恼怒，但表现得比较大度，并没有治汲黯的罪。

武帝为了加强皇帝决策的实权，对中央政府的权力结构进行了重大的改组，提拔一些秩位较低的官员和上书言事的士人，进入禁中[6]参与决策，形成"中朝"，又称"内朝"。原来位尊权重的丞相则大权旁落，以丞相为首的公卿"外朝"变成一般政务的执行机构。"中朝"由侍中、中常侍、给事中组成。后来，掌管呈递文书的尚书也进入"中朝"，其职权逐渐扩大了。到了东汉，权力结构比武帝时有了进一步的变化，三公虽然爵高禄厚，实权则转移到尚书台。东汉政论家仲长统说："虽置三公，事归台阁（尚书台），自此以来，三公之职，备员而已"（《后汉书·仲长统传》），这种情况一直持续到汉末。汉末，以武力起家的曹操当了丞相后，权力结构又发生了变化，很多实权重归丞相府。

从汉代中央政府权力结构的前后变化可以看出，专制主义皇权制度本身具有无法避免的弊病。中央集权是中央政府和地方政府权力分配的问题，如皇权至高无上，中央集权就变成了皇帝独擅权势，就成为君主专制制度。即使是很有作为的皇帝，权力过分集中和膨胀，也难免决策错误。武帝晚年好大喜功，劳民伤财，又迷信鬼神，挥霍无度，极大地加重了农民的负担，引起各地农民强烈反抗。在这种情况下，武帝不得不检讨自己急功近利、劳民伤财的错误，晚年放弃在西域轮台实行屯田，并下了一个诏令，后代称之为"轮台罪己诏"，他在诏书里强调，当今之务是要"禁苛暴，止擅赋，力本农"，就是在政策上、法律上要缓和，不要乱摊派，乱征税，把以农为本提到最重要的地位。"以明休息，思富养民"，在政策上做了一个重大的调整，避免了重蹈秦朝灭亡的命运。

皇权至高无上，但是皇帝不可能单独一个人来行使这种权力，必须依靠自己能够信任的集团和一定的权力结构进行统治。外戚和宦官之所以能够掌握朝廷大权，肆无忌惮地为非作歹，就是倚仗封建专制主义皇权作为靠山。当他们剪除异己、势力强大之后，往往又成为架空皇权、削弱皇权的力量。这是封建专制主义的一种悖论，也是封建专制政权难以克服的痼疾。西汉中后期，朝政开始衰败，元、成、哀、平四个皇帝中，成、哀、平三个皇帝都是年少继位，由母后临朝，造成了外戚和宦官两个集团争权夺利和轮流执政的局面。汉元帝的皇后王政君以太后听政，最终导致王莽篡位，改建新朝。东汉和帝时，窦太后父子兄弟并居列位，充满朝廷，刺史、郡守、县令多出其门，窦氏家族的奴客依仗权势为非作歹，强夺财货，欺略妇女，以至于商人如避寇仇，都不敢上市了。顺帝到桓帝的20多年间，外戚梁商、梁冀父子相继掌握政权，《后汉书·梁冀列传》记载："百官迁召，皆先到冀门笺檄谢恩，然后敢诣尚书。"年少的质帝，不满梁冀专权，只因说梁冀是个跋扈将军，就被梁冀下毒害死。桓帝时，单超、徐璜、具瑗、左悺、唐衡五

梁冀

个宦官合谋消灭了梁氏的势力，从此，朝政的权力完全转移到宦官集团手里。宦官当权也是一样，兄弟、亲戚都是宰州临郡，纷纷到地方做官，残害百姓，无恶不作。灵帝依靠宦官张让、赵忠聚敛钱财，自己还经常公开讲，张常侍是我公，赵常侍是我母，把两个宦官当作父母。桓帝、灵帝时期，一些正直的官僚和太学生，对宦官把持朝政十分不满，士人之间形成一种"清议"，拥戴李膺、陈蕃这些官僚攻击宦官，结果被宦官诬告共为部党，诽讪朝廷，有的被捕杀害，有的被禁锢终身，即一生不许做官，这就是东汉末年有名的"党锢之祸"。直到黄巾起义以后，东汉朝廷为了镇压农民起义，才宣布赦免并起用党人。宦官集团能够假借皇权制造党锢事件，充分说明专制政治的绝对权力会产生政治的绝对腐败这个真理。

军队是国家机器的重要成分，秦汉帝国特别重视对军队的控制。九卿中的卫尉率领南军，负责宫殿的警卫。同是九卿的中尉率领北军，负责京城的警卫。南北军是西汉主要的军队，警卫的重点一是京城，二是皇宫。北军的数量比南军多，因此控制北军比控制南军更重要，控制京城比控制皇宫更重要。西汉初年，吕后的侄子密谋夺取政权，首先就是部署控制南军和北军。但是，拥护刘氏宗室的大臣陈平、周勃先行一步。周勃得到了掌管兵符的官员的帮助，拿到了调兵的符节，诈称奉皇帝之命，直接进入北军大营内控制了北军，然后又派兵强行进入皇宫，把诸吕一网打尽，平定了这场叛乱。之后，迎立代王为文帝。可见，军权、财权、用人权是封建国家最重要的责权。

三、秦汉地方政府的机构设置及其职能

秦汉地方政府基本上是郡、县两级建制。郡县制的全面推行，对中央加强对地方的控制和管理、巩固国家的统一、促进社会经济与文化的发展都起了重大作用。

京师为帝王所居，比一般的郡重要。秦汉帝国均十分重视对京畿

地区，即长安及其附近的地区的控制。秦朝以内史掌治京师，相当于九卿。汉承秦制，亦以内史为京师最高行政长官。汉景帝时分置左右内史。武帝时右内史更名为京兆尹，左内史更名为左冯翊，都尉更名为右扶风。京兆尹、左冯翊、右扶风，是共同治理长安城及其附近地区的行政长官，称为三辅。三辅的地位和秩禄都高于一般的郡守，相当于九卿，可以参与朝议，很受皇帝倚重。政绩卓著者常常可以升任九卿，乃至于擢升三公。东汉迁都洛阳以后，三辅官的旧名仍在，但其地位已经被河南尹所代替。

郡是秦汉时期十分重要的地方行政机构。郡的长官是郡守，景帝时更名为太守，统管一郡的行政、财政、司法和教育。郡守的助理是郡丞，另有郡尉协助管理军事。云梦出土的秦简记载，郡守不但有考课县官的权力，而且可以颁布一些地方性的法律法规。郡守还有权任命和推荐自己的幕僚、属吏、孝廉、贤良方正[7]、文学[8]、明经[9]之士到京师做官。郡守政绩优秀者，通常可以提升到中央政府任公卿。汉宣帝特别重视郡太守的选用和考察，他常说，庶民所以安其田里而无叹息愁恨之心者，都是因为"政平讼理也，与我共此者，其惟良二千石[10]乎！"希望各地的郡太守能成为"良二千石"。

郡以下的行政机构是县。万户以上的县设县令，不满万户的设县长，掌管全县的政务。县令（长）的佐官是县丞、县尉，下面还有功曹、廷掾等小吏。郡县的一些小吏，受过专门的法律和文书训练，称为文法吏。县以下的基层行政组织是乡、亭、里。乡和里实际上扮演了基层行政组织和民间社区的双重角色。据《汉书·百官公卿表》记载："乡有三老、有秩、啬夫、游徼。三老掌教化。啬夫职听讼，收赋税。游徼徼循禁贼盗……皆秦制也。"可见，教化、听讼、收税和治安是封建基层行政组织的主要任务。亭在春秋战国时期本来是诸侯国在边境伺警敌军和接送来往宾客的机构。秦统一六国之后，在各个县、乡设置亭，并推广到全国各地，赋予亭"以禁盗贼"的职能。

乡、亭、里之间究竟是怎样的关系，史学界对此有过长期的讨论。

《汉书·百官公卿表》说秦汉基层行政组织是"大率十里一亭"，"十亭一乡"。照此说法，似是乡辖亭，亭辖里。但《续汉书·百官志》注引应劭《风俗通》又说"国家制度，大率十里一乡"。著名历史学家王毓铨先生提出乡、里与亭是不同性质不同行政系统的见解，得到了多数学者的赞同。但是，为什么秦朝在乡和里之外，还要另设亭作为一级机构呢？

乡和里是具有自治功能的聚落共同体，当统一的中央集权国家建立之后，原先的民间秩序仍然起着重要作用，乃至于影响了国家政令的贯彻，出现了漏洞。如反秦的农民起义领袖张耳、陈馀逃亡，秦朝在全国通缉。"张耳、陈馀乃变名姓，俱之陈，为里监门以自食"（《史记·张耳陈馀列传》）。他们还利用里监门的身份，在闾里发号施令。由此可见，秦朝建立一个完全由中央集权国家直接控制的政权系统，以弥补乡和里在治安方面可能出现的漏洞，也就不足为奇了。此外，亭的职责并不限于"禁司奸盗"。秦朝统一以后，朝廷和郡县文书的传递，各级官吏来往的接待，乃至赋税徭役的解送，任务都比统一前大大加重了，这也是秦王朝把亭的设置推广到全国基层行政组织的另一个重要原因。

四、秦汉帝国行政管理的运作方式

秦汉帝国有一套相当成熟的制度保证其行政运作。秦始皇统一文字、货币之后，统一度量衡，为帝国的政策法令在全国范围内推行提供了必要的条件。出土的秦简表明，皇帝的诏令和国家的法律规定，已经能够下达到西南、西北等边远和偏僻地区的基层。汉代的交通比秦代进一步发展，传递公文文书的驿站网络形成了一定规模，从考古发现和文献记载都得到证明。1987年发现的敦煌悬泉置驿站，有官卒徒御三四十人，负责传递文书的传马40匹左右，可见传递公文文书和接待过往官差、使节任务的繁重。按规定，地方政府对皇帝的诏令应该向民间宣布。史书记载，"文帝时，山东（指崤山以东）吏布诏令，民虽老羸癃疾，莫不扶杖而往听之"。武帝时，国力强盛，开始进军西南夷地区，征发巴蜀地区人民修治道路，引起民众惊恐骚动，武帝特派司马相如为专使，赴巴蜀安抚百姓。司马相如到达巴蜀后，发了一道檄文说，通西南夷是让少数民族归顺朝廷的重要措施，先前派去的那些官吏，擅自以军法兴师动众，"惊惧子弟，忧患长老，郡又擅为转粟运输，皆非陛下之意也"（《汉书·司马相如传》），把责任推给先前负责此事的官吏。"已亲见近县，恐远所谿谷山泽之民不遍闻，檄到，亟下县道，咸喻陛下之意，毋忽！"（《汉书·司马相如传》）檄文中特别规定，文书到达以后，一定要发到县和道，道是少数民族地区的行政单位，要把皇帝的意思传达到底，让百姓都知道。可见，汉代，特别是武帝时期，中央政府的政令在各地传达的渠道比较畅通，也比较正规。当然，是否真正都执行了那是另一回事。

秦简

秦汉时期，已有制度化的朝会和廷议，一些重要的政策法令和决定，通常要通过有关的主管部门提出方案和意见，经皇帝批准后，才能生效和下达。每遇到重要政务，皇帝总要召集有关大臣进行讨论，集思广益，推动封建国家机器的正常运转。秦始皇虽刚愎自用，但在统一六国之后，召集大臣们议帝号，除了丞相、御史大夫和廷尉这些高级的大臣以外，还有博士、儒生也参加了讨论。汉代朝会议政更是经常，议政的内容也非常广泛，仅史书记载，就涉及立太子、宗庙祭祀、列侯封赏、减租救灾、修订法令、征伐用兵。武帝组织对匈奴进行大规模的军事反击，大臣意见不一致，也是经过和大臣们充分讨论后才决定下来。昭帝即位后，霍光辅政。始元六年（前81）召开盐铁官营会议，在朝的大臣以及郡国所举贤良文学都参加讨论盐铁是否官营，这是汉代政治和社会生活中的一件大事，说明汉代政权运作，确实有一套比较成熟的制度。

秦汉中央政府的各个部门，有一定的人员编制，不同级别的官吏各司其职。三公、九卿在其职权范围内可向地方政府下达指示，郡县行政长官在其职权范围内也可自行处理一些事务，但重要事情则需要向中央政府呈报或得到批准。《汉书·周勃传》中说，汉文帝时，周勃为右丞相，陈平为左丞相。一次，文帝想多了解一些情况，就问周勃说，"天下一岁决狱几何"？"勃谢不知。"文帝又问："天下钱谷一岁出入几何？""勃又谢不知。"文帝后来转问陈平，陈平很聪明，他说，陛下问决狱，责廷尉；问钱谷，责治粟内史。文帝听了很不高兴，就问陈平负责什么。陈平说："宰相者，上佐天子理阴阳，顺四时，下遂万物之宜，外填抚四夷诸侯，内亲附百姓，使卿大夫各得任其职也。"称宰相的任务就是让卿大夫各任其职。文帝听了非常高兴。这件事确实也显示陈平的水平比周勃高出许多。

国家机器是阶级统治的工具，封建王朝也不例外。恩格斯说："一切政府，甚至最专制的政府，归根到底都只不过是本国状况所产生的经济必然性的执行者。"汉初的社会经济在连年战乱之后还是一片荒凉景象，经过六七十

周勃

年的休养生息，到武帝即位之后，社会经济才得到恢复和发展，但社会的贫富分化和土地兼并开始变得严重，阶级关系和社会秩序也发生了重要的变化。西汉中期，景帝、武帝以后，在国家权力系统之外，又出现了一个社会权力系统，即在地方上由不法官吏和地主豪强勾结起来产生的一股社会势力。如武帝时，酷吏宁成因犯法被废黜罢官，回到老家后，利用原有的政治资源、经济

汉景帝刘启

力量买了千余顷的土地，出租给农民，"役使数千家"（《汉书·酷吏传·宁成传》）。灌夫也是因为犯法被贬回老家，家中有大量的土地，"家累数千万，食客日数十百人。陂池田园，宗族宾客为权利，横颍川"（《汉书·灌夫传》）。宣帝时，涿郡有大姓西高氏、东高氏，横行乡里，"自郡吏以下皆畏避之，莫敢与牾，咸曰：宁负二千石，无负豪大家。"（《汉书·酷吏传·严延年传》）老百姓宁可得罪官府，也不敢得罪地主豪强。国家权力系统受到威胁和削弱，自然引起皇权的严重不安，所以，景帝、武帝和宣帝这几位强势的皇帝，都重用一批酷吏打击不法豪强，以加强专制主义中央集权。

汉代皇权虽然不允许不法豪强胡作非为，但是封建国家政权和封建地主阶级，毕竟是共生共存的关系，根本不可能消除两个权力系统并存的局面，也不可能阻止地主豪强势力的膨胀。西汉末年，由于土地兼并造成大量农民破产，引发社会危机。朝廷曾经商议要限制诸侯王、列侯、公主和吏民占有土地的限额。此消息传出之后，土地和奴隶买卖的

价格大幅度下降，市场也陷入混乱。由于朝野的阻力太大，限田、限奴婢的方案终于成为一纸空文。到了东汉，贵族、官僚地主、豪强地主和商人地主的势力进一步膨胀，政治上与国家权力分庭抗礼的形势也更为显著。《后汉书·仲长统列传》中说："井田之变，豪人货殖，馆舍布于州郡，田亩连于方国……不为编户一伍之长，而有千室名邑之役。荣乐过于封君，势力侔于守令。"

东汉朝廷由于外戚、宦官两个集团争权夺利，互相残杀，大伤元气，面对各地豪强地主势力的崛起，完全丧失了国家权力系统应有的权威。黄巾起义后，朝廷不得不依靠各地的豪强，对农民起义进行镇压。正是由于以朝廷为代表的国家权力和以各地豪强为代表的社会权力，两种力量的矛盾和勾结，才形成了东汉末年各地军阀割据混战的局面。

五、秦汉行政建制中的监察制度

秦汉时期从一开始就设置专司监察的权力机构和专门从事监察的官员，这是中国政治制度史上的重要举措。秦朝的御史大夫地位相当于副丞相，其一项重要任务是主管监察，具体工作主要由御史中丞负责，并派监御史监察诸郡。武帝为了加强监察制度，设十三州部刺史，秩位六百石，主要职责为监察郡国，明确规定"以六条问事"。"一条，强宗豪右田宅逾制，以强凌弱，以众暴寡。二条，二千石不奉诏书遵承典制，倍公向私，旁诏守利，侵渔百姓，聚敛为奸。三条，二千石不恤疑狱，风厉杀人，怒则任刑，喜则淫赏，烦扰刻暴，剥截黎元，为百姓所疾，山崩石裂，袄祥讹言。四条，二千石选署不平，苟阿所爱，蔽贤宠顽。五条，二千石子弟恃怙荣势，请托所监。六条，二千石违公下比，阿附豪强。通行货赂，割损正令也。"（《汉书·百官公卿表》注引《汉官典职仪》）可以说，六条问事对官吏的监管相当严格，所监察的官吏也不限于二千石。武帝之所以任命秩位较低的刺史来监察二千石的高官，是有便于加强皇权的深意的。顾炎武在《日知录》中说："夫秩卑而命之尊，官小而权之重，此小大相制，内外相维之意也。"武帝用秩位六百石的刺史去监察秩位二千石的高官，以小制大，小大相制。这些刺史秩卑而临尊，责任重大，政绩显著者还可受到重赏或提拔，自然都对皇帝感恩不尽，恪尽职守，敢于奏办不法官吏，使贪官污吏有所畏惧。何武任刺史时，二千石有罪，他就按照六条去举奏。再如，有的地方官听说到任的刺史非常威严，就弃官逃走。十三州部刺史的设立，对于澄清吏治、加强中央集权起到了较好的作用。但是，封建国家机器的阶级本质，决定了它自身无法肃清贪污，更多的刺史还是利用职权为己谋私。成帝时，薛宣为御史中丞，是御史大夫中负责都察部刺史的官员，他在给皇帝的奏书中就指出："部刺史或不循守条职，举措各以其意，多与郡县事，至开私门，听谗佞，以求吏民过失。"（《汉书·薛宣传》）即有的刺史不按照条例所规定的职责做事，任意执法，直接干预郡县的行政，甚至开私门，听信谗言，搜求吏民的过失。

由于六条问事所查的范围非常广泛，刺史职权很容易膨胀，并且干预郡县行政长官的政务。日久之后，刺史就逐渐演变为超越郡守之上的一级行政建制。成帝时，把刺史改为州牧。东汉初年一度恢复刺史的名称，后又改为州牧，秩位已经提升至二千石，甚至中二千石，并且很多刺史由重臣出任。刺史名称的改变，实际上其专司监察的职能也已改变，这正反映封建中央集权制度由于结构性的矛盾，从强化皇权而走向反面，结果导致皇权

顾炎武

衰落。

秦汉监察机构是封建国家机器的一部分，它从根本说来是维护以皇帝为首的封建统治阶级的工具。刺史、州牧之所以演变为州郡行政长官，也正是由于它的这种阶级本质所决定的。

六、秦汉官吏的问责制度

国家的产生是公共事务和阶级统治的需要。秦汉封建中央集权国家通过各级官僚机构处理公共事务和实行对人民的严格统治，为了保证国家职能的有效运作和皇帝意志的贯彻，对于各级官吏有一套严格的问责制度。

封建国家的职能体现在经济、社会、军事和思想文化等各个方面。《汉书·食货志》说，西周时期已把组织和管理农业生产当作考核官吏成绩的重要内容，有"三载考绩"的制度。此说虽未必可靠，但到了秦汉时期，封建国家确实把组织和管理农业生产当作考核官吏的一项重要内容。秦律规定，地方官吏要定期向上级报告雨情和谷物生长的情况。为了保护自然生态，每年春二月禁止到山林中砍伐林木，不到夏季不准捕捉幼兽幼鸟。

秦汉还建立了官吏考课以及相应的赏罚制度。"上计"是对地方官吏考核的重要内容。"上计"制度在战国时期就有了，到秦时已经比较完备，成为中央政府考核地方行政长官政绩的主要依据。史书记载，郡国在"秋冬岁尽，各计县户口、垦田、钱谷入出、盗贼多少，上其计簿"，"丞尉以下，岁诣郡，课校其功"。汉代制度规定，每年快到年终的时候，郡太守要把他所属的各县的户口、垦田、钱谷出入、盗贼多少报告中央政府。郡国把各县的"上计"材料汇总后，再派上计吏携计簿赴京师呈报丞相和御史大夫。上计吏通常都由郡丞、郡尉担任，但有时郡守也亲自赴京上计。"上计"制度是考核地方官员政绩的重要依据，政绩优异的列为最，受到嘉奖，政绩差劣的列为殿，要受到谴责乃至惩罚。

"上计"要求有具体的数据，但"上计"的统计材料不实，是各级官吏的普遍问题。有的官吏为隐瞒课赋垦田或虚夸政绩，就虚报"上计"。胶东相王成，向朝廷报告说安置流民八万余口，得到宣帝褒奖，赐爵关内侯。后来，宣帝从郡国上计吏得知，王成弄虚作假以邀奖赏。颖川太守黄霸，"上计"报告说，颖川户口岁增，吏民教化很好，孝子贞妇日益众多，田者让垄，道不拾遗等，后来有人揭发他弄虚作假，被贬了官。对于"上计"出现的这种虚夸现象，主持"上计"的丞相，乃至皇帝本人也有所了解。宣帝在诏书中说："方今天下少事，繇役省减，兵革不动，而民多贫，盗贼不止，其咎安在？上计簿，具文而已，务为欺谩，以避其课。三公不以为意，朕将何任？"（《汉书·宣帝纪》）宣帝是一位比较精明的皇帝，他对各级官吏上计弄虚作假，也感到非常无奈，可见在封建专制主义制度下，要真正贯彻实行官吏问责制是很困难的。

地方政府的"上计"虽有造假的情况，但是对于官吏的政绩考核还是有一定作用的。武帝时，兒宽为左内史，他通经明史，体国恤民，宽征税赋，奖励耕作。在收租税时，兒宽审度百姓生活是否窘迫，量力而收，有的还缓征田租，颇得人心。可是，到"上计"时，因税入不够，课殿，被考核为最末一个。按规定，课殿应免职。百姓听说后，唯恐失去一位好官，纷纷备齐钱米，"大家牛车，小家担负，输租襁属不绝，课更以最"（《汉书·兒宽传》）。武帝因此更加器重兒宽。

秦汉官吏的问责制度，并不限于"上计"考核。云梦出土的秦简记载，秦朝对农业生产、田租增收、生态环境的保护和关于手工业管理都有一套规章制度，而有关的官吏对于这些规章制度的贯彻执行都负有责任。秦简《法律答问》规定，地方官吏如果已经向百姓收取田赋而没有上报就是犯"匿田"之罪。官吏对盗窃罪犯审讯不时，或者判刑不当也要受到惩处。还有其他一些规定，应该讲是相当烦琐的。一般说来，问责过于苛刻不一定实事求是，过缓也容易纵容一些不法官吏弄虚作假。

问责无论宽、严，实际上都是对皇帝负责，官吏是否失职、渎职往往也是凭皇帝的意旨来决定，并没有一个明确的法律规定。

封建国家机器的阶级本质决定它归根结底是为以皇帝为首的少数剥削阶级服务，并且不能摆脱"其兴也勃焉，其亡也忽焉"这样一个周期律。封建专制主义中央集权制度在中国历史上有积极的作用，也有消极的作用，我们需要用马克思主义、历史主义的观点加以科学总结，既不能简单否定，也不能任意美化，要按照历史的本来面目研究历史。总之，要多一点两点论，不要一点论。比如说秦皇汉武是中国历史上很杰出的政治家，但是他们也有很多缺点，不能美化。

历史是一部教科书。邓小平同志说："要懂得些中国历史，这是中国发展的一个精神动力。"了解秦汉封建专制主义中央集权制度的基本脉络，可以帮助我们了解中国两千多年封建政治制度的基本特点，增长我们的政治智慧。应用历史唯物主义的观点，对历史上治国安邦的经验教训加以科学总结，识别历史遗产中的精华和糟粕，是我们每个干部一项重要的学习任务。

注释：

［1］置：设立（《古代汉语大词典》）。

［2］封建：即封国。与今义不同。封国：古代帝王把爵位、土地分赐给诸侯，使其在封定之区域内建立邦国，谓之封国，又称封建（《中国历史大辞典》）。

［3］推恩令：汉代法令。据《汉书·主父偃传》，汉武帝为削弱诸侯王势力，于元朔二年（前127）采纳主父偃建议，颁行此令。规定诸侯王得推恩将其封地分封给继承王位的嫡长子以外的子弟，并上报朝廷，由皇帝制定列侯封号，诸侯王无权废除或更改。此后，诸侯王权势、封地愈益缩减，名存实亡（《中国历史大辞典》）。

［4］徼循：巡查缉捕盗贼（《古代汉语大词典》）。

［5］古代把法律刻写在三尺长的竹简上，故称法律为"三尺"。

［6］禁中：也称省中，即宫禁之内（《中国历史大辞典》）。

［7］贤良方正：选举科目。始于汉文帝年间，全称举贤良方正能直言极谏科。常与"贤良文学"并称（《中国历史大辞典》）。

［8］文学：汉代察举科目之一，多与"贤良"连称为"贤良文学"（《中国历史大辞典》）。

［9］明经：选举科目之一。即将通晓经学之人推荐于朝廷。始见于汉，自武帝尊崇儒术后，颇盛（《中国历史大辞典》）。

［10］二千石：汉代官吏以所得俸禄表示官秩等级，习惯称郡守为"二千石"。

孟宪实

贞观之治的历史启示

　　孟宪实，1962年出生，黑龙江人。现任中国人民大学国学院副院长、教授。1983年本科毕业于南开大学历史系，毕业后奔赴新疆，在新疆师范大学历史系任教。2001年获得北京大学历史学博士学位。2003年南开大学中国社会史研究中心博士后出站。

　　主要从事隋唐史、敦煌吐鲁番学的研究。先后有《敦煌民间结社研究》《孟宪实讲唐史：从玄武门之变到贞观之治》《汉唐文化与高昌历史》等多部著做出版。

　　2006年开始，先后在《百家讲坛》主讲《玄武门之变》《贞观之治》和《唐高宗真相》。与著名作家阿城合作编剧电视剧《贞观之治》。

唐太宗李世民在位只有23年，公元627年到公元649年，因其在位期间年号"贞观"，所以史称"贞观之治"。贞观之治是历史上对唐太宗治理国家的一个高度评价，时间虽然短暂，却给中国漫长的历史增添了无穷的色彩。1300多年过去了，今天回顾这段历史，仍有许多地方值得我们学习和借鉴。短短23年的时间，唐朝实现了由乱到治的转变，所以贞观时期基本上是从动乱的中国走向大治的中国。这么短暂的时间，唐太宗是怎么完成的，又是怎样带领他的一班大臣，治理天下，把中国的历史带到了一个前所未有的高度的？这些问题都是值得我们仔细思考的。

一、贞观时期所取得的成就

贞观之治取得的成就有以下几个方面：

第一，君臣关系和谐，成为君主制度时代最伟大的政治文明标志。古代历史上君臣之间、臣臣之间常常钩心斗角、尔虞我诈。而贞观时期的和谐君臣关系是难得一见的政治文明的高度坐标。他们之间虽然也有意见分歧，也有矛盾冲突，但大家却能开诚布公地交换意见，所以在唐朝君主制度的时代背景下，开创了君臣同心同德建设国家的政治局面。

第二，社会关系和谐。和谐社会的建设不仅是今天想要

唐太宗李世民

达到的目标，也是古往今来的一个基本理想。上古时期所追求的"路不拾遗，夜不闭户"的社会理想，在贞观时期变成了和谐社会的真实写照。

第三，国际地位崇高。唐朝从太宗以后的每一个皇帝都有一个"天可汗"的称号。"天可汗"是北方多个少数民族政权首领对唐太宗的尊称，所以从贞观四年开始，唐太宗就多了一方皇帝印玺，即"天可汗之印"。各国见到印有"天可汗之印"的信都要认真执行，唐太宗事实上成为各国公推的国际领袖，是在一定世界范围内的天下共主。"天可汗"负责国际纠纷的调解、调停。

第四，政治制度稳固。隋朝统一全国之前，分裂局面持续了300年之久，国家统一之后，如何在政治上、制度上实现统一是统治阶层十分关注的问题。所以从隋文帝到隋炀帝，唐高祖到唐太宗，四代君主都在做同样一件事，就是如何从政治制度上实现南北的统一。到唐太宗时期，基本完成政治制度的建设。

二、贞观之治的历史启示

总结贞观时期的历史，有几个方面对今天仍然有启发作用。

（一）理性行政

所谓理性行政是指在国家权力的运行中，正确把握方向，理智运用权力。古往今来，政治学的核心问题就是国家权力如何正确使用。古代帝王掌握很多权力，在使用过程中难免带有个人好恶，难免感情用事。所以权力悲剧在中国古代历史上时有发生。唐太宗在古代历史记载中基本上是明君形象。在帝王谱系中，他的位置是数一数二的。唐太宗在运用最高权力时比较理性，这一特点决定了他在位时期取得的成绩。如果唐太宗不是如此理性执政，那么贞观时代的政治则会是另外一番景象。贞观时期，唐太宗在以下几个方面使理性行政成为可能。

1. 克己纳谏

古代帝王一人治理天下，即使再聪明，一个人的智慧仍然不足以治理国家，因此要设置百官和各种机构，来协助皇帝对国家事务的管理。所以，皇帝纳谏，是要善于听从臣下的规劝，改变自己的主张。通常纳谏的难度来自多方面。其一，人性的弱点。一般来讲，帝王纳谏之难，大概有两个方面的原因。从人性的一般意义上说，纳谏有颜面、尊严的问题。愿意听表扬，不愿意听批评，这是人之常情，也是人性的弱点。其二，权力的弱点。从政治环境来看，君臣之间，势若天隔，如果君主总是听大臣的意见而改变自己的主张，似乎有损君主的权威。人们一般相信，权力的高低与人的能力大小成正比，权力的不平等使上下之间的沟通非常艰难。如果君主曲己从人，会被认为是能力弱的表现。而向上提不同意见，是古今为官的难题，这就是权力的弱点。

既然君主纳谏有难度，那么唐太宗为什么能够做到呢？

其一，从个人角度讲，唐太宗求治心切。李世民是通过血腥的"玄武门之变"暴力夺取的政权，是逆取，而不是顺接，所以迫切希望通过治理好国家来改变民众对他的负面评价，以便百年之后树碑立传时能写上更多正面的词汇。

贞观二十二年修《晋书》的时候，有一些唐太宗的议论，让人一看就知道大家是在谈论贞观之治和玄武门之变。唐太宗非常感慨：真是不懂人心为什么会这样？对一件坏事记得这么牢，做了这么多好事，总是记不住。从他个人讲，他想做好皇帝的角色，与个人经历，特别是"玄武门之变"有直接的关系。因为求治心切，所以他就能够更主

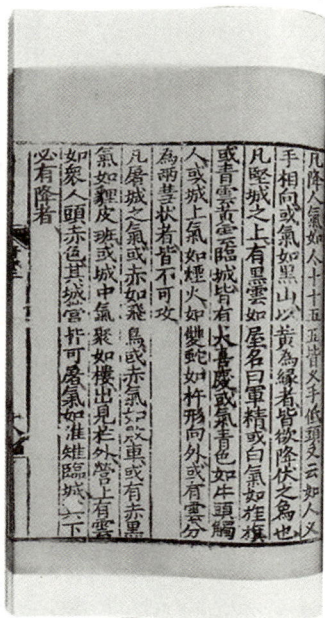

《晋书》书影

动克服人性的弱点和权力的弱点。

其二，周围大臣的作用。李世民和他的大臣都经历了隋朝，他们都是隋朝灭亡的见证人，隋炀帝如何把一个强大的国家毁于一旦，大家都亲眼所见。其中，隋炀帝护短拒谏是大家共同的认识。贞观君臣经常坐而论道，隋朝的灭亡是他们经常谈论的话题，君臣由此站在一个历史的最高点上反思历史的教训。

其三，李世民以军事起家，无数的征战使他成为一名卓越的军事将领。在靠军事打天下的过程中，领袖权威已然形成。李世民当皇帝是在取得过许多胜利之后，他跟一般的皇位继承人不同，他作为一名功勋卓著的帝王，不用担心臣下与自己争风，也不会因为别人的一条批评意见而担心自己的领袖地位被否定。他的能力和自信历史已经证明了，所以他在克服别人难以克服的人性弱点和权力弱点上，拥有了先天优势。

一条正确的意见被接受，往往需要来自两个方面的力量：一是纳谏者要正确理解进谏者的动机；二是进谏者要掌握正确的方式方法。

贞观四年，唐太宗考虑到日后要常去洛阳，所以提出要修建洛阳宫，遭到中书省大臣张玄素的反对。张玄素以隋朝灭亡的历史作为例证，批评唐太宗重蹈隋朝的覆辙，认为皇帝应该珍惜民力，注意节俭。唐太宗当时非常不快，认为张玄素是在给自己盖棺定论，批评自己不如隋炀帝。所以李世民问道：你说我不如隋炀帝，那比夏桀、商纣王如何呀？唐太宗误解了张玄素进谏的动机，于是张玄素改变了进谏的角度，回答道：如果这宫殿非要修下去不可的话，那最后一定是同归于乱。不再涉及对皇帝的评价而是突出国家的存亡，李世民也就理解了张玄素的苦心。原来张玄素不是要为自己盖棺定论，而确实是替国家担忧，唐太宗于是承认自己考虑不周，最终改变了态度，并且赏赐了张玄素，马上下令停止修建洛阳宫。所以一条意见能否被接受，纳谏者正确理解进谏者的动机是非常重要的。

古代的大臣提意见，常有人言词苛刻，为的是引起皇帝的高度重视。贞观八年，县丞皇甫德参上书唐太宗，对国家的很多事情提出批

张玄素

评。第一，他批评社会风气不好，认为当下流行了高髻发型和短围帽纱，"盖宫中所化"。第二，他批评政府的苛捐杂税太多，老百姓已经承受不起。唐太宗很生气，对房玄龄等人说："皇甫德参想让国家不役使一个人，不收斗租，宫人全是光头，是什么用意？"唐太宗认为皇甫德参是在诽谤朝廷，要从严处理，将他治罪。魏徵解释说，自古以来，上书皆言辞激烈，否则不会引起君主的注意，看起来如同讪谤，其实不是。皇帝明白了，下令赏赐皇甫德参。过几天，魏徵又说，贞观之初的时候，陛下闻谏则喜，近来皇帝纳谏，心胸不如从前豁达。李世民立刻知道魏徵说的是什么事情，干脆提拔皇甫德参担任监察御史。

通过皇甫德参这件事情可以看出，有时候意见本身重要与否不是非常重要的，重要的是要培养一个言路畅通的环境。同时，使用适当的言辞表达才有利于意见被领导接受。一个正确的意见，对于国家来讲，它涉及决策，影响深远。

2. 避免战争

战争是最消耗国力的事情，不仅要消耗财力，还要牺牲生命。但是有些地方军事官员却希望打仗，特别是针对弱小族群的战争。只要有战争，他们就可以从中受益。打仗不仅可以立军功，还可以通过物资调配发大财。有的时候，李世民也会被地方官吏所蒙蔽，几乎上当。比如岭南的冯盎，很早就归顺了唐朝，但是很久没有朝贡。于是，周边各州纷纷上报，说冯盎图谋不轨，前后十多次。唐太宗渐渐信以为真，认为问题严重，于是调兵遣将，准备派十万大军横扫岭南。将军都选好了，岭南周边的十几个州也都做好了作战准备。这时魏徵出面反对，魏徵认为冯盎谋反，证据不足。唐太宗说：这么多州屡次报告，还不是证据吗？魏徵说：

壁画中的唐朝士兵

如果他要叛乱，一定会攻打周边的州县，但是各地的州县纷纷报告岭南谋反，却没有一个州县被打，这就说明岭南没有任何军事动作。唐太宗问：那为什么不来朝觐呢？魏徵说：这么多年，经常有人告发岭南谋反，但是朝廷从来没有派使者到岭南去了解情况，人家当然就不敢来朝觐了。唐太宗一听，认为魏徵分析得有道理，于是派人出使岭南，安抚冯盎。冯盎大喜，终于见到了皇帝的特使，于是特意派儿子与特使一起回长安，上朝觐见。唐太宗很高兴，说魏徵一席话，顶得上十万大军。一场战争避免了，来自臣下的一条正确意见，解决的不仅仅是十万兵力的问题，更重要的是它避免了对民心的伤害。

3. 制度创新

贞观五年，河北相州人李好德患风疾，即现在的间歇性自大妄想症，一旦发作就胡言乱语，妖言惑众。于是，李好德被抓进了监狱。大理寺丞张蕴古认为李好德有精神病，不应该承担法律责任，应按照规定将其释放，唐太宗也决定不再追究。张蕴古说服了皇上，很高兴，跑到监狱里告诉了李好德这个消息。结果，这个情况被监察御史发现，并告发，唐太宗大怒，认为张蕴古泄漏禁中语，立刻下令斩杀张蕴古于东市。手下的人手脚麻利，便立即执行。

事后，唐太宗非常后悔，张蕴古虽然有罪，但罪不至死，就这样被杀了，非常可惜。可是，人死不能复生，如何改正已经发生的错误呢？

他决定给张蕴古恢复名誉，让他的儿子做官，但这样就够了吗？当然不够。后悔没有用，关键的问题是如何防止类似的错误重犯。于是下令出台一个新的制度来防止因一时之怒而错杀生命。一个在当时很高明的制度出台了。凡是死刑犯，下达死刑命令的时候，不能立刻执行。京畿地区，要反复五次上奏，地方的要反复三次上奏，才能执行死刑。这就是五复奏、三复奏制度。这种复奏制度，就是面对死亡处决时，要尽量谨慎，要给皇帝留下反悔的机会，给生命留下保全的机会。

这是贞观时期，理性行政方面制度创新的一个典范。《旧唐书·刑法志》记载："自是，全活者甚众。"很多生命因此得以保全。

（二）以人为本

先秦以来的理论提倡以民为本，后来孟子概括的民贵君轻理论，一般认为是儒家象牙塔之说，没有实现过，但是唐太宗时代就很好地履行了这种理论。

1. 重视生命

贞观某一年，河北卫州发生一起杀人案。一位名叫杨贞的士兵，途经卫州，夜宿板桥店。当晚该店老板被人杀害。经检查，发现杨贞的佩刀上有血迹。于是杨贞被收监，严刑拷打之下，杨贞只好承认老板系他所杀。卫州地方官府判杨贞死刑，但由于地方没有死刑处决权，于是该案上报中央。唐太宗看过案卷之后，觉得非常奇怪，认为杨贞是个过路者，与店老板素不相识，没有

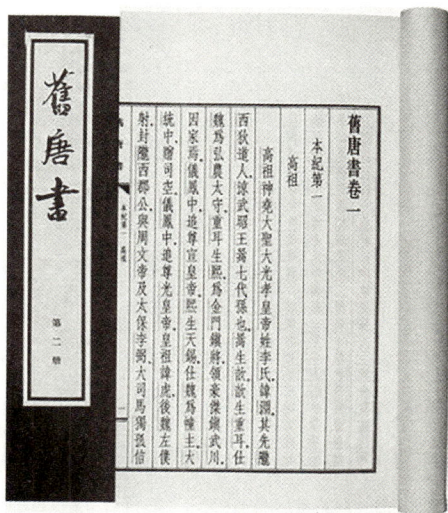

《旧唐书》书影

杀人动机，于是唐太宗让大理寺派人重新调查。最终，案件调查清楚，杨贞系被人嫁祸。是老板娘有外遇，与情人一起杀掉了店老板，然后嫁祸于客人杨贞。案情最终大白于天下。如果皇帝不重视人的生命，此事的结局就是杨贞白白做了替死鬼。恰是遇到唐太宗这样的皇帝，冤案便没有继续下去。

2. 亲临司法实践

在贞观时代，皇帝亲临司法实践，主要有两种情况：一是每月听刑部的汇报，主要是了解监狱犯人的情况；二是每年的皇帝录囚。皇帝要亲自过问犯人的情况，皇帝还要到监狱去视察，而视察的重点是死刑犯，这就叫录囚。这种视察可不是走过场，他要听犯人申诉。对于罪犯而言，他就有机会遇到皇帝，可以最后一次喊冤。而且有规定，只要向皇帝喊冤，这个案子就可以立刻重审。皇帝作为一国之君，事务繁忙，许多地方官员一生都见不到皇帝，但唐朝的死刑犯却有面见皇帝的机会。这个制度里所表现出来的以人为本，不仅仅是李世民的个人功绩，更是一个时代的基本精神风貌的体现。

3. 藏富于民

贞观四年，房玄龄报告皇帝，国家的粮食储备、军事器械已经超过了隋朝。唐太宗听了应该很高兴，但是他很平淡，他说

房玄龄

隋朝不是因为贫穷而灭亡，而是因为太富有才灭亡。隋朝政府储存的粮食到贞观时期还在继续食用。但隋朝发生自然灾害时政府却舍不得开仓放粮。隋末农民起义，几乎都是因为饥饿而引发的。所以隋朝不是亡于贫穷，而是灭于富有，两极分化很厉害，国家严重不和谐。唐太宗明白

藏富于民比藏富于国还重要。

4. 开源节流

贞观时代，国家刚刚从战乱中走出来，国力不足，社会贫困。李世民一班人，采取了开源节流的方针来扭转局面。贞观元年，唐朝中央机构官员近700人，唐太宗认为"官在得人，不在员多"，于是决定精简机构。同时下令合并州县，大量减少地方官员的数量。这样一来，拿俸禄的人少了，国家财政负担大幅度减轻，民众的负担也相应减轻了。

5. 均田制

汉朝以来，土地兼并问题严重，"富者田连千陌、贫者无立锥之地"。两极分化加剧社会矛盾激化，最终导致了西汉的灭亡。历朝历代的流民问题都是当权者急需解决的社会肌瘤之一。李世民当然认识到土地作为一种重要的生产资料，对于农民具有超越生命的重要意义，于是迫切需要用制度的方式来保证农民对土地的所有权。均田制是唐代国家对土地的管理制度。唐初土地不允许自由买卖，后来为保证农民收入，改革土地管理制度。即每户所有土地为口分田和永业田。永业田永远不允许出售，而口分田在国家法律允许的范围内，经政府机构批准，可以买卖。均田制的实施从制度上保证了弱势阶层的利益，同时，通过部分土地流转制度，在一定程度上缓解了贫困。

以人为本，就是国家在制定政策时要充分考虑到人的因素，重视人性，重视人情，重视人心。唐太宗对人本思想有着高度的认识，他常说："君者舟也，民者水也，水者载舟，水者覆舟。"君民之间是相辅相成的关系。过分地盘剥百姓，无异于割股自食。唐太宗说过这样的话："为君之道，必须先存百姓。"这种民本主义思想在当时很了不起。

有一次，朝堂之上，大臣一起讨论问题，说天下有盗贼，怎么消弭刑事犯罪呢？当时就有人主张严刑峻法，加强打击力度，让百姓知道法律惩罚的严酷性，他自然就不敢犯罪了。唐太宗不同意这种观点，他认为凡人皆有廉耻之心，百姓之所以犯罪，不是因为觉悟不高，而是因为迫不得已。赋敛太重，饥寒交迫，所以就顾不得廉耻了。而国家的过分盘剥才是百姓产生衣食之忧和生活的切肤之痛的根源。所以，要想"去贼"，养民的政策才是治本的方针。

以人为本是中国古代社会一个重要的政治智慧，是儒家特别强调的一种政治理念。它不是一句空话，是有相关的制度保障的。就贞观之治而言，它是儒家这种政治理念的一个具体的、成功的实践。我们是在批判历史的过程中发展过来的，历史上很多重要的智慧，需要我们今天认真对待。

（三）良臣魏徵

魏徵进谏是一千多年以来的一段佳话，正因为有魏徵这样敢于进谏、善于进谏、能够进谏的贤臣，才使贞观时期的理性行政成为可能。

魏徵经常能看到别人看不到的地方，即所谓"站得高，看得远"。贞观十五年，西突厥叶护可汗继位，按照规定，天可汗唐太宗应该派出特使参加新可汗的继位典礼，这是非常重要的一件事。西突厥位于中亚草原，盛产宝马良驹，于是有人向唐太宗建议，既然派出使者到中亚那么遥远的地方去，就要多办点事，让使者顺路购买马匹。唐太宗认为这样可以节约行政成本，于是就同意了。魏徵听说后，立即反对，认为这样做是得不偿失。西域可汗册立是大事，使者专门前往说明朝廷重视。结果使者又去买马，会让西域各国误以为册立可汗是顺路的，可汗是不被重视的。如果新可汗也产生这样的想法，那么唐朝和西突厥的关系势必要发生不良的变化，以后朝廷在西域的威信势必受到影响。只要跟西域关系良好，马匹还不是小问题吗？西域甚至会主动送来宝马。唐太宗只注意节约成本，让册立可汗的使者一身二任，没有魏徵看得全面，没有看到这种"节约"的害处。一经指出，太宗立刻明白了，马上命令停止购买宝马。可见，魏徵总能见人所未见，言人所未言，重视防祸于未然的重要性。

魏徵敢于进谏，历史上已经留下定论。魏徵为什么敢于进谏，在《旧唐书》或者其他史籍中都有记载，大概有三方面的因素。其一，魏徵有治国之才。其二，赤胆忠心，不惧龙颜，愿意以死来报唐太宗的知遇之恩。其三，从制度设计上来看，魏徵尽职尽责。唐朝中央政府设置谏官制度，魏徵是谏官中最重要的谏议大夫，谏议大夫的任务就是负责给皇帝进谏，所以，勇于进谏是魏徵的职责所在。

魏徵雕像

后来，魏徵又很快成了秘书监，是从三品，负责管理图书、资料的文职。唐朝的宫廷藏书最早是在魏徵的手中丰富起来的。他做秘书监的时候，还参与朝政。这是唐朝官制的一个特点，就是你本来有具体职务，然后给你加一个衔，叫参与朝政。唐朝的重要会议大约有几种，一个是行政办公会议，就是部长级会议，叫八座议事，就是六个部的长官尚书加上左、右仆射一起开会。比它再高的就是政事堂会议，政事堂在门下省，这是一个宰相会议。宰相有很多人，凡是有"参与朝政"这种职衔的人都可以参加宰相会议。第三个更高级的就是皇帝的御前会议。有了参与朝政这个头衔，既可以参加宰相的这个政事堂会议，也可以参加皇帝的御前会议。所以魏徵一直未曾离开提意见的职位。

贞观七年，他当了门下省的长官，叫侍中。门下省的工作就是审核皇帝的命令，看它对不对，对了就发给尚书省执行，不对就反驳回起草诏令的中书省。为什么魏徵的意见总是那么多呢？因为一直到死，他都是门下省的长官或负责人。

贞观元年，右仆射封德彝跟唐太宗汇报，说当下兵力不足，需扩大兵源，建议18岁以上的中男，也检点入军。当时，唐朝政府的法律规定是男子到了20岁才可以承担国家的兵役，但迫于封德彝所说的这种形势，皇帝就同意了这个建议。敕书发出三四次，魏徵坚持不签署。不但不签署，还要上奏，提出自己的反对理由，大概就是中男身体还没有长成之类。封德彝也不示弱，说中男也有长得很强壮的。太宗于是大怒，继续出敕，魏徵还是不签署。唐太宗没有办法，只好把魏徵和门下省负责人王珪都招来开会。太宗声色俱厉地说：中男要是身形矮小，自然不会点入军中。若体貌魁伟，当然可以征发。你这么固执，简直不可理喻！魏徵据理力争，认为其一，军队的问题在于兵力和战斗力，战斗力在精不在多，与其扩大兵源，不如加强训练。其二，"竭泽而渔，非不得鱼，明年无鱼"。魏徵是从国家更长远的利益来看待征兵问题，认为不能把年轻人都点了兵，都点了兵，赋税怎么办？以后再需要征兵怎么办？不能把人力一下子用完啊。国家治理要有长远规划，不能只看眼前。道理很简单，一讨论就明白了。皇帝就立刻下令，禁止下发这个文件。最终，皇帝被魏徵说服。魏徵的理念是正确的，国家在平时应该节约民力，为的是防止突发情况，所以居安思危很重要。这个政策没有出台，门下省起了关键性的作用，门下省是唐朝制度设计中的一个很重要的机构，它的审核程序，使得决策过程更加理性，可以从源头上尽量避免错误。

魏徵不仅敢于提意见，而且善于提意

封德彝

见。他能够把道理说清说透，还善于因势利导，充分利用表扬的方式达到帮助皇帝改正错误的目的。

贞观七年，蜀王妃的父亲杨誉非法买卖奴婢，被有关部门扣押审讯。蜀王妃的哥哥是千牛卫士，在皇帝身边负责安全保卫工作，于是向皇帝申诉说：我父亲没有犯那么严重的错误，但是有关部门因为仇恨皇亲国戚，就将我父亲扣押了。唐太宗听后，勃然大怒，认为自己的颜面受到伤害，要解除有关人员的官职。这时魏徵出来讲话，他说："城狐和社鼠都不强大，只是因为它们有所凭恃，所以清除起来很不容易。何况世家贵戚，从来号称难治，汉、晋以来，朝廷对他们都没有办法。武德的时候，他们就已经很骄纵了，自从陛下登基以来，刚有所收敛。有关人员能为国家守法已经难能可贵了，怎么可以随便妄加刑罚到他们身上，让这些外戚的私心得逞呢！自古以来，能禁断这样的事情，只有陛下一人而已。防微杜渐，是国家正常的方法，怎么可以水未横流，便自毁堤防？"唐太宗听后，马上接受了魏徵的意见。

我们看到，魏徵批评皇帝的做法，是以表扬为前提的。这样做，有利于皇帝改正错误，不会让皇帝产生误解。寓批评于表扬之中，容易让领导接受，毕竟领导只有接受之后才能改正错误。这就是进谏的艺术性。

给领导给皇上提意见，是为了什么？如果是为了显示自己的能耐，显示自己比领导高明，那方向就反了，结果也常常会适得其反，那样往往会陷入意气之争。关键在于把事情做好，不是为了显示自己，而是为了共同的事业。这样就能够找到合适的表达方式，这样才算是善于提意见。

贞观之治的主角是皇帝李世民，而最具风采的大臣当属魏徵。自古以来，谈到贞观之治，人们首先表扬李世民，其次肯定魏徵。不论是李世民还是魏徵，因为共同对创造贞观之治做出了杰出贡献，君臣关系作为典范载入史册，千古流芳。

　　贞观之治已经过去1300多年了，我们现在每每提起的时候，还是有很多地方让人感动，给人启发。一个时代的历史地位，取决于这个时代的历史创造，取决于这个时代的建设成就。对此，作为这个时代的领导集团，必须具有清醒的历史意识。

邓小南
宋代政治文化面面观

邓小南，1950年生于北京。1978年考入北京大学历史系中国史专业，1985年获得硕士学位。毕业后留校任教，1997年7月被聘为教授，1998年任博士生导师。多年来，在北京大学历史系主讲中国古代史、中国古代的政治与文化、宋辽金史专题、古代妇女与中国传统文化等本科生课程。主持并讲授宋代政治制度史专题、宋代文献选读、唐宋史研究、唐宋妇女史专题、女性发展史、宋代史籍导读等研究生课程。

主要著述：《宋代文官选任制度诸层面》《课绩·资格·考察——唐宋文官考核制度侧谈》《祖宗之法——北宋前期政治述略》。参与主编《唐宋女性与社会》《台湾学者中国史研究论丛》。

中国是一个历史悠久的国家。丰厚的历史积淀，是我们灵魂的"根"，也是今天我们进行中国特色的历史性选择的"魂"和"根"。无论我们的具体追求是什么，总是要在历史的脉络中探求今天，要通过中国的历史去理解历史的中国。

中国古代帝制大致延续了两千年，宋代处于这个漫长的历史时期的中段。宋代前期的统治中心在北方的开封，因此被称为北宋；北宋灭亡后，统治中心南移至杭州，史称南宋。两宋加起来，在中国历史上差不多是320年左右的时间。当我们谈起这一段时期时，每每会有一种爱恨交加的感觉。在中国历史上，这一时期是创新与因循并存的时期，是社会经济、文化科技、制度建设都有突出成就，位居世界前列的时期；与此同时，也是受到周边民族政权的强烈挤压，面临严峻挑战，政策应对有诸多失误的时期。

一、对于宋代历史的基本认识

对于宋代的历史，很多国学大师都有过精辟的概括，史学界通常也认为中国历史上各个朝代都有各自不同的特点，而宋代的这种"不同"是特别显著的。

严复《致熊纯如的信》：

> 古人好读前四史，亦以其文字耳。若研究人心、政俗之变，则赵宋一代历史最宜究心。中国所以成为今日现象者，为善为恶姑不具论，而为宋人之所造就，什八九可断言也。

陈寅恪《邓广铭〈宋史职官志考正〉序》：

华夏民族之文化，历数千载之演进，造极于赵宋之世。后渐衰微，终必复振。

钱穆《理学与艺术》：

论中国古今社会之变，最要在宋代。宋以前，大体可称为古代中国；宋以后，乃为后代中国……就宋代而言之，政治经济、社会人生，较之前代莫不有变。

海外学者称这一时期为"早期近代（early modern）"，因而也对其十分关注。近些年来，欧美学者、日本学者都有许多著述。

从政治文化的角度来看，宋代是一个注重稳定的时期，同时也是一个充满活力的时期。宋代"祖宗之法"的基本原则是所谓的"事为之防、曲为之制"，稳定至上是宋代政治的核心目标。就国内政治局面而言，宋廷立足于防微杜渐的措置确实有成功之处。其统治达到的纵深层面，是前朝所难以比拟的。

宋代的文化环境比较宽松，士人群体相对活跃，可以说是一个大师和精英辈出的时期，也是一个充满活力的时期。这种活力，学界从不同的角度，有许多阐述。英国的史学家Mark Elvin就说在中国"中古"的这段时期，发生了"经济革命"。国内很多学者也有类似的论述，比方从农业的角度来说这个时期有所谓的"绿色革命"；从面向大众的商业网络的形成来看有"商业革命"；从世界上最早的纸币，也就是"交子"的出现来看当时的"货币革命"；另外从城市形态、都市面貌的改变来看"城市革命"；从印刷术的出现，促进知识的传播来看这个时期的"信息革命"；当然与此相关的还有所谓"科技革命"。李约瑟在他的《中国科学技术史》的开篇部分就说道："每当人们在中国的文献里边查考任何一种具体的科技史料的时候，往往会发现它们的主焦点是在宋代，不管是在基础科学方面，还是在应用科学方面都是如此。"马克思曾经评论道："火药、指南针、印刷术——这是预告资产阶级社会到来的三大发明。"指南针应用于航海，为后来新航路的发现提供了技术上的前提。印刷术促进了中国及世界领域里文化知识的普及和传播。火药发明之后，已经在宋代的武器装备中使用。后来火药武器通过阿拉伯人、蒙古人传到了欧洲，成为战争中重要的杀伤性武器。

宋代军事力量的不振，历来受到诟病。李华瑞教授曾经说："纵观两宋与辽、西夏、金、元朝战争的重要战役，若以进攻和防守这两种战争基本形式和双方进行战争的目的来衡量，宋的军事失败基本上都发生在宋发动的进攻战役方面，而宋在境内抵抗来自辽、西夏、金、元朝进攻的防御战，则宋军多能取得不俗的战绩。"对此香港中文大学专门从事军事史研究的曾瑞龙教授也曾经指出：宋代整个战略架构中最脆弱、最经不起考验的，就是从和平突然转取攻略这一个环节。这种军事上的被动情形，与宋太宗以来"守内虚外""强干弱枝"的基本国策密切相关。

总的来看，宋代处于中国历史上重要的转型期，它面临着来自内部与周边的诸多新问题、新挑战，并不是古代史上国势强劲的时期；但它在物质文明、精神文明方面的突出成就，在制度方面的独到建树，它对于人类文明发展的贡献与牵动，使其无愧为历史上文明昌盛的辉煌阶段。

二、宋代的立国环境和政策导向

（一）宋代立国的时间和空间

宋代并非处于"天时、地利、人和"的顺遂优越发展条件之下，可以说是"生于忧患，长于忧患"。就其自然条件而言，如竺可桢先生所说，11世纪初至12世纪末气候转寒，温暖期趋短。12世纪是中国近代历史上最寒冷的一个时期。我们知道，北方游牧民族逐水草而居，如果气候非常寒冷干旱，那么生存空间就会受到影响，于是可能南下，到中原地区争夺资源，导致与中原政权发生激烈冲突。宋代正处于"天时"相对严酷的这样一段时期。从魏晋南北朝到隋唐，黄河经历了数百年的安澜时期。所谓安澜就是不泛滥，波澜不惊，为什么会这样呢？因为西晋末年"五胡乱华"，北方少数民族进入黄河中游地区，他们基本上不从事农业生产，结果大片农田变成草原，水土流失相对而言并不严重。而隋唐以来，伴随黄土高原农业开发而来的水土流失，导致唐末至北宋时期水患严重，黄河河道呈扇面形大摆动。黄河水害给当时的国计民生和农业生产都造成了非常严重的影响。北方经千年开发，农业经济增长的余地已经不多；而南方经济蕴藏着巨大的开发潜力，唐宋时期实现了全国经济重心的南移，南方逐渐成为经济最为发达的地区。经济重心南移，建立在南方农业对北方农业历史性超越的基础之上。唐代中期安史之乱（755—763）后，北方动乱频仍，成为影响南北经济地位消长的关键因素。

唐朝疆域宽广，其统治中心在关中。为维护西部地区安全，唐朝派重兵驻扎西北，同时委任安禄山扼守东北。公元755年，安禄山起兵反叛，唐朝政府被迫收缩力量，放弃了西北大片疆域，东北亦不为中原王朝所控制。唐末五代，出现了严重的分裂割据局面。北宋所统一的，是原五代十国辖区（基本是汉民族长期活动的农耕地区），但远非严格意义上的"大一统"。周边民族政权环立。正是在这种情形下，"中国"有限"空间"的概念逐渐得到承认。

（二）基本政策导向

帝制时期基本的政治特征是专制。相对而言，"宋代朝政称得上是中国历代王朝中最开明的"（虞云国《细说宋朝》）。宋代是一个崇尚平稳、注重微调的时代。"立纪纲"与"召和气"，是赵宋统治政策与措置的关键两轴。"纪纲"（纲纪）其实就是法制、法规，就是制度，就是求得平稳的一轴；所谓"和气"，在宋人心目中，是一种交感于天地阴阳之间、自然运行的和谐雍睦之气。这两轴的交互作用，构成为当时的政治基调。

北宋初期，统治者致力于建立一种上下有别、尊卑有序的政治秩序。这一秩序的建立，伴随着太祖君臣把军政权、民政权、财政权收归中央的过程。在"先其大纲"的原则之下，步步为营，比较稳妥地解决了禁军的统帅权及中唐以来节度使尾大不掉的问题。

宋朝建国之初，以往曾经与太祖赵匡胤"比肩同气"的禁军统帅们，飞扬跋扈，非常骄纵。太祖深知政权更迭多由禁军统帅发动，于是在建隆二年（961）利用宴席之际，动员禁军的高级统帅交出兵权，是即所谓"杯酒释兵权"。史籍中有这样的记载：

宋太祖赵匡胤

帝曰："人生如白驹之过隙，所为好富贵者，不过欲多积金钱，厚自娱乐，使子孙无贫乏耳。尔曹何不释去兵权、出守大藩，择便好田宅市之，为子孙立永远不可动之业。多置歌儿舞女，日饮酒相欢以终其天年。我且与尔曹约为婚姻，君臣之间两无猜疑，上下相安，不亦善乎！"

明日，皆称疾请罢。上喜，所以慰抚赐赉之甚厚。庚午，以侍卫都指挥使、归德节度使石守信为天平节度使，殿前副都点检、忠武节度使高怀德为归德节度使，殿前都指挥使、义成节度使王审琦为忠正节度使，侍卫都虞侯、镇安节度使张令铎为镇宁节度使，皆罢军职。

——《涑水记闻》卷一、《续资治通鉴长编》卷二此事细节虽不一定确凿，但是禁军统帅石守信、高怀德、王审琦、张令铎等人都于同一天"称疾请罢"，幕后必然有所操作。这样的一种幕后操作，一方面是紧锣密鼓，另一方面又是波澜不惊。借利益交换的方式，和平转移大将兵权，在当时是代价较小的成功举措。相比于汉唐初期对于元勋功臣的处置甚至杀戮，宋初的做法显然比较理性。

所以很多学者认为，宋代朝政称得上是中国历代王朝中最开明的。沈括曾经说：

太祖皇帝尝问赵普曰："天下何物最大？"普熟思未答间，再问如前，普对曰："道理最大。"上屡称善。

这个故事的真实性，现在已经无从核对，但它被反复传颂，至少反映出宋人的认识。宋代的政治氛围相对宽松，据说宋太祖曾经立有誓约（见曹勋《松隐集》）：

　　艺祖有约，藏于太庙，誓不诛大臣、言官，违者不祥。
　　故七祖相袭，未尝辄易。

"不杀士大夫"，"不罪言事者"，是赵宋"祖宗之法"中经常被征引的内容。

以宋代士大夫的际遇与此前的唐代、此后的明代比较，可以看出其间明显的不同。《旧唐书》记载，开元年间，"监察御史蒋挺以监决杖刑稍轻，敕朝堂杖之"。官员会因执行公务不当而受到公开的杖责与羞辱。这样一种情况，到明代变得更加严重了。《明史·刑法志》有关于廷杖的记载说：

　　廷杖之刑，亦自太祖始……而殿陛行杖习为故事矣……刑法益峻，虽大臣不免笞辱……公卿之辱，前此未有。

当时的官员每天上朝都要与家人诀别，如果晚上顺利回来，就觉得多活了一天。因为在朝堂上，说不定冒犯了皇帝，就会被当众责打，也可能当即送命。而宋代则无此类现象发生。有个例子，说：

> （宋神宗时）陕西用兵失利，内批出令斩一漕臣。明日，宰相蔡确曰："祖宗以来未尝杀士人，臣等不欲自陛下始。"上沉吟久之，曰："可与刺面配远恶处。"门下侍郎章惇曰："如此即不若杀之。"上曰："何故？"曰："士可杀，不可辱。"上声色俱厉曰："快意事做不得一件！"惇曰："如此快意事，不做得也好！"
>
> ——侯延庆《退斋笔录》

可见在宋代，士大夫相对受到礼遇，他们对国事发表意见的空间，比此前的唐朝和此后的明朝都明显宽松。

三、士大夫政治和文官制度

（一）科举制度和新型士人的成长

宋代的士人很多都是通过科举制度进入到官僚体系里面的。科举制度历经若干朝代（605—1905），在中国历史上持续了1300年之久。经统计，在历朝历代里面，宋代的年均取士人数独占鳌头。宋代科举取消了以往对于举子的身份限制，"工商杂类人内有奇才异行、卓然不群者，亦许解送"（《宋会要辑稿·选举》）。

考试制度的严密，促成了相对公平与开放。一些出身清贫的"寒俊"得以脱颖而出，登上了宋代的政治舞台。

> 吕文穆公讳蒙正，微时于洛阳之龙门利涉院土室中，与温仲舒读书……后状元及第，位至宰相。温仲舒第三人及第，官至尚书。公在龙门时，一日行伊水上，见卖瓜者，意欲得之，无钱可买。其人偶遗一枚于地，公怅然取食之。后

作相，买园洛城东南下，临伊水起亭，以"瓜"为名，不忘贫贱之义也。

——《邵氏闻见录》卷八

范仲淹"断齑画粥"：

公生二岁而孤。少与刘某上长白僧舍修学，惟煮粟米二升，作粥一器，经宿遂凝，以刀画为四块，早晚取二块，断齑数十茎……入少盐，暖而啖之。如此者三年。

这些出身贫寒的新型士人登上政治舞台后，以天下为己任，学术思潮丕然一变，自觉意识空前成熟。在他们心目中，"天下者，中国之天下，祖宗之天下，群臣、万姓、三军之天下，非陛下之天下"（《宋史全文》）；"为天地立心，为生民立命，为往圣继绝学，为万世开太平"（张载语）成为一代优秀才俊集体性的抱负与追求。

（二）权力制衡与信息沟通

宋代君主集权、忠君观念皆处在逐渐强化的过程之中，与此同时，对于君权的限制因素也在增强。这两种趋势构成一种张力。就宋代士大夫心目中的政治理念而言：一、致力于建立"君君臣臣父父子子"、上下尊卑名分井然的理想社会政治秩序；二、为保证理想秩序的建立，必须"致其君为尧舜之君"。所以当时的君臣之间的关系，既有集权的一面，同时也有制衡的一面。

宋代实行"两府制"。所谓"两府（二府）"，一是负责行政民政事务的中书门下，一是负责军政事务的枢密院，两府的首长就是当时的宰相和执政，二者合在一起叫作"宰执"。两府之外，还有负责财政事务的三司、负责监察事务的御史台与谏院（二者合称"台谏"）。这些机构直接向皇帝负责，遇重大事件要与皇帝直接讨论，这种讨论决策的机制就称为"御前会议"。北宋前期的中央机构，基本上不是层级很深的金字塔式结构，而是一种相对扁平的层级结构。

文书是信息与政令的载体。从图示中，我们大致可以看出当时政令文书的流转方式。宋人有一说法，"事无巨细，非经二府者不得施行"（《宋朝诸臣奏议》），也就是说，皇帝的意愿，如果没有经过中书门下和枢密院的讨论，可能不被视为"圣旨"，下面的执行部门有权提请复奏。这种方式在某种程度上对于皇帝至高无上的权力是一种制约。在这一流程中，负责草拟文件的中书舍人，负责审核文件的给事中，负责监察的御史台、谏院，都有权在政令形成、颁出、施行的不同环节提出意见。

宋代在君主、宰执（宰相与执政官员）、台谏之间，形成制衡关系。如南宋宰相杜范所说：

> 凡废置予夺，（君主）一切与宰相熟议其可否，而后见之施行。如有未当，给舍得以缴驳，台谏得以论奏。是以天下为天下，不以一己为天下，虽万世不易可也。
>
> ——杜范《相位五事奏札》

台谏（御史台+谏院）的作用，尤其值得注意。在庙堂之上、殿陛之前，台谏官员可以与皇帝相可否、争是非。《宋史》指出"宋之立国，元气在台谏"，台谏官员独立言事原则得到全面确立。

> 谏官虽卑，与宰相等。天子曰"不可"，宰相曰"可"；天子曰"然"，宰相曰"不然"：坐乎庙堂之上与天子相可否者，宰相也。天子曰"是"，谏官曰"非"；天子曰"必行"，谏官曰"必不可行"：立殿陛之前与天子争是非者，谏官也。宰相尊，行其道；谏官卑，行其言。言行，道亦行也。
>
> ——欧阳修《上范司谏书》

宋代君主以"防范壅蔽"为目标，"言路"相对畅通。如南宋魏了翁所说：

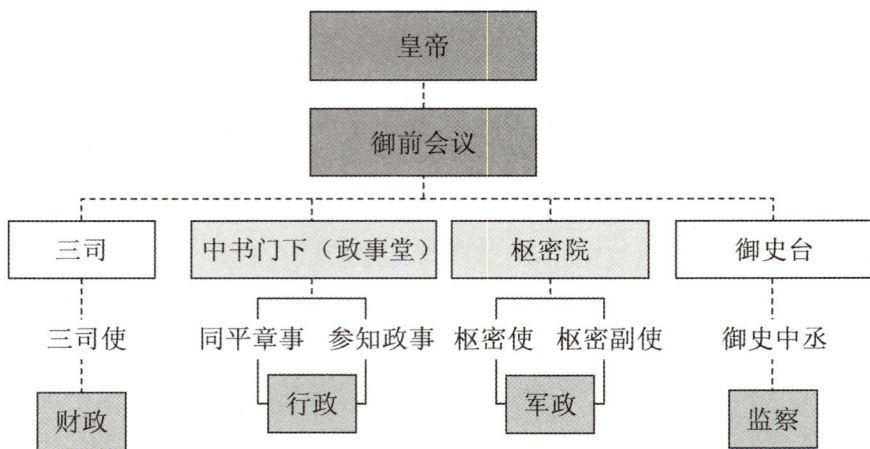

北宋前期中枢机构示意图

所谓宰辅宣召、侍从论思、经筵留身、翰苑夜对、二史直前、群臣召归、百官转对轮对、监司帅守见辞、三馆封章、小臣特引、臣民扣匦、太学生伏阙、外臣附驿、京局发马递铺，盖无一日而不可对，无一人而不可言。

——魏了翁《应诏言事》

臣僚奏对方式与途径众多：既有行政体制之内的轮对、转对；也有行政体制之外的经筵官员迩英留对及夜对等。

轮对、转对一方面是君主了解下情、了解信息的途径，另一方面也是考察官员的机会。"抱才气者皆以得见上为喜，碌碌者颇以转对为忧"。在当时凡是有才气的人都希望能见到君主，非常重视转对的机会；而那些庸庸碌碌的人一旦轮到转对，就很发愁，不知道该说什么才好。

南宋淳熙十一年（1184），陆九渊当轮对，在轮对前后，他曾与朱熹等人商议交流。轮对时，精心准备了五份奏札，分门别类，将自己的看法向孝宗详细阐述，其中直截了当地批评当时的政治局面说：

（陛下）临御二十余年，未有（唐）太宗数年之效。版
图未归，仇耻未复，生聚教训之实可为寒心。

——陆九渊《删定官轮对札子》

经筵是汉唐以来帝王为讲论经史而特设的御前讲席。宋代的经筵，
到了北宋第四个皇帝仁宗的时候才比较规范。因为仁宗幼年即位，皇太
后刘氏执政，她非常关心小皇帝的教育和成长，专门安排名儒来给他讲
课，地点就设在宫中的迩英阁。经筵结束后，讲官们常有机会留下来跟
皇帝个别谈话。

司马光《手录》里记载了他担任宋神宗经筵老师时期的君臣对

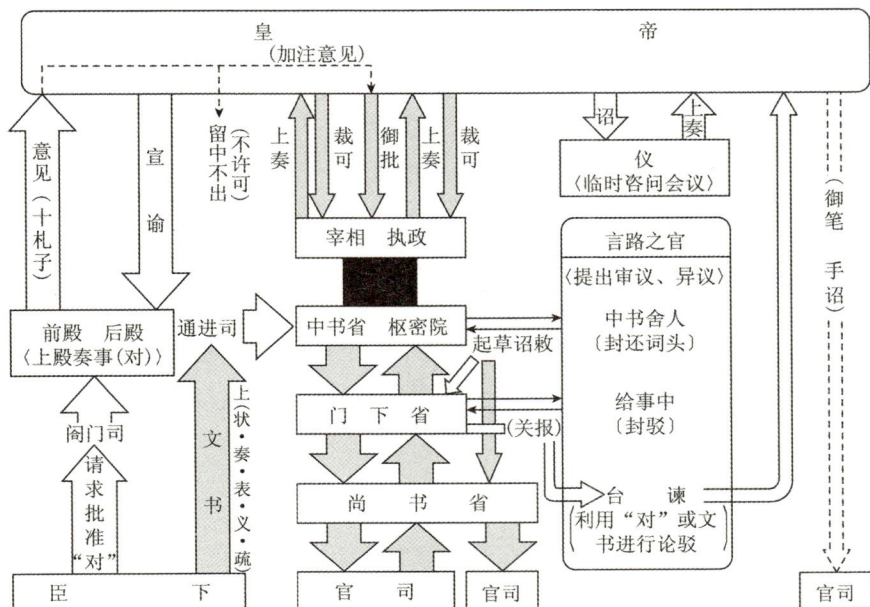

宋代政令文书流程图
（平田茂树制图）

话：熙宁元年至三年（1068—1070），司马光在迩英阁为神宗讲授《资治通鉴》。课后，皇帝经常征询他对新法的意见，以及对于高级官员的看法。"他们之间的谈话十分坦率、诚恳，简直像朋友一样"（李裕民）。

南宋孝宗皇帝在位时，经常召臣僚夜对：

> 或问经史，或谈时事，或访人才，或及宰执所奏，凡所蕴蓄靡不倾尽。故宇文价论六路赈济推赏事，此尚书夜对之言也；陈骙论治赃吏当用祖宗法，此中书夜对之言也；倪思乞养成皇孙国公德性，此直学士夜对之言也；金安节、马骐论谏官言事失当不宜深罪，此侍讲夜对之言也；周操以侍御史内宿召对论遣使事，王蔺在讲筵夜对论临安府王佐脏污事，此皆燕直清闲雍容论奏之言也。
>
> 恩意浃密则就澄碧殿锡燕，职业修饬则上清华阁赐诗，从容造膝过于南衙面陈，先事献言加于路朝显谏……
>
> ——吴泳《鹤林集》

宋代朝廷颁布发行《邸报》即政府公报，皇帝的诏书命令、起居言行，中央政府的法令、公报，官吏任命、赏罚消息，乃至臣僚的部分章奏文报，都通过《邸报》向四方公布。

在此应予说明，两宋历史有沟通开放的一面，也有政权对于不同意见的压抑整饬，有派系整肃、党同伐异的文字狱案，像北宋时期的乌台诗案、元祐党籍，南宋时期高宗秦桧的专制高压，韩侂胄导演的庆元党禁等等，都是此类性质的严重事件。

四、宋代社会氛围和文化风气的演化

（一）新儒家：新思想与新文化

谈到宋代文化，离不开新儒家的问题。新儒家在当时所代表的，是一种新的思想、新的文化。所谓"新"主要是指对于儒学经典的新阐发，体现出对于"理"（"道"）的深切追求。我们现在说到理学或者道学时，会觉得是对人们思想的一种束缚，但是在宋代，它是一种思想创新，思想解放，而不像后世变成不能触碰的严重思想束缚。当时这些新儒家的代表人物，把"理"作为根本性的追求，把"理"置于超越性的地位之上。对于"理"，朱熹有一种解释，他说："天下之物，则必各有所以然之故与其所当然之则，所谓'理'也。"他的意思是说，万事万物的状态及其运行，都有其内在的原因，都贯穿着根本性的规律、法则。这样一种根本性的规律和法则是运行于天地之间、人世之间、万事万物之间的，是贯通性渗透性的。理学家们把这样的一种认识、一种追求、一种境界，或者说这样的一种原则，贯穿到他们的治学，也贯穿到他们的从政方式里面。

如余英时先生所说，事实上，"政"与"学"兼收并蓄，不仅朱熹为然，两宋士大夫几无不如是。政治文化是一个富于弹性的概念，既包括了政治，也涵盖了学术，更点出了二者之间不可分割的联系。不但如此，这一概念有超个人的含义，可以笼罩士大夫群体所体现的时代风格（《朱熹的历史世界》）。

（二）市民阶层的发展与都市格局

宋代文化带有一些平民化、世俗化的特征，而这种特征的出现与宋代的社会变迁有着直接的关系。宋代出现了比较成熟的市民阶层，第一次出现了"坊郭户"这一城镇户口的户籍分类。所谓"坊郭户"，其实就是生活在城郭、街坊中的城镇居民和工商业者家庭。在宋朝，传统的士、农、工、商阶层，流动相对频繁，正如南宋袁毂所说："昔之农者，今转而为工；昔之商者，今流而为隶。贫者富而贵者贱，皆交相为盛衰矣。"

以"重商"为核心的市民思潮和具有大众化特征的市民文化兴起，影响到当时的城市格局。不同于唐代长安明显的尊卑秩序、明清北京在城市空间上对皇权至上性的强化，北宋东京显得相对世俗而宽容，充溢着相对开放的都市气息。

都市中最引人注目的，不是当时的宫廷文化，而是面向民众的通俗娱乐文化形式，是勾栏瓦舍这样的市民娱乐场所。随着城市经济的发展与市民阶层的兴起，与之相应的俗文化大放异彩。

从唐宋时期人物画卷、人物墓志的比较，可以看出，人物形象的呈现愈益贴近现实，普通人的生活状态受到关注，文本内容从华美浮泛走向生活化、个性化。这与整个时代的平民化、世俗化、人文化趋向密切相关。

这一时期，文学重心下移，呈现出全面繁荣的样态：文学的体裁从诗文扩大到词、曲、小说，与市井有密切关系；创作主体从士族文人扩大到庶族文人，进而扩大到市井文人；文学的接受者扩大到市民以及更广泛的社会大众。

诗和词是中国历史上很被大家关注的两种文学体裁。宋词的出现丰富了中国文学的表现手段，词的演唱适应城市的娱乐需要而发展起来。经过宋代300多年上自朝廷下至市井的歌唱，中国文学有了更细腻的感觉和表现，中国文化也呈现出更加丰富多彩的面貌（袁行霈《中华文明史（总序）》）。"诗述志，词娱情"。以著名女词人李清照为例，她生活在两宋之际，生活从安逸到颠沛流离，对当时的社会状态有着深切的感受，凡慷慨悲怆的心绪，往往用诗来表现，而幽约委婉的情调，则会用词来阐发。众所周知，宋人的词作本身，也有婉约与豪迈的不同风格区分。

代结语

就朝廷上的政治气候及具体制度的渊源而言，很难说元、明、清数朝直接承继宋代。但从近代的"人心""政俗"来看，无论是政治理念、思想文化方面的创新或是因循，宋代带来的影响，都深深地渗入到中国社会的肌体之中。

这一份政治文化遗产，后来者需要认真面对。

陈高华
元朝的兴衰及其历史启示

陈高华，浙江温岭人。1938年3月生。1960年7月毕业于北京大学历史系，分配到中国科学院哲学社会科学部（后改为中国社会科学院）历史研究所，历任研究实习员、助理研究员、副研究员、研究员。曾任历史所宋辽金元研究室副主任、副所长、所长，中国社科院研究生院历史系主任。1992年被评为博士生导师。中国社科院学部委员。1990年被人事部授予"有突出贡献的中青年专家"称号。1992年享受国务院颁发的政府特殊津贴。为国家社科规划中国史组成员（1987—2002）。中央文史研究馆馆员。

主要研究方向为元代史，兼攻明代史、中国绘画史、中外关系史。出版专著《元大都》《元史研究论稿》《元史研究新论》等，参加《中国史稿》第五册、《中国古代史史料学》等书的撰稿工作。

曾任元史研究会会长、中亚文化协会副会长、中外关系史学会副会长。曾为联合国教科文组织《中亚文明史》编委会委员。七届、八届全国政协委员，九届、十届全国政协常委。

元朝的历史一般由1206年成吉思汗在北方草原建立大蒙古国算起，到1368年朱元璋军队攻下大都、元朝末代皇帝顺帝北逃为止，总共162年，先后有14位皇帝。1271年，元世祖忽必烈定国号为大元，从此这个王朝称为元朝，成吉思汗被尊称为元朝的太祖皇帝。

在中国历史上，众多的封建王朝取国号基本上有两种类型，一种是地名，一种是封号。譬如唐朝的李渊，在隋朝的时候被封为唐国公，所以其建立国家政权以后，取国号为唐。宋朝为什么定国号为宋？因为宋朝的开国皇帝赵匡胤，在北周的时候当过宋州（今河南商丘）节度使。元朝与此不太一样，"元"是什么意思？过去有些学者研究、讨论过这个问题，有人认为"元"是黑颜色的意思，有人认为"元"是肇始的意思。实际上这些解释都是不准确的。在元代的官方文书中有这么一句话，"元者，大之至也"。"元"有一个很重要的本意就是大，"大之至也"，也就是最大。忽必烈之所以取这个国号，就是为了表明他自己统治的国家是规模最大的国家。

一般来说，北方民族兴起的时候，都用自己部落的名称作为自己的国号，发展到一定程度，特别是进入中原以后，为了统治农业地区，就一定要接受中原的文化，因此在国号上需要有一定改动。这个"元"字，一般说法认为是根据《易经》来的，主要意思就是大。过去我们往往简单化，认为有了"大元"作国号，大蒙古国就不存在了，实际上在蒙古的文

成吉思汗麾下的蒙古铁骑

献当中，大蒙古国这个名字还是保存下来了，一边是用大元作国号，一边在蒙古内部还是称为大蒙古国。

元以前的唐宋王朝，元以后的明清王朝，都存在3个世纪左右。相形之下，元朝统治的岁月是比较短的。但是这个王朝的历史是波澜壮阔、丰富多彩的，它对中国历史，乃至世界历史的进程产生了巨大的、不可磨灭的影响。

一、元朝的兴衰

元朝的历史大体上可分三个阶段。第一阶段是前四汗时期，第二阶段是世祖、成宗时期，第三阶段是武宗至顺帝时期。

第一阶段：前四汗时期（1206—1259）。

前四汗就是成吉思汗、窝阔台汗、贵由汗和蒙哥汗。他们的关系是：

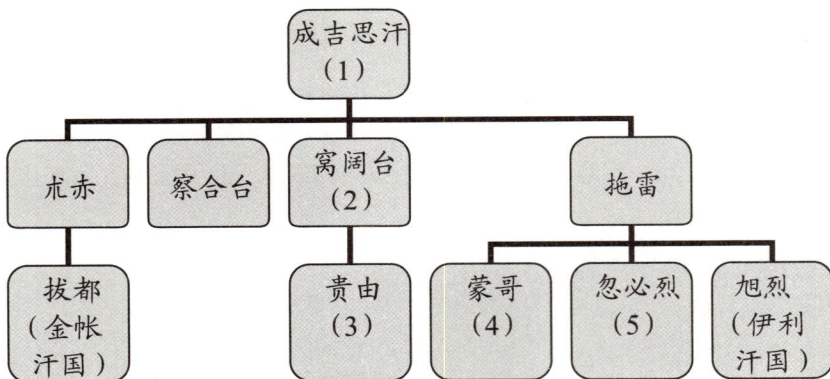

成吉思汗的子女很多，上图中所列的四个儿子由其大皇后孛儿帖所生，这四个儿子在蒙古历史上，乃至世界历史上都产生了巨大影响。

我国北方草原，一直是游牧民族活动的地区。早期是匈奴，继起的有鲜卑、突厥、回鹘。11、12世纪，草原上分布着许多部落，蒙古是其中的一个。蒙古部原来生活在额尔古纳河、大兴安岭一带。有的学者说，呼伦贝尔草原是蒙古族的摇篮。现在研究的结果认为，蒙古部最初起源于额尔古纳河的中下游大兴安岭一带。后来，蒙古部向西迁到三河之源——肯特山一带。另外一些游牧部落一直留在呼伦贝尔草原，其中最有名的就是塔塔尔部（也称鞑靼部）。塔塔尔部是当时草原上势力比较强大的一个部落，分布在呼伦湖和贝尔湖一带，我们今天的呼伦贝尔市就是根据这两个湖来确定的名称。

成吉思汗

1162年，蒙古部的首领也速该生下一个儿子，取名铁木真，亦即铁匠的意思。铁木真九岁时，也速该被敌人毒死，部众离散，势力中衰。铁木真在艰难的环境中崛起，重新集结部众，逐个击破了草原上其他部落。1206年，在斡难河（今译鄂嫩河）头举行忽里勒台。忽里勒台是大聚会的意思，原来是指氏族、部落首领会议，这时则是贵族和军事将领的集会。忽里勒台推选铁木真为大汗，号成吉思汗，以大蒙古为国号。

"汗"是北方游牧民族对自己领袖的称号，也称"大汗"或"可汗"，最早出现在魏晋南北朝时期。蒙古人兴起以后，其领袖以"汗"为称号，同中原地区称封建王朝的领袖为皇帝，是一个道理。关于"成吉思"有不同的解释。当时南宋曾派人到北方去了解情况，说"成吉思"是"天赐"的意思，即因为上天赏识他，所以派他来做游牧民族的统治者。近人研究有几种不同的看法：一种说是海洋之意，一种说是"强硬的、凶猛的"。现在多数人同意后一种意见。

大蒙古国建立后，很快便开展了对外军事活动。矛头首先指向临近的西夏和金朝，迫使西夏和金朝纳贡求和。原来蒙古草原以南有两个政权，一个政权是金，金朝统治了陕西地区、华北地区和东北地区。另一个政权就是西夏，西夏主要统治的是今天的甘肃、宁夏一带。成吉思汗开始主要对西夏用兵，后来就发动了对金朝的军事行动。蒙古军队实力强大，金朝军队根本没有办法抵抗，最后只好向大蒙古国要求和解。金朝还把都城由中都（今北京西南）迁到南京汴梁（今河南开封）。对金朝的战争大体上是从1211年开始，一直到1213年，这是成吉思汗对外用兵的第一个阶段。

1219年，成吉思汗率军西征，主要对象是中亚的花剌子模国。经过几年的残酷战争，占领了包括今天中亚五国（乌兹别克斯坦、塔吉克斯坦、吉尔吉斯斯坦、哈萨克斯坦、土库曼斯坦）和阿富汗的大部分土地，前锋到达印度河。蒙古军一部为了追捕花剌子模国王，进入今伊朗北部，转而北上，经过阿塞拜疆和格鲁吉亚地区，越过高加索山，进入今俄国和乌克兰境内，大败俄罗斯和钦察人的联军，直抵克里木半岛。这就是蒙古历史上的第一次西征。

1225年，成吉思汗回到蒙古草原。因为第一次西征时，西夏不肯出兵与他一起去进攻花剌子模国，所以回来之后，成吉思汗很快就发动了对西夏的战争。1227年8月西夏灭亡，在西夏都城兴庆府（今宁夏银川）陷落的前夕，成吉思汗病死。死后遗体运回蒙古草原，埋葬在起辇谷。后来的蒙古大汗、元朝皇帝死后也都埋葬在那里，但其遗址至今没有找到。

现在内蒙古的伊金霍洛旗有个成陵，这个成陵不是埋葬成

成吉思汗陵

吉思汗的地方，而是祭祀的场所。根据历史记载，以前祭祀成吉思汗是祭祀收藏其用品的账房，称为"八白室"。直到20世纪以后，才开始建造今天的成吉思汗陵。20世纪一直有人想找到成吉思汗埋葬的地方，日本、蒙古、俄罗斯、美国的考古学家都曾经去找过，但直到现在都没有找到。2008年10月22日的《人民政协报》刊登了一条新华社电，说美国加利福尼亚大学圣迭戈分校的研究人员，计划用3年时间，采用最先进的、无破坏性的探测技术寻找成吉思汗墓，看来美国的科学家又准备来寻找了。

为什么成吉思汗的墓一直找不到？蒙古人的埋葬方式跟汉人的埋葬方式完全不一样。汉族皇帝死了之后，都要造一个很高的陵墓，然后造宫殿似的建筑来祭祀。秦、汉、唐、宋，一直到明清都是这样。但是蒙古大汗死后，把一棵大树从当中剖成两片，在中间挖出一个跟真人大小相当的空间，把尸体放进去，再把两片木头合在一起，然后深埋于地下，再将草皮盖好，群马踏平，不留冢堆，很快上面就长满青草和树木。所以后世很难找到成吉思汗的埋葬地点。

关于对成吉思汗的评价，一直是个争论不休的问题。毛泽东同志曾经在其作品中称成吉思汗为"一代天骄"。所谓"一代天骄"，即天之骄子的意思。确实，成吉思汗是对世界历史进程产生过重要影响的杰出人物。几百年以来，关于成吉思汗不知道写了多少文章，出了多少艺术作品。改革开放以后，文艺界还拍过有关成吉思汗的电视剧和电影。中国拍过，日本拍过，别的国家也拍过。可以说在中国历史上没有第二个历史人物像成吉思汗这样，受到这么多的关注。

西方一些媒体，对成吉思汗评价更高，说其是"千年以来第一人"。最近美国有一个历史学家写了一本书，叫《成吉思汗与今天世界之形成》，他认为今天世界的局面就是由成吉思汗造就的，成吉思汗是缔造全球化世界的第一人。

对于成吉思汗的历史功过，有不同意见是正常的，没有必要强求一致。我们认为，成吉思汗是蒙古族的民族英雄，也是中华民族的民族英雄。外国有人反对将成吉思汗写进中国历史，我们只要举出两点事实就够了。第一，当代蒙古族的多数在中国。根据1990年的统计，中国的蒙古族人有480万，估计现在已经超过500万了，而蒙古国的蒙古族据最新统计大概也不过200万，此外阿富汗有一部分，俄罗斯也有一部分，其他国家也有。这个民族的大部分都在中国，而中国历史还能不写蒙古族的创始者吗？第二，元朝是中国历史上的正统王朝，成吉思汗是元朝的太祖。凭这两点，能不把成吉思汗写进中国历史吗？

　　1229年，成吉思汗第三个儿子窝阔台经过忽里勒台推选成了大蒙古国的大汗。窝阔台在位13年，做了两件大事。一件是亲自指挥对金朝的战争，1234年金朝灭亡，蒙古国控制了淮河以北的广大农业区。另一件是发动第二次西征。第二次西征是以尤赤之子拔都为首，蒙古贵族、将领都要以长子从军，史称长子西征。这次西征从1236年起，进入今天的俄罗斯、乌克兰境内，当时居住在这些地区的斡罗思（即俄罗斯）人、钦察人四分五裂，不能组成有效的抵抗，纷纷瓦解。1241年，蒙古军进攻孛烈儿（今波兰）、马札儿（今匈牙利），势如破竹。其中一部直抵西里西亚，拔都的主力越过多瑙河。后因窝阔台死讯传来，蒙古军停进东还，拔都在伏尔加河下游停驻，建立金帐汗国（又称钦察汗国）。这次西征的范围更大，不仅到达欧洲东部，而且还接近了欧洲的中部，使整个欧洲为之震动。

　　窝阔台病死于1241年，长子贵由西征归来以后，在1246年被推举为大汗。贵由多病，在政治上没有多大作为，1248年病死。但在他当政期间发生了一件大事。金朝灭亡以后，窝阔台次子阔端被分封到河西走廊，与吐蕃即藏族地区相邻。这时吐蕃四分五

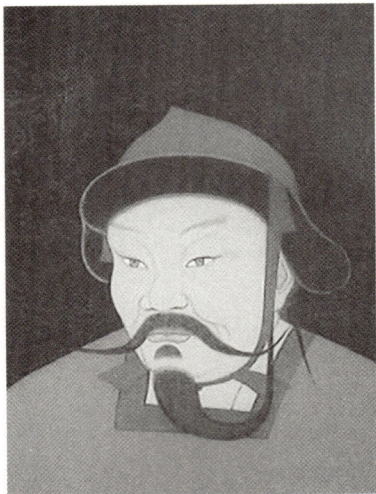

窝阔台

裂，山头林立。藏族地区政治制度的一大特点就是宗教势力与地方政治势力相结合，由一些家族进行统治，也就是说一些封建家族既掌握了政权，又掌握了教权，政教合一。阔端知道这种情况以后，于贵由汗二年（1247），邀请藏传佛教萨迦派领袖萨班到西凉（今甘肃武威）进行会谈，萨班看到蒙古的势力强大，知道吐蕃地区难以抵抗蒙古的军事力量，于是向吐蕃地区的僧俗首领发布文告，确认吐蕃地区归附蒙古。自此，吐蕃成为中央政权管辖下的一个地区。这是西藏历史上一件划时代的大事。我们今天讲西藏的历史，认为元代是一个重要的分水岭。在这以前，西藏基本上由地方政权控制，但从元朝开始西藏就成为中央政权下面的一个行政区域。

萨班的侄子八思巴年幼时跟随萨班到了武威，后来与忽必烈关系非常密切。忽必烈即位以后，封八思巴为帝师。八思巴是藏传佛教历史上一位了不起的人物，他创造了一种文字叫八思巴文，至今仍保留了很多东西。

贵由死后，成吉思汗后代的几个家族为争夺汗位展开了激烈的斗争。拖雷家族取得了胜利，拖雷的长子蒙哥被推举为大汗。

蒙哥即位后，指派兄弟忽必烈管理"汉地"，又指派另一个兄弟旭烈兀西征，亦即第三次西征。这次西征以旭烈兀为统帅，1253年起向西南亚进军，占领了今天的伊朗、叙利亚等地区，后来建立了伊利汗国。窝阔台、察合台的后裔则分别在中亚建立了窝阔台汗国和察合台汗国。加之第二次西征时建立的金帐汗国，构成历史上所说的蒙古四大汗国。

蒙哥汗为了从侧面包围南宋，命忽必烈出征云南。忽必烈于1253年出师，从今天的宁夏六盘山出发，经过甘肃、青海、四川，千里转战，攻克大理，平定云南。至此云南成为蒙古政权统治的一部分。1258年，蒙哥率军出征南宋，由陕西进入四川，连战连胜。1259年围攻钓鱼城。当地军民坚决抵抗，蒙古军伤亡很大，蒙哥汗死于城下，形势为之一变。

前四汗时期（1206—1259），是元朝历史上一个变化多端、跌宕起伏、波澜壮阔的时期，经过三次大规模的军事行动，蒙古国控制了东起高丽（今朝鲜），西到东欧，南至叙利亚、伊朗的广大地区，对世界的整体局势造成了巨大的影响。

第二阶段：元世祖忽必烈和成宗铁穆耳时期（1260—1307），共48年。

蒙哥死后，统治阶级内部发生了激烈的冲突，经过几年的斗争，忽必烈击败幼弟阿里不哥，取得了胜利。1260年，忽必烈嗣位，成为大蒙古国的第五代大汗。忽必烈在位34年，

蒙哥

主要做了四件大事。一件是推行"汉法"，进行政治体制改革。所谓"汉法"，实际上就是自秦汉以来，长期积累的一套比较成熟的统治农业地区人口的政治经济制度。原来的蒙古国政治体制简单，军民合一，老百姓按照军队编制，十户、百户、千户、万户，对于新征服地区任意掠夺财富，这套制度对农业地区根本不适应。忽必烈认识到这个问题以后，就逐步推行中原传统的政治制度，主要有：军民分治，官员任期制，定额赋税，采用国号和年号等。社会经济得到全面恢复，改革取得明显效果。但忽必烈为了保护蒙古贵族的利益，实行民族歧视的政策，最明显的就是推行四等人制，将全国居民分为四等，即蒙古人、色目人、汉人、南人。蒙古人和色目人有许多特权，他的改革是有很大局限性的。

第二件是灭南宋，实现了历史上空前的统一。忽必烈对南宋用兵大概持续了10年左右，南宋消灭以后，今天中国的版图就基本上形成了。

第三件大事是建造大都城作为首都。金朝的首都叫中都，在今天北

京的西南宣武区（今西城区）一带。忽必烈在中都的东北建了一个新的城市，取名大都，即最大的国都之意。

第四件大事就是汇集各方力量发展与海外国家的关系。一方面派使臣去往海外各国，据史料记载，忽必烈时期曾经派人去往印度、马达加斯加、斯里兰卡等地。另一方面，派兵出征海外。主要发动了对日本和东南亚一些国家的战争。出征日本有两次。一次是至元十一年（1274），出兵4万余人，海船900艘，无功而返。一次是至元十八年（1281），出动了14万军队，海船4400艘，兵分两路，分别从高丽和浙江宁波出发，停泊在博多湾（日本福冈），因遇飓风全军覆没。对于交趾（今越南北部）、占城（今越南南部）、缅（今缅甸）、爪哇（今印尼爪哇岛）也都曾用兵。战争的原因多种多样，但都是非正义的战争，应该批判。从航海史和军事史来说，对日本、交趾、占城、爪哇都是渡海作战，对爪哇出兵2万，对日本出兵10余万，可知当时中国的航海力量是很强大的，后来郑和船队远航不是偶然的。

忽必烈生前曾立次子真金为太子，但真金早死。至元三十一年（1294）忽必烈病死，嗣位的是真金之子铁穆耳，庙号成宗。铁穆耳继承了忽必烈的政策。世祖忽必烈、成宗铁穆耳相继统治的40多年，是元朝的全盛时期。

第三阶段：武宗到顺帝时期（1308—1368），约60年。

从武宗起，到顺帝止，总共有8位皇帝，他们是：武宗、仁宗、英宗、泰定帝、明宗、文宗、宁宗、顺帝。这是元朝由衰败走向崩溃的时期。

元世祖忽必烈

元朝的衰落主要原因有三：

一是政治混乱。首先统治集团内争不断。武宗就是利用宫廷政变上台的。后来英宗被臣下杀死。泰定帝死后，大都、上都各立一帝，兵戎相见。明宗被兄弟文宗毒死。政局不断动荡，严重地削弱了中央政府的统治力量。

二是吏治腐败。元朝官员的任命主要看出身。一是看等级，二是看门第。重要的官职只能由蒙古人和色目人担任。在蒙古人和色目人中，又要看门第，贵族和高级军事将领的子孙处处优先。科举制度是行之有效的选拔人才制度，但在元朝长期未能实行。后来恢复了，但录取名额有限，每科只有数十人，对于官僚队伍的更新起不了多大作用。因此，元朝各级政府办事效率极差，官场贿赂公行，不以为耻。官员欺压百姓，无所不为。元代著名剧作家关汉卿的代表作《窦娥冤》，就是当时政治腐败的写照。

三是自然灾害频繁。13世纪初至60年代，是各种自然灾害高发的时期。旱灾、蝗灾、水灾、地震，接连不断。有的延续数年，波及数省。赤地千里，"人相食"的悲惨现象相继发生。蒙古草原也出现灾荒，数十万户牧民被迫迁到内地。由于治理不善，黄河决口的事件增多。至正四年（1354）五月，黄河在白茅堤（山东曹县附近）决口，淹没了今山东、河南、河北、安徽广大地区，造成了人民生命财产的巨大损失。安徽凤阳有一首非常出名的民歌——凤阳花鼓，"说凤阳，道凤阳，凤阳本是个好地方，自从出了朱皇帝，十年倒有九年荒。"这首凤阳花鼓流传得很广，但歌词的内容却有失公平，凤阳的贫穷、凤阳的自然灾害不是朱元璋当了皇帝以后发生的，实际上朱元璋也是因为灾荒才起来造反的。

元朝地主和农民之间的阶级矛盾和民族矛盾尖锐、吏治腐败、自然灾害频繁，劳动人民在死亡线上挣扎。元朝政府缺乏应有的对策，各种社会问题愈积愈多。1351年，终于爆发白莲教领导的全国性的起义，1368年元朝灭亡。

二、元朝的历史贡献

过去有些历史学家出于义愤，"野蛮""残暴""社会停滞"云云，把元朝说得一无是处。中华人民共和国成立以后特别是改革开放以来，我国加强了对民族历史的研究，提出在历史研究中要贯彻民族平等的精神。随着研究的深入，对于元朝的评价有很大的改变。可以认为，这个朝代的历史是复杂的，有黑暗的一面，但也有光明的一面。元朝为中国历史带来不少新的因素，做出了自己独特的贡献。主要有以下几个方面：

（一）出现了史无前例的大统一局面

唐朝灭亡以后的数百年间，中国土地上形成了分裂的局面，宋辽、宋金，先后南北分治。西北、西南则有西夏、畏兀儿、西辽、大理等地方政权。吐蕃地区各种势力互争雄长。元朝实现了全国的统一，结束了长达数百年的分裂局面。其疆域之广，是中国以前历史上没有过的。吐蕃首次成为中央政权管辖下的地区。元朝还在今天俄罗斯境内靠近库页岛的地方，建立了奴儿干征东元帅府。在流求（今台湾）、澎湖列岛建立了巡检司。这些都是了不起的大事。可以说，今天中国的版图在元代已初步形成。元朝建立了行省制度，这是行政管理制度的一大创造，有利于中央对地方的管理。行省制度为明、清两代沿用，一直至今。

（二）民族结构新格局的形成

元代，我国的民族结构发生了很大变化。表现在：

其一，一些在历史上有过影响的古老民族逐渐消失，如党项、契丹。他们都融合到其他民族当中。

其二，出现了新的民族。主要有蒙古族、回族。此外，在西北甘、青地区形成了若干新民族，有东乡、土、撒拉、保安、裕固等。现在我国有56个民族，这56个民族不是从来就有的，历史上曾经在秦汉、隋唐、元发生过几次大规模的民族变迁，到了元代可以说我们今天的民族结构格局基本形成。

其三，边疆很多民族内迁，在很多地方出现了民族杂居的现象，导致民族之间相互融合、你中有我，我中有你。元代民族结构新格局的形成，对于今天我国民族分布格局有明显的影响。在许多地方（河南、湖南、云南等）都发现元代蒙古或色目人的后裔。

（三）中外经济文化交流空前繁荣，开启了东西方交往的新阶段

其一，与欧洲直接交往。以前中国与欧洲之间的交往，总的来说是间接的。欧洲人对中国实际上不了解，蒙古西征，导致了双方的直接交往。马可·波罗是最有代表性的人物，此外还有不少传教士来过中国。

其二，海上交通兴盛，与东南亚、印度次大陆、西南亚、东北非洲都有联系。14世纪汪大渊曾两度出海航行，他的《岛夷志略》，叙述了所到海外各国的状况。周达观的《真腊风土记》，亦是亲身经历的记录。这一时期中国与阿拉伯世界以及东南亚的交往是很频繁的。

其三，世界地图的出现。现存15世纪初的世界地图《混一疆理历代国都之图》，主体是中国和朝鲜半岛，还有阿拉伯半岛及亚洲许多国家、非洲和欧洲。这张地图上绘有好望角，在南非展览时引起了轰动。因为过去大家都认为好望角是

马可·波罗像

15世纪后期欧洲人发现的。但是没有想到在15世纪初的时候，中国的地图上已经出现了好望角。这是已知的中国历史上出现的第一幅世界地图。这幅图是根据元代两幅地图合绘而成的，说明元代人们已经具有世界历史的地理知识。发生在15世纪上半期的郑和下西洋，是历史

上空前的壮举，从一定意义上可以说，元代中外交通兴盛为郑和下西洋奠定了基础。

（四）大都城的建造

金朝的都城中都，在今北京的西南，蒙古取得中都后，改名燕京。大蒙古国的都城是哈剌和林，在蒙古国乌兰巴托西南。忽必烈受命管理"汉地"，在今内蒙古正蓝旗境内建造了开平城，作为他的府邸。开平城在今天内蒙古正蓝旗，叫上都。忽必烈登上大汗宝座以后，他往来于燕京与开平之间，并在燕京城东北营建新的都城。历时10年，在至元十三年（1276）大体落成。忽必烈为新城命名大都，将开平命名上都，上都是夏都，每年皇帝都要去上都避暑，这就是元朝的两都。大都城规模宏伟，在当时世界上首屈一指。

元大都遗址公园

朱元璋取代元朝以后，以南京为首都，改大都为北平。但明朝第三代皇帝，成祖朱棣即位后，改北平为北京，重新定为都城，城市面貌没有大的改变。清朝继续以北京为都城。在中国众多古都中，北京作为都城的时间最长，而北京作为统一多民族国家的首都，是从元大都开始的。改革开放以后的北京城发生了天翻地覆的变化，但二环路以内的北京，其基本格局与元大都相比没有发生很大的变化。

王天有
明代国家权力的运作

　　王天有（1944—2012），北京大学历史系教授，博士生导师，曾任历史系主任。曾兼任国家哲学社会科学规划办中国史学科委员，北京师范大学特聘教授，北京市历史学会常任理事，中国明史学会副会长，北京满学会副会长，《中国史研究》编委会副主任，《明清论丛》主编，北京大学明清研究中心主任，北京大学当代企业文化研究所所长。

　　治史40年，主要研究中国古代政治史和明清两朝历史。代表性著作有《明史：一个多重性格的时代》《晚明东林党议》《中国古代官制》《明朝国家机构研究》《中国考试史文献集成·明朝》（主编）等。点校《国朝典故》《逆臣录》。

明朝是中国传统社会后期一个重要的王朝。这个王朝从1368年明太祖朱元璋开基创业，到1644年明朝最后一个皇帝朱由检魂系煤山（在今北京景山公园内），历时277年。这一时期，中国古代各种传统发展到极致，尤其是明朝中后期，商品经济的发展带来了整个社会的巨大变化，传统发展到极致和社会转型带来的变化二者相互交错，扑朔迷离，使明朝历史呈现出绚丽多彩的特点。

长期以来，明史在中国历史当中，受时政化的影响最为严重。特别是一些有影响的学者，对明史提出过一些具有结论性的看法。这些看法影响了学术界，也影响了传媒，影响了文艺创作，甚至影响了普通百姓。因此在很多人的心目中，明朝除了开国皇帝朱元璋和他的儿子明成祖朱棣有所作为以外，其他的皇帝多是碌碌无为之辈，甚至是昏庸的君主，有的皇帝干脆二十年不上朝。在大量的所谓的历史和文学作品当中，明朝留给人们的是一个专制的、黑暗的、贪污腐败成风的、特务横行的印象。我个人认为这并不符合明朝历史的实际。有明一代，没有出现过历史上的权臣干政，女后、外戚专权，更没有武臣跋扈，地方割据等现象。明朝在稳定中延续了277年，是中国有皇帝以来的王朝中寿命仅次于唐朝的一个王朝。今天我主要讲明朝国家权力运作的情况，并以说明明朝的政治特点。

一、决策、议政和执行

皇帝是传统王朝的最高统治者，他的主要任务就是对国家大政方针进行决策。皇帝的决策体现在两个方面：一是对王朝的行政、人事、军事、经济、文化等各种制度、法规、政策进行制定，通过制定制度、法规、政策来指挥全国。所以明朝人有这么一句话："创制立法，天子之事。"也就是说皇帝的决策体现在创制立法上。二是对上行章疏的批答裁定。下级的报告，逐级上呈，最后解决不了的都要集中到皇帝那儿，由皇帝来批答裁定。皇帝批答裁定往往针对的是一件事或者一个人，但是它既然是皇帝批答裁定的，就是钦定，就是御批，那么它就有了"制"和"法"的性质。皇帝身居九五之尊，主要就靠这两个方面来指挥全国。

古代中央高层权力运作基本上围绕议政、决策和执行而展开。皇帝拥有决策权，但决策并非"任心而行"，总要和他认为最亲近、最信任的人商量。因此这些亲近的人、信任的人就有了议政权，他们跟皇帝一起讨论问题，最后由皇帝来决策，然后付之执行。执行是一个更为复杂的过程，从中央到地方各级行政机构主要任务是执行。

明朝的决策、议政、执行与前代相比，有一个重大的变化。明朝以前，最高的议政权和监督百官的执行权往往是合而为一的，主要体现在宰相制度的设置上。中国古代宰相的权力主要有两个特点：一是拥有议政权；二是拥有监督百官的执行权。

"宰相"一词，最早"宰"和"相"分称，到了春秋时代才开始有了合称，到了战国时代比较普遍使用。翻开二十四史的《职官志》，历朝历代的官名当中没有"宰相"，只有辽朝曾经一度出现过"宰相"这个官名。"宰相"是一种俗称，不同的朝代它有不同的称谓。比如，秦始皇的时候叫丞相，到了汉代初年也叫丞相，后来叫三公，三公指的就是大司徒、大司马、大司空。唐代是三省的长官，能够参加政事堂议政的人才能叫宰相，唐朝中期以后叫同中书门下平章事。宋代王安石任参知政事，那是副宰相。元朝又设立丞相。朱元璋

明太祖朱元璋

在建国以后也设立丞相。洪武十三年朱元璋借丞相胡惟庸谋逆，废中书省、罢丞相，完成了明朝初年的一次重大体制改革。在这个改革当中，朱元璋宣布，以后谁再建议设立丞相，以奸臣论。所以从明朝开始，中国就没有了宰相制度。所谓的"宰相刘罗锅"只是戏说，在清代没有宰相，刘墉从来没有当过宰相。

朱元璋废除了宰相以后，马上就感到劳累不堪，因为每天要处理的事情太多了，比如他每天要看154份奏章，要处理511件事，他马上就感到"人主以一身统御天下"，没有人帮助不行。于是于洪武十三年九月，设置四辅官，协助议政。四辅官的成员是从民间选拔的一些有文化的老学究，这些老学究有的每月上旬上班，有的中旬上班，有的下旬上班，轮流辅政。这些老学究虽然与朝廷里的权要人物没有瓜葛，但是"纯朴无他长"，不能适应议政的需要；而且轮流辅政制度更是不符合政务连贯性的要求，于是朱元璋又开始了新的探索。一方面他启用翰林院出身的官员到文渊阁来帮助他处理政事，这部分官员叫"翰林院兼平驳诸司文章事"。这些官员都是进士出身，其主要职责是针对各个衙门呈送上来的报告，给朱元璋提出初步意见。另一方面是设置殿阁大学士

《明史》书影

来协助处理政务，其主要职责就是备顾问，"大率咨询道理，商榷政务，评骘经史，而使之援据古今以对"。朱元璋废除宰相制度之后，在议政官的设置上可谓是煞费苦心。

明成祖即位以后，继续用翰林官辅政，《明史》卷五《成祖本纪》记载："八月壬子，侍读解缙、编修黄淮入直文渊阁。寻命侍读胡广，修撰杨荣，编修杨士奇，检讨金幼孜、胡俨同入直，并预机务。"此时内阁的职责主要就表现在"预机务"上。明朝宣德年间，内阁职责进一步明确，一是掌"献替可否"，即议兴议革。二是"奉陈规诲"，即辅弼君德。奉陈规诲就是对皇帝进行辅导，对皇帝的道德进行约束。明朝从朱元璋开始到宣德晚年，逐渐地形成了一种皇帝终生受教育的制度，即经筵制度。也就是说每年的农历二月到五月，七月到十月，每逢二日要到文华殿读书听课。这就是所谓的"御经筵"。这一制度一般在皇帝年幼的时候比较规范，皇帝长大以后，特别是皇帝年老的时候，就经常借口身体不好，不出席了。内阁的第三个职责就是"点检题奏，票拟批答"。所谓题奏，指题本和奏本，是明代两种主要的上行文书。票拟，也称拟票、票旨、条旨、调贴。《殿阁词林记》中记载："内阁之职，其大者在代王之言，凡手敕旨意，俱从票拟。"也就是说，内阁的主要任务就是代皇帝票拟批答。凡上行文书，内阁先用墨笔替皇帝起草批答，皇帝看后用红笔圈阅，称为批红。票拟分为御前票拟和阁中票拟。御前票拟是皇帝与内阁面议，内阁当面起草批语，皇帝当即批红。如果皇帝不上朝，内阁就在文渊阁替皇帝起草，然后通过宦官呈送，这称之为阁中票拟。内阁由多人组成，久之，其中资历最深的一个叫作首辅，第二个叫次辅，其他的叫群辅。至此，内阁制度确立。

宰相制度废除以后，原来宰相监督百官的执行权也随之转移。明朝初年设一个大都督府，掌管全国的卫所军队，由朱元璋的侄子朱文正做大都督。后设五军都督府分管五府军队，每个都督府都设左右都督。然后又提升吏、户、礼、兵、刑、工六部来分割原来宰相的事权。其中吏部管官员的任免，即管人事；户部管国家的经济事务；礼部管国家的典礼、学校、考试；兵部管军队的调动；刑部管司法；工部是管水利和国家重大工程的建设。明代六部的权力远远大于前代，表现之一是地位尊。丞相废除以后，六部的地位最尊。从品级上看，六部是正二品的衙门，是明代文职最高级别的官署。比如吏部尚书就是正二品，再想往上升到一品，需有另外的政策。表现之二是职权重，权力很大。六部分割了原来宰相的事权，是皇帝之下主理政务的最高一层机构。朱元璋这场改革的特点就是希望通过分权来达到集权。

有人认为中国古代的宰相制度是个制度，称作"贤人政治"。一方面在中国古代，皇位是世袭的，儿子就算是个白痴，也是合法的接班人。但是宰相是传贤的、任贤的，任贤可以弥补传子的弊病。另一方面宰相参与议政，皇帝御批之后，由宰相监督百官马上执行，有利于保证行政的高效率。而分权制度，虽然不易产生权臣，但往往造成行政效率的降低。

六部、都察院并不是消极被动地执行皇帝的决策。明朝还有一个制度叫廷议制度。廷议制度于汉朝就出现了，历朝都有。但是历朝的廷议制度都是皇帝或者丞相召集官员们一起来讨论问题。明朝不是这样，明朝逐渐地形成了一套非常有特色的廷议制度。一方面皇帝和内阁的臣僚不参加廷议，以免影响行政部门的官员充分发表意见。另一方面明朝到了正统以后，以多数决作为廷议表决的结果。明朝第12帝明穆宗，30岁即位，在位6年。明穆宗没有朱元璋、永乐皇帝那样的赫赫事功，也没有像嘉靖皇帝在位45年、神宗在位48年那样长久的帝王生涯。但是明穆宗办了两件大事。在明朝历史上，甚至在中国历史上

明穆宗朱载垕

都是一位可圈可点的人物。

第一件大事就是隆庆开关。明朝初年，实行海禁。虽然永乐、宣德年间，郑和率领船队浩浩荡荡出使西洋，至今被人们传为美谈，但这是政府行为，除朝廷可以通过海道对外交流以外，民间则片板不许下海，海禁极严。明穆宗即位以后下了一道诏令，准许私人远贩东西二洋，史称"隆庆开关"。从此中国的对外交往，从政府的官方控制变成了以民间交流为主。

第二件大事叫作俺答封贡。俺答汗是当时蒙古鞑靼部的首领。朱元璋的军队打进北京的时候，元朝最后一个皇帝跑掉了，但是元朝并没有灭亡，退居蒙古故地的流亡政权仍以"元"（史称北元）为号，继续跟明朝抗争。以后北元分裂成瓦剌和鞑靼，时时威胁着明朝的北方。最严重的一次是正统年间，瓦剌军队打到北京城下，明军在土木堡被包围，明英宗被瓦剌军队俘虏，史称"土木之变"。从嘉靖中期起，俺答又成为明朝北方边防主要的对抗力量。嘉靖二十九年俺答汗带领军队包围了北京城。当时的内阁大学士严嵩掌握重权，主张"寇饱自扬去"，任俺答抢掠。俺答此举的目的是希望通过武力迫使明朝政府接受通贡的请求，但一直遭到明朝政府的拒绝。隆庆年间，蒙古发生了一件事情，俺答汗外孙女要嫁给鄂尔多斯部的首领。迎亲的时候俺答汗突然发现自己的外孙女长

俺答汗

得非常漂亮，就据为己有。为了平定鄂尔多斯，就把自己孙子把汉那吉要迎娶的小妾送给了鄂尔多斯的首领。于是把汉那吉愤而率众降明。

明穆宗和当时的大臣们，借此大好时机，妥善地解决了蒙古问题。第一，劝说把汉那吉和俺答汗重归于好。第二，让俺答汗交出了出逃到

"土木之变"遗址

蒙古地区的明朝人，并给俺答汗封官，接受俺答汗的进贡。第三，开放边贸市场。至于是否开放北方边贸市场，是否接受俺答的进贡的问题，由大臣们进行廷议，廷议的结果是22人赞成通贡、互市，17人反对，5人赞成通贡反对互市。互市问题因为不能形成多数决而暂时确定不了。于是又重新开会廷议，这次以23对22的多数决通过了开放北方边贸市场的决议。据郭乾的《兵部奏议》记载，明朝的廷议制度以记名投票作为表决的方式。虽然廷议的结果只是一个预案，供内阁、皇帝作为决策的参考，但是这个预案如果通过了，内阁和皇帝没有足够的理由很难否定，所以廷议的结果实际上已经对决策形成了制约。若廷议事项关乎大僚之迁转者，又称之为廷推。明代的高级官吏如内阁大学士、兵部尚书、吏部尚书、地方上总督的升迁，通常由大臣推荐候选人，上报皇帝后，由皇帝来批示。由此可见，中国古代传统社会已经孕育了某种民主性的精华。

二、中央和地方

中央和地方的关系一直都是中国历史上一个很重要的问题。中央集权程度高，地方就搞不活；地方权力过大，中央就管不住，所以中央和地方的关系，自古以来一直是一个影响很大的问题。

从中央和地方的关系看，西周是一个重要时期。周王朝搞分封制，据说周初封了71个诸侯国，此后又有增加，到春秋时有120多个诸侯国，各诸侯国承认周天子的共主地位，定期朝觐周天子并进贡，但周王朝与各诸侯国维持的是松散的联盟关系，各诸侯国国内的事务、风俗不受周王朝的管束。秦始皇统一中国以后，实行郡县制。从分封制到郡县制的转变历时几百年。汉朝初年一方面实行郡县制，一方面实行分封制。隋朝以后郡县制才真正稳定下去。但是郡县制度的一个重要问题就是郡和县的数量太多，中央无暇顾及，怎么办？于是元朝建立了行省制度。就是在中央和郡县之间设置一个省级机构——行省。当时共划分了11个行省。行省的最高领导者也称为丞相，掌管军政、财政、民政、司法、监察等。对于行省权力过大的问题，朱元璋即位以后开始考虑进行改革，通过三司分权来分散行省的权力。布政使司负责民政、财政，提刑按察使司负责司法、监察，都指挥使司负责军政，三司各有专管，分别对中央负责。这种制度加强了中央对地方的控制。不过这种三司体制在以后的实际运作中衍生出新的问题。三司分权，遇事往往推诿，相互扯皮，难于协调，为弥补三司体制上的缺陷，督抚制度应时而生。

总督、巡抚的名称虽然由来已久，但直到明代才正式以官名入衔。从巡抚和总督的辖区来看，分省设抚，连省置督。一个省的三个衙门由巡抚协调，省与省之间的关系派总督协调。督抚制度是对明初确立的地方三司制度的补充和完善。其意义有二：

第一，督抚制度有利于解决地方三司分权带来的诸多问题。明代的总督和巡抚形式上是中央派员，实际上是地方首脑。这种特点利于君主更有效地控制地方。

第二，督抚制度标志着明初右武偃文局面的终结。中国历史上的传统王朝大都遵循"马上得天下，不能马上治天下"的轨迹运行，马上打天下以后必然要慢慢地向文治政府转化。明初武官的地位很高，但是随着政权的稳定，权力逐渐向文官转移。右武偃文局面的终结标志着明王朝权力结构划分的基本完成。

明代省级区划之下，有府、州、县的设置，而州分为直隶州和属州，"属州视县，直隶视府"。明代有府159个，直隶州20个、属州235个，县1186个。府、州、县的主官为知府、知州、知县。明代州县衙门有如下特点：

其一，政务繁杂。中央机构权责明确、行政事务各有分工。而州县，特别是县，上面千根线，下面一根针，国家的各项政令都要通过州县去贯彻落实，所以州县政务相当繁杂。

其二，官少吏多。县衙设知县一人，设县丞、主簿各一人为副手，有时还不全设，首领官典史一人，号称"四老爷"。也就是说一个县衙最多设四个官，其余为吏。

其三，直面民间。州县是国家行政的最底层，与社会相连接，是国家与社会的交汇点。

其四，位卑权轻。用"芝麻官"形容知县可见其地位卑下，所以科举考试出身的人不愿意做县官，到了地方以后，就忙着巴结上司，搞政绩工程，以图尽快升迁。

三、文书制度

文书制度的完备与否在古代是很重要的，明代的文书制度有上行文书，有下行文书。上行文书主要有题、奏、表、讲章、书状、文册、揭帖、制对、露布、译等形式。其中最重要的是题和奏，题本是私事，奏本是公事。下行文书主要有诏、诰、制、敕、册文、谕、书、符、令、檄等形式，其中常用的是诏和谕。诏一般关乎国家大事，并向天下公布。

下面以题、奏为为例，形成文书运行图。

图中实线为题奏上行线，虚线为下行线，反映的是正常情况下文书的运行机制。从图中可以看出，通政使司在沟通内廷和外廷的联系上具有重要地位。从图中实线可以看出，地方府州县的题本、奏本必须经过通政使司上呈，其初规定通政使司不能于事前私窥所奏之事，须"自御前开拆"。后来发现御前开拆实际很难办到，一是奏疏太多，皇帝不能一一亲阅，二是无法防止匿名诬告文书，所以从永乐年间开始，通政使司可在上呈前在公厅拆封。从制度上看，奏章管理相当严密，但在实际运行中仍有不少弊端。例如遇到皇帝不上朝，则御前开拆更难实现。在这种情况下，通政使司要通过宦官掌管的会极门收本处转呈，于是宦官进入了权力的运作程序，最主要的表现就是宦官拥有了部分的批红权。明代的宦官应该说是中国历史上文化程度最高的宦官，从宣德年间开始，宦官要进入内书堂读四书五经，经过几年的学习，才能分配职务，其中最高一级的太监大部分都是饱读诗书的人。此外"留中"和"中旨"也是文书运行中的弊政。"留中"指奏疏上呈以后，皇帝有意把它压下，不送内阁票拟，留于禁中。从今天流传下来的一些留中奏疏看，许多内容都很有价值。比如万历年间，大臣雒

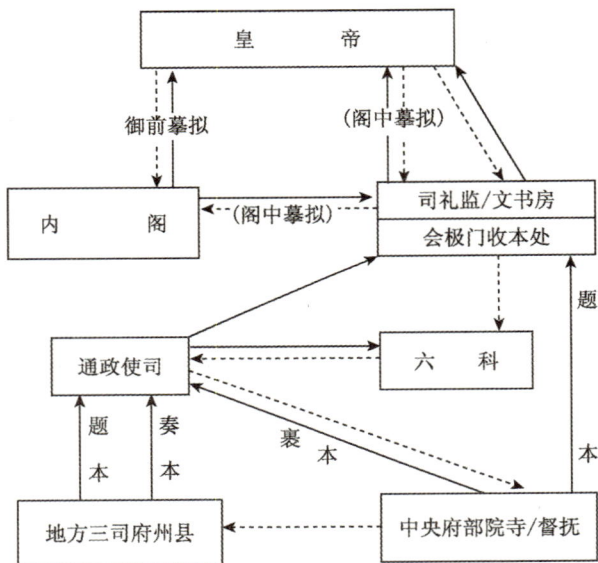

于仁的奏疏因批评神宗皇帝酒、色、财、气而被留中处理。由此可见，留中是皇帝怠政的一种表现。

"中旨"是指不经内阁票拟，亦不经通政使司出纳，而由宦官将御旨直接下达宣行。中旨在明朝被认为是不合法的，比如没有经过吏部廷推，而直接由皇帝传旨任命的官员，被称为传奉官。传奉官在官场上常被人看不起，视为"后门官"。

四、监察制度

明代最主要的监察机构是六科和都察院。六科是吏、户、礼、兵、刑、工六科的简称。每科都设有都给事中、左右给事中和给事中，官员都是七品官，地位跟县官差不多，定员常维持在58人左右。都察院设左右都御史、副都御史和佥都御史，属官十三道监察御史，简称御史，定员110人，是明朝人数最多的衙门，可见明代相当重视监察。明代六科和都察院同属监察机构，职责有许多相似之处，但二者的侧重点有明显不同，六科主要负责对决策进行监督，都察院主要侧重于对执行进行监督。

六科对决策监督，主要体现在封驳职能上。所谓封驳，《明史》卷七四《职官志四》云："凡制敕宣行，大事覆奏，小事署而颁之；有失，封还执奏。凡内外所上章疏下，分类抄出，参署付部，驳正其违误。"就是说皇帝的命令从紫禁城颁出之前，六科要进行最后的审核。对于事涉全国的重大事件要进行覆奏，也就是请皇帝再慎重考虑一番，对于涉及司法死囚的案件，必须三覆奏。如果诏令有失宜之处，则"封还执奏"，即给皇帝退回去，说明原委，然后再请皇帝定夺。对于下面各级机构所奏章本，皇帝已经批答，六科审查后如果认为违误在于本章，则写个驳正退回原部门，即所谓"驳正到部，谓之科参"。科参具有相当大的效力，如果各部接到科参，不敢执行，必须重新具本，进行上奏。因此，所谓"封驳"，一是"封还皇帝失宜之诏令"，二是"驳正臣下谬误之章疏"。

　　六科的职能还体现在注销案卷上。六科审查通过的案卷要通过通政使司送到各个执行部门去执行，五天之内要给回文，六科接到回文之后，才会将案卷注销，此举在于提高各衙门的行政效率，防止敷衍推诿。对于涉及人事任免等重要事项的处理，要发邸报，知会各衙门。注销后的案卷交翰林院，编写历史，以备查考。从覆奏、封驳到注销案卷，六科的监督职责涉及议政、批红、执行三个方面，这对保证明朝政治制度的质量具有重要意义。

　　都察院的监督作用主要体现在对行政的监督。明朝人讲"治平三要"，何为三要？内阁首辅为一要，与皇帝议政；吏部尚书为一要，掌管官员的任免、升迁；左都御史为一要，掌管监察。都察院的监察权是通过御史来行使的。御史分为专务御史和巡按御史。所谓专务，有清军、督学、巡盐、茶马、巡漕、巡关等等。巡按御史，俗称八府巡按，简称巡按。巡按在出行之前，都要御前点差。巡按级别较低，但因为是皇帝派出的钦差，手握纠察大权，因而在地方上往往受到重视。

　　明朝监察特点相当突出，有以下四点：

　　第一，"不系职司"，六科和都察院是独立执行任务，不受任何官府控制，直属皇帝。

　　第二，监察官员的素质高。一般来讲，监察官员都是进士出身，甚至还是庶吉士出身。所谓庶吉士，是指从进士中选择有潜质者到翰林院学习，三年学成散馆之后，有一部分出任监察官员。

　　第三，以小制大。明代监察官员级别不高，虽然只是七品官，但因为有权弹劾中央及地方高级官员，所以职卑而权重。

　　第四，"风闻言事"。"风闻"就是没有事实根据的传闻，明代一方面禁止普通官员"风闻言事"，另一方面又允许负责监察的官员"风闻言事"，因为风闻当中有民意，风闻当中有民情。当然这种做法也有其消极的一面，即风闻也可能中伤好人。所以明朝著名的文人王鏊就说："许风闻言事者，人主求言之心；不以风闻中伤人，人臣进言之体。"

五、吏胥问题

吏胥是指各个机构当中，有一定文化知识，并按照官员的指令处理日常公务的办事人员。在中国古代，本来所有的官员都可以称作吏，但是随着科举考试的出现，人们逐渐追求做官，而不是做吏。朱元璋曾经规定，吏不能参加科举考试，他认为吏在官场磨炼久了，心术已坏。所以明代吏跟官有一个严格的界限。吏可以做官，但很难做到四品以上。像翰林院、六科、御史这些官员，绝对不准吏出身的人来做。

明代吏的来源主要有金充和罚充两种。金充就是从农民家里选一个读过书的孩子来做吏。罚充是指犯了错误的官员、不好好读书的国子监的学生被罚充为吏。到了明朝中期，因为吏拥有特权，能够接触很多人，逐渐有人拿钱来买吏，称为"告纳"。在县一级的衙门里，刑部吏掌管刑事案件的审理，不仅要精通法律，还要熟悉陈年旧案。钱粮吏掌管收税。吏员要想谋求到这两个职役，不仅要"告纳"，还要拜师，即拜现在正在做钱粮吏和司法吏的人当老师，给他们送纳金钱，称为"顶首"。明代吏役年限为五十岁，所以吏员退休之前一般都能收到一笔顶班的钱。

明代衙门里头还有一批人叫作"皂吏"，皂吏是服务人员。每个衙门根据官员的品级来确定配备皂吏的数量。最初由国家来分派皂吏，到

明代服饰

了中期以后国家发给"柴薪银"，由官员自己雇人。明代吏胥人数大大多于官员，如北京的宛平县。宛平县算个大县，官有5个，比一般的县要多一个人，吏有将近30个。可见明代吏员数量之大，不可忽视。

吏胥舞弊代代有之，明代吏胥之地位，决定了吏弊之严重，吏员往往借公务收受大量贿赂，"说事过钱"四个字形象地道出了吏制的腐败。

六、人事机制

决策、议政、执行、监察等环节的运作，最后的关键在于用人。朱元璋曾经讲过："任得其人则政理民安，任非其人则瘝官旷职。"明代在用人制度上颇有特色：

第一，寓激励机制于考核之中。明代的考核制度有两种，一种叫"考满"，一种叫"考察"。所谓"考满"就是任满考绩，三年初考、六年再考、九年通考，根据业绩分称职、平常、不称职三等。"考察"是对官员进行更全面的考核，不仅考绩，还考察居官行止各个方面，有京察、外察、闰察之分。京察的对象是中央各机构的官员和顺天府、应天府的各级官员，分别在北京、南京举行，称为北察、南察。外察的对象是地方官，地方官每三年朝见天子一次，由吏部会同都察院考察，故称为"朝觐考察"。"闰察"是京察、外察之外的临时性考察。

明代考满侧重于奖，把勋官、散官、加官等荣衔与考满的结果相结合。如三年初考称职授予一个荣衔，六年再考称职再授予一个荣衔，九年通考称职，官位上升，品秩提高，就会授予更高一级的荣誉称号。如吏部尚书最高品级是正二品，考满合格可以加公孤衔（太师、太傅、太保为三公，正一品；少师、少傅、少保为三孤，从一品），品级提升，同时加官还可以拿到双份的薪俸。例如于谦任兵部尚书，正二品，加官少保，所以拿尚书和少保两份工资。而且考满称职的还能给家庭带来荣誉。不仅父亲、祖父可以得一个散官的荣誉称衔，母亲妻子也可以得到相应命妇的封赠。另外可荫一子为官，就是说可以优待一个儿子上学，可以给个小官做，称为"任子制度"。这一制度只有六品以上的官员才能享受，六品以下的官员并不适用。明代这种制度，有它积极的一面，也有它消极的一面。明代实行的是低薪制，这种低薪制造成了官员的贪污。贪污的主要方式就是将"火耗银"占为己有。"火耗银"指的是地方官从百姓那儿征税征费，会收到大量的散碎银子，这些银子经熔化后铸成大锭时，会产生一些损耗，叫"火耗"。损耗了多少说不清，于是这就成了贪污的最好办法。清朝雍正年间，为了遏制贪污进行过改革，取消火耗银，发放养廉银。但是久而久之，养廉银就变成了固定俸禄，贪污腐败依然盛行。

明代考察依据是自陈、考语和访单。"自陈"是官员对自己几年来工作的总结，内容涉及具体实务。考语就是鉴定，由所在部门出具。访单是指吏部、都察院考核官员时，密托六科当中的吏科都给事中和都察院的河南道御史，向被考察官员身边的人发出的调查表。考语和访单具备以后，还要对被考察官员进行"过堂考察"。所谓"过堂考察"是指考察官对被考察者进行当面询问，这种方式有利于防止诬陷。明代不称职官员分为八等：贪、酷、浮躁、才力不及、老、疾、疲软无力、素行不谨。其处分分为四等：致仕、降调、冠带闲住和为民。

第二，正常的迁升和推升相结合的制度。考满属于正常的迁升，但是任何王朝都有破格的升迁制度，以使优秀的人才脱颖而出。明初多采用"保举法"，后来产生了"廷推"制度。高官是由大臣们来推举，小官则由吏部来推举，且推举不限年头。这种正常升迁与破格提拔相结合的选官制度，不仅有利于维护官僚队伍的稳定性，更有利于调动官员的积极性。

第三，官员更新颇重文化素质。明代的学校教育非常发达。洪武八年，朱元璋下令，全国、村镇都建立学校，以图普及教育，所以明朝知识分子的数量非常庞大，这就为官员的更新提供了充实的来源。官员虽有文化，但多数只徘徊在官僚队伍的下层，非进士出身的人很难进入高官队伍。比如内阁官员要求庶吉士出身，所以一般的进士如果没有经过翰林院三年的修学，很难在内阁谋求职位。例如明朝著名文学家、史学家王世贞，虽与大学士张居正同为一科的进士，但因不是庶吉士出身，所以就没能进入内阁，并常以此为恨。

综上所述，通过六个方面对明朝政治制度的分析，我认为明代社会并非一团漆黑，仍有不少可取之处。任何制度，都有利有弊，如何兴利除弊便是改革的任务之一。国家机器不同于物质的机器，可变性非常大，对国家机器的操作要学会因时而变，力求与时代相适应。

商 传
晚明社会转型的历史思考

商传，1945年出生，河北保定人。中国社会科学院历史研究所研究员、博士生导师，中国明史学会会长。曾担任中国社会科学院历史所研究室主任、高级职称评定委员会委员、历史所学术委员、《中国史研究》编委等工作，并受聘为北京大学、吉林大学、首都师范大学、江西师范大学等校外聘教授。1993年起享受国务院特殊津贴。

主要从事明史、社会史方面研究。初重于明代史料及典章制度的研究，并重点研究明前期历史人物，后逐渐将研究重点转向社会文化史及晚明历史研究。先后出版晚明、社会文化史方面专著多部，发表论文多篇。

著有《永乐皇帝》《明代文化史》《明代文化志》等著作；近期完成的专著《走进晚明社会》《明文化概论》《中国大通史》（主编）均即将出版。参与国家重点项目《中国历史大辞典》（明代卷）编写工作，担任副主编；参与白寿彝先生主编《中国通史》的编撰工作，是明史部分的主要组织负责人及主要撰稿人。

非常荣幸能在这个讲堂,把我学习明史的一点体会与大家做一个交流,今天我向大家汇报的主要是对晚明史学习的一点体会。中国历史上这么多的朝代,每一个朝代都有它的建国、发展,也有它的灭亡。好像是一个怪圈,这么多年以来,这么多朝代,都没办法摆脱这样一个怪圈。在这个发展过程中间,如果我们认真去研读的话就会发现,它不完全一样。比如,在我们中国历史上所有的朝代,都有"初"有"末",但是,还有一个特定的时段被定义为"晚"。

在中国历史上,能够称作"晚"的时代不多。我们梳理一下,大概有这么几个时段可以称作"晚",晚唐、晚明、晚清,晚宋也有这样的一个叫法,但是一般来说我们称为南宋。也就是说,在中国历史上各个朝代中,不是所有的朝代都有晚,但是每一个朝代都有末。那么"晚"和"末"有什么区别?我认为,主要有两个区别:第一,"晚"的时间段比"末"要长一些,一般都有数十年的时间。比如晚唐,"安史之乱"以后,还经历了一个很长的历史时段;晚宋就更不要说了,南宋100年;晚清也是这样,晚清从1840年开始,一直到清朝灭亡,半个多世纪;晚明也同样。第二,晚唐、晚明和晚清这三个被称为"晚"的时代,虽然都出现颓势,但是经济、文化与社会生活却十分繁荣。因此,"晚"的时代,一般都具有社会变迁的特点。

那么,什么时代叫晚明?和其他几个称作"晚"的时代不太一样。一般地来说,我们要划一个历史时段,都要在历史上找到一个坐标,比如,我们刚才讲的"安史之乱"、宋朝的南迁、鸦片战争。但是明朝没有,它没有发生这样一个标志性的事件,可是我们习惯地把万历以后叫作晚明,就是说从万历朝开始,明朝进入了一个晚的历史时期。

我的老师谢国桢先生是搞晚明史研究的,当初他在清华大学跟着梁启超先生读研究生。在跟着梁先生读书期间,他写了一部书叫《晚明史籍考》,他就把晚明界定在万历朝开始,一直到明朝彻底灭亡。今天学术界也普遍认为，晚明应该是从万历朝开始，到明朝灭亡结束。

现在对于明朝灭亡结束，在明史界有两个概念：一个概念是李自成进北京，明朝灭亡；还有一个概念，是清军渡江，南京陷落，明朝灭亡。这两个时段，一个是划到了崇祯十七年，一个是划到了弘光元年，概念不一样，结果也不一样。如果按照崇祯十七年明朝灭亡这个说法，我们就认为明朝是被李自成推翻的；如果我们认定是弘光元年明朝灭亡，那么明朝政权就是被清朝推翻的。所以，这在学术界还有不同的认识。

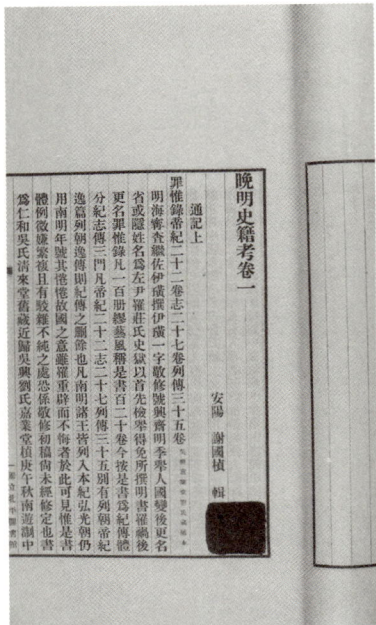

《晚明史籍考》书影

一、一段曾被误读的历史

晚明这个历史时段，是一段被误读的历史，名声不好。但是，晚明却是这三个被称为"晚"的时代中最具特色的时代。因为晚明是中国历史上一次重要的社会转型时期，它给我们留下了比任何一个历史时段都要丰富的历史教训。

在我们许多人心目中的那个晚明，很可能是对晚明史的一个误读，认为晚明是一塌糊涂的，一想到晚明，就是国家的衰落，就是宦官专权、贪污腐败，最后走向灭亡。实际上晚明不是这样的，如果认真地把晚明的历史研读一遍的话，我们会发现，原来晚明是我们中国历史上最绚丽多彩的一个时段，因为它是我们中国历史上的一个变革期。

但是，为什么晚明的名声不好？我想大致可以归纳为如下五个主要原因：

（一）对晚明发生社会转型变化的实质不了解

毛泽东同志在"中国革命和中国共产党"一文中指出："中国封建社会内的商品经济的发展，已经孕育着资本主义的萌芽，如果没有外国资本主义的影响，中国也将缓慢地发展到资本主义社会。"他的这一段话，在20世纪五六十年代对学术界产生了极大的影响，我们的前辈学者几乎都参与了关于"资本主义萌芽"问题的讨论。资本主义萌芽问题的全称叫作"资本主义生产关系的萌芽问题"，也就是说，在我们中国的历史上，在没有外国资本主义的影响下，我们曾经产生过资本主义的萌芽。当然，今天我们不叫资本主义萌芽，因为这个说法有点偏颇，它是欧洲中心论的结果，就是把欧洲的资本主义作为一个坐标，把我们历史上跟它相近的东西拿过来，认定是萌芽，不相近的我们把它抛开，这太局限了。我们今天已经不谈这个概念了，我们称它是一个社会变迁或社会转型，就是说我们中国在这个时代，从传统在向近代变化，是自身的变化。这一点过去我们没有足够的认识，所以我们往往会认为，晚明时代怎么这么乱？一个"乱"字就把我们应该理解的变迁给掩盖了。

（二）沿袭传统认识，听信清朝皇帝的说法

清朝统治者为说明其取代明朝的合理性，有意夸大明朝的失误造成的影响。他们说明朝灭亡，非亡于崇祯，实亡于万历、天启。就是说，明朝从万历朝开始就要灭亡了，所以到了崇祯朝出现这种情况不新鲜。实际上清朝人有他的意图，因为在万历朝，满族人跟明朝打仗打得最激烈，萨尔浒一战就已经转变了辽东的形势，所以他们这么讲，是出于他们的政治目的，实在是为说明其于万历间起于辽东的合理性。实际上，明朝从万历朝开始确实发生了变化，用明朝人自己的话讲"正（德）嘉（靖）为之一变，万历又为之一变"，整个社会发生了变化。这个变化大家都看到了，清朝人看得也很清楚。所以，他们认为明朝从万历的时候就开始不行了，当然他们是有偏见的。

（三）明朝灭亡了，灭亡的朝代一定不好，明朝遗民对亡国的反思与批评

　　我觉得明朝的遗民在追寻自己灭亡原因的时候，反思是不够的，包括顾炎武、王夫之这样的大家，只有黄宗羲的反思是比较深刻的，所以他后来写了《明夷待访录》。其他的人对明朝灭亡的反思都不够，都把责任推给别人，没有一个人从自身上去找原因。我觉得这也是明朝灭亡后，留下的一个历史遗憾。但是不管怎么样，找寻的原因总归是不好的。如果这也好，那也好，怎么会灭亡了？灭亡了，当然就找不好的原因。所以，大家都说明朝不好，连遗民都说明朝不好，那肯定是晚明出问题了。

顾炎武

（四）与明初相比，国力衰颓

　　清及以后的史家，在论及晚明的时候常常会与太祖、太宗时代相比，因此会认为国势日颓。明朝初年，太祖、成祖的时代是明朝的盛世。明成祖这个人，在我们中国历史上，所有的皇帝都没有人能跟他相比，他一生做的大事太多了，如果仅就功业而论，谁都比不了他，五征漠北、迁都北京、开设贵州、收回安南（今越南）、郑和下西洋、修《永乐大典》，我们扳着手指头来数，数都数不清他做的这些大事。每一件大事放到别人身上，那个人都了不起，但是他一个人都做了。郑和下西洋驾驶的木质宝船排水量2000吨，哥伦布发现新大陆的那个船排水量才20吨，我们是他的100倍，那时候我们在海上是什么样的气势？这么一个强大的时代过去了。到了晚明时代，万历三大征（征哮拜、征杨应龙、支援朝鲜抗日战争），一个小小的对日本的战争打了七八年，跟我们一场抗日战争的时间差不多，最后是把日本人打败了。可是大家知道，明朝初年永乐皇帝迁都北京，他要往北方运粮食，那个时候我们海上大批的运粮船，碰到倭寇以后，我们的运粮船是追着倭寇的军舰打。倭寇骚扰辽东的时候，望海埚一战，辽东总兵刘江根本不用要求朝廷派兵支援，自己指挥的军队就全歼倭寇。可是到了明朝中叶以后，一个东南倭寇打了那么多年，最后涌现出了戚继光这样的爱国将领，才把倭寇打败了。明朝中叶以后，国力衰颓，所以，大家认为这个时候不好了。

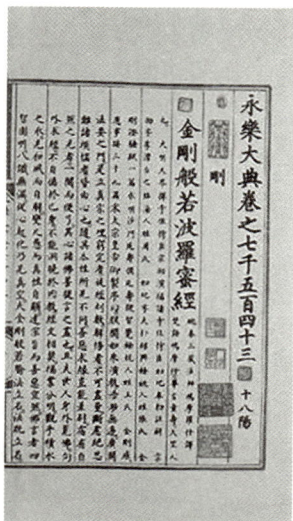

《永乐大典》书影

（五）晚明虽然经济、文化和社会生活有所发展，但是政治腐败

我记得20世纪80年代，白寿彝老师带着我们修《中国通史》，我曾经问白先生，《明史》这一卷怎么才能写出特色来？白先生就教育我们说，重点就写明朝中叶以后，它的政治腐败了，社会问题那么多，可是它的经济、文化、社会生活却那么繁荣，这是为什么？当时我们就带着老师的这个指示，拼命地去找材料，想办法来解释它。实际上，我对于晚明能够有一点感悟，对晚明的政治能够有一个新的认识，也是因为当年白先生要求我们做这件事。也就是说，晚明的经济、文化和社会生活是发展了，可是它政治有问题，这就是我们对于晚明时代的一个认识。那么晚明时代，究竟是什么样子？

二、晚明究竟什么样子

（一）自给自足的自然经济的变化

明朝到了隆（庆）、万（历）年间，商品经济得到了较快发展，不仅在城镇，甚至一部分江南农村也出现了明显的雇佣劳动方式。有一条材料记录了这样一个故事，在晚明，苏松嘉湖杭一带是经济最发达的地区，在苏州的郊区，出现了一个很奇怪的现象，就是这里农民都不愿意种地，尤其是地势低洼、水多、不好种植的地方，大家都放弃了种植去搞副业。当时还有一个很重要的现象，就是江南这一带地区，手工业和商业化的城市突然增多了，吸引了一些劳动力，所以，就有很多人离开了农村到城里去打工、搞副业，田地被放弃了、荒芜了。这个时候有一个叫作谭晓（谭参）的农民很有头脑，他用低价把这些抛荒的地买来，雇人将最低洼的地挖成了水池，这样高处的水就流进来了，水池就成了养鱼池，可以在里面养鱼。他在养鱼池的上面搭上鸭舍、猪舍，鸭粪、猪粪掉到鱼塘里边就成了鱼食了。高处的地就可以种菜、种庄稼、种果树，等等。土地改变了，经营方式也改变了，农林牧副渔全面发展，他就成了当时在农村首先富裕起来的一批人。这个故事告诉了我们一个信息，就是自给自足的自然经济发生了变化，雇佣劳动和商品生产出现了。经济基础的变化，决定了上层建筑以至整个社会的变化。

（二）文人爱财

历史唯物论认为，经济基础决定上层建筑，经济基础变化了，上层建筑也要发生变化。这时的上层建筑发生了哪些变化？我们可以举两个例子。

一个例子是说明朝初年，有一位大画家叫王孟端，非常有名气，他的画在当时的影响力非常大。这一天王孟端来到京城，住到了一个住所里，晚上他听到隔壁的院子里传来了吹箫的声音，他听得心旷神怡，当时就铺开纸挥毫画了一幅竹子。第二天清早，他就敲开邻居家的大门说：昨夜闻君箫声，今为君送箫材。他说我听见你这吹箫的声音太好听了，我给你送做箫的材料来了，这当然不是真的材料，是他的画。这个邻居一看大吃一惊，这是天上掉馅饼啊！这大画家给送画来了，就说：来人，赶快准备礼物送给画家。然后他又跟王孟端说：先生，我给你厚礼，你再给我画一幅，我弄两幅挂起来，那多神气。王孟端问，你是干什么的？他回答说是做买卖的，很有钱。王孟端说，那你把那幅画拿来吧，画拿回来以后，王孟端三下两下撕掉扔到地下，拂袖而去。他说，我这么一个高尚的艺术家，怎么能跟你一个商人一样？我是很清高的。这是一个很有名的故事，记载在王孟端的传里。

　　100多年过去了，这些文化人发生了什么变化？明朝中叶以后，文人都不像原来那么清傲了，他们都爱财了，而且爱到了毫无掩饰的程度。史书上有非常生动的记载："嘉定沈练塘龄闲论文士无不重财者。常熟桑思玄曾有人求文，托以亲昵，无润笔。思玄谓曰：平生未尝白作文字，最败兴。你可暂将银一锭四五两，置吾前，发兴后，待作完仍还汝可也。"就是说，有人求桑思玄写东西，他问有钱吗？回答说：这是至亲好友，最好的关系，没有钱。他说：没钱写不了，"平生未尝白作文字，最败兴"。如果要这样的话，那你拿一锭银子来，搁在眼前让我看着，我高兴了把这写完，你再把银子拿走。大家看看，多直白！文人表现出来爱财，以至于没有财做不了事了。那么，这些爱财的人都是谁？桑思玄（桑悦）、唐子畏（唐伯虎）、祝枝山，都是顶级的文化人。《戒庵老人漫笔》卷一《文士润笔》记载：马怀德言，曾为人求文字于祝枝山。问曰："是见精神否（俗以取人钱为精神）？"曰："然。"又曰："吾不与他计较，清物也好。"问何清物，则曰："青羊绒罢。"括号中的"俗以取人钱为精神"，不是我写的，这是原文中的小字，我用大字，用括号把它括下来。给钱就有精神，没有钱，取不到钱就没有精神了。可见这个时代，不仅是农民变化了，而且是从农民到社会的上层，包括这些文化人都变了。这样的变化在我们中国历史上什么时候看到过？有人说宋朝出现过，宋

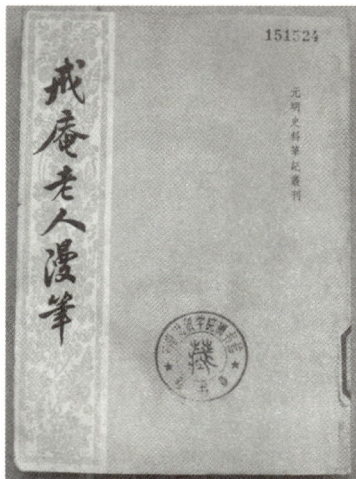

《戒庵老人漫笔》封面

朝确实出现了很多社会、思想、文化，甚至于商品经济冲击下的变化，但是它一直停留在社会上层，像晚明这样一个全社会的变化，从来没有过，晚明社会，是一个全社会的变化。

（三）奢靡之风

晚明时期，全社会都掀起了一股奢靡风气。大家都追求享受，到什么程度？据〔万历〕《通州志》卷二记载："今者里中子弟，谓罗绮不足珍，及求远方吴绸、宋锦、云缣、驼褐，价高而美丽者，以为衣，下逮裤袜，亦皆纯采。其所制衣，长裙阔领宽腰细折，倏忽变异，号为时样。"就是说，现在的年轻人，原来那么讲究的绫罗绸缎，他们都看不上了，他们现在做衣服找的都是那些新鲜的、从远处来的、价格很高的东西。用这些材料做成的衣服，都是很华丽的，长裙阔领宽腰细折，倏忽变异，号为时样。大家一看就清楚了，晚明时期人们喜欢穿时装。服装和服饰变化，是一个时代变化最表象的反映。

明朝人还讲了一件很有意思的事。一个官员说，他上学的时候，大家穿得都很朴素，只有个别的同学穿得华丽。有一次，有官员到学校来视察，在接见学生的时候，官员见有一个姓曹的学生，穿得特别华丽，这官员就走到姓曹的学生面前说，你怎么穿得跟大家不一样？你家里边是唱戏的？还是开妓院的？结果这学生被弄得非常狼狈，无地自容。等到这批学生长大了，这个人做官了，他也到学校去视察。结果他走进学校一看，学生们都不穿生员服装了，穿的都是些五花八门、各种样式的衣服。而且这些学生的父兄还在远

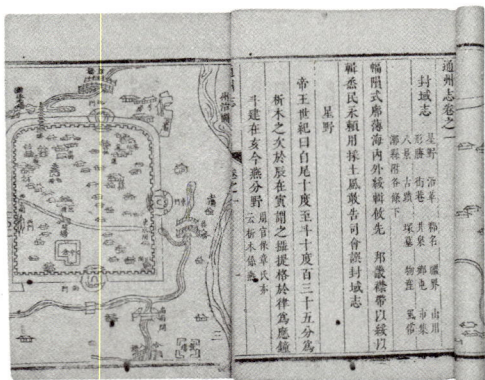

《通州志》书影

处指指点点说：你看见没看见，那个穿得最新鲜、最有特色的，就是我们家孩子。他们不以为耻，反以为荣。地方官员在旁边看着，也熟视无睹。所以他很感慨，就把这事写在了他的笔记里，这就是明朝人李乐写的《见闻杂记》。他在《见闻杂记》中专门记载了这样一些事情，反映了当时一个时代的变化特征。

所以明朝人说，从正（德）嘉（靖）就为之一变了，到了万历又为之一变。这个变可是变得彻底，因为这个变化是全社会的变化。明朝地方志记载："流风愈趋愈下，惯习骄奢，互尚荒佚。以欢宴放饮为豁达，以珍味艳色为盛礼。其流至市井，贩鬻厮隶走卒，亦多缨帽细鞋，纱裙细裤；酒庐茶肆，异调新声，泪泪浸淫，靡甚勿振。甚至娇声充溢于乡曲，别号下延于乞丐。"（［万历］《博平县志》卷四）整个社会从上到下，大家都是这么一种风气，要吃饭，就得大吃大喝，谓之豪爽；吃的得是有讲究的东西，谓之珍味；还得有小姐陪着吃，才叫"盛礼"。而市井中贩夫走卒，也多缨帽细鞋，纱裙细裤；酒庐茶肆里边，到处都能够传出唱流行歌曲的声音，以至于走在乡间的小路上，你就会听见从乡村那些人家的院子里边，传来娇滴滴的唱着流行歌曲的声音，你在大街上看见一个要饭的乞丐，这个乞丐会跟你说：先生给点钱吧，在下别号某某。可见，社会从上到下，跟过去所见到的传统时代不一样了。

大家都想要有钱，那么钱从哪来？那就是经商，逐末营利。因为我们传统上把商称之为"末"，把农称之为"本"，如果重商轻农，就是本末倒置。所以，我们传统时代，是重农轻商的。而晚明时代，变成了一个全民皆商，大家都去"逐末营利"的时代。为什么？因为它"竞尚奢靡"，竞尚奢靡到什么程度呢？"齐民而士人之服，士人而大夫之官……贫者亦椎牛击鲜，合享群祀，与富者斗豪华，至倒囊不计焉。若赋役施济，则毫厘动心。里中无老少，辄习浮薄。见敦厚俭朴者，窘且笑之。逐末营利，填衢溢巷，货杂水陆，淫巧恣异。而重侠少年，复聚党招呼，动以百计。"（［崇祯］《郓城县志》卷七）

　　整个社会变成了这么一种风气。于是大家开始想了，我们原来不是这样的，我们怎么会变成这样了？原来是什么样子？"吾乡先辈，岁时宴会，一席而宾主四人共之，宾多不能容，则主人坐于宾之侧，以一瓷杯行酒，手自斟酌，互相传递。肴果取具临时，酒酤于市，惟其土风，不求丰腆，相与醉饱而别，以为常。庶民之家，终岁不宴客，有故则盂羹豆肉，相招一饭，人不以为简也；贵家钜族，非有大故不张筵，不设彩，不用歌舞。间有一焉用歌舞戏，则里中子弟皆往观之，谈说数日不能休。"（〔万历〕《通州志》卷二）原来多朴实，不就是一张方桌子吗？大家围着桌子坐，人多了加个凳子，吃的都是家常便饭，不求丰腆，相与醉饱而别，以为常。到人家做客不就这样吗？再说那个时候，一般的人家都不宴客，终岁不请客，为什么？因为请不起，如果掏钱请客，这月的生活费就没了。有钱人家，也很少有这种铺张请客的做法。而且就算请客，也没有说弄个歌舞班子，搭个棚子演戏的，偶尔有一次，四乡八邻的年轻人都去，"里中子弟皆往观之，谈说数日不能休"。戏演完了大家还要议论，高兴得不得了，谈论几天都停不下来，这是物质和文化都匮乏的时期。如今是什么样子？"今乡里之人，无故宴客者，一月凡几"，今天请客还要理由吗？大家吃顿饭算什么？物质生活改变了。而且吃饭的时候讲究到什么程度？这可让我们今天的人都感到吃惊了，"客必专席，否则耦席，未有一席而三四人共之者也"。你看明朝人多讲究，吃饭的时候，一个人一席，或者两个人一席，不能围着桌吃了，围着桌吃是怠慢客人了。晚明著名文学家张岱（张宗子）写过一些小品文，其中有一篇是写游泰山的，非常有意思。他写明朝人去游泰山，坐着车子去，到了离泰山比较近的地方，车不能走了，就下来步行。走着走着，见两边高楼林立，就问到泰山了吗？回答说没有。再向前走，见两边有些人，一看认识，是演艺界的人士，问这回到了吗？回答说还没有。再向前走"红灯区"都到了，还没到泰山。最后看见一个大的餐饮店，说这回到了。餐饮店很气派，服务员传菜，奔声如雷。服务台介绍说在这里消费分为三等：一等，客必专席，而且可以看文艺演出；二等，耦席，也可以看演出；三等，不能够专席、耦席，就是三四人围着桌吃了，而且菜品也没有那么好，也不能看演出了，但是没关系，虽然不能看演出，在吃饭的时候，会有人到桌子边给你唱小曲。我一看真是太感慨了，我们今天偶尔去饭店，朋友请客吃一顿饭，包间里边进来一个拉小提琴的，还觉得今天可真是高层次的享受了，而在明朝人那是三等待遇。所以，大家看看明朝社会，奢侈

泰山摩崖石刻

到什么程度了？张岱继续记载，第二天到了泰山上，山上有地陪等着，一看这个团来的人，在下边是一等待遇的，在上边仍然是一等。晚明的社会生活，是一种全社会对于奢侈享受的追求，这个社会能不变化吗？

我们回想一下，在中国历史上，我们确实没有见过这种情况，因为我们有一个勤俭的风气，大家都是以简朴为上，追求奢侈是被批评的。可是，读晚明史的时候，我们发现不是这样，有好多人站出来为奢侈辩护。最有名的是陆楫专门写了一篇文章叫"禁奢辩"，论述了为什么不能够禁奢。他认为，如果把奢侈禁掉了，就会影响生产，国家就不能发展了。这里我们引用了顾公燮《消夏闲记摘抄（上）》里边的一段话："洋货、皮货、绸缎、衣饰、金玉、珠宝、参药诸铺，戏园、游船、酒肆、茶店，如山如林。"不知有几千万人享用其间，而这几千万人追求奢侈生活的享受，也便成为几千万人求活从业的生理，"有千万人之奢华，即有千万人之生理。若欲变千万人之奢华而返于淳，必将使千万人之生理几于绝，此天地间损益流通，不可转移

之局也"。他们产生了这样一个观念，认为消费是整个社会生存的一个必要基点和必要条件，如果没有追求社会奢侈的消费，就不需要这样的生产和服务了，那就会使千万人生理几于绝，"此天地间损益流通，不可转移之局也"。他们甚至于把这些服务行业，比如戏院、赌博、斗蛐蛐这些游乐的场所，称为天地间之大养济院。大家知道，养济院是养活那些需要社会救济的穷人的地方，一旦没有了这些，那些数以万计的小民就要失业，社会就要动乱，所以，他认为这是必要的。这些观点多有意思，这种公开为奢侈消费辩护的理论，明显代表商业的价值取向，此前在中国历史上未曾出现过。

当时也有官员认为需要整顿，但怎么整顿？他也不好说不允许大家去消费，他就说要从社会风气上整顿。有一位苏州知府，就禁止妇女上山烧香，认为有伤风化。因为明朝人，不管是烧香，还是清明节上坟，都当成一种游乐，他不是真的要去上坟、烧香，他就是借这个机会，带着家人坐着车，拿着吃的、喝的、玩的出去玩。所以，这位知府大人要先把妇女烧香禁了。这么一来，没想到没过两天，知府衙门前就有一大批人静坐示威，什么人来静坐示威？不是妇女，而是抬轿子的轿夫，他们说你不让妇女上山烧香，我们这些抬轿子的没活干了，你给我们找碗饭吃。社会形成了这样一个链条以后，任何地方都不能够断裂，因为它是不可转移之局。于是，大家都感觉到晚明时代的变化，没有人能够再阻挡它。

（四）打破等级限制

这种变化有什么意义？实际上这个变化本身包含了一个核心内容叫作"僭越"，即打破了旧时的阶层，本来不应该你们享受的东西，你们享受了，就把过去那种非常严格的等级打破了。马克思和恩格斯曾经讲道："在过去的各个历史时代，我们几乎到处都可以看到社会完全划分为各个不同的等级，看到由各种社会地位构成的多级的阶梯。"列宁同志讲得更清楚："社会划分为阶级，这是奴隶社会、封建社会和资产阶级社会共同的现象。但是前两种社会中存在的是等级的阶级，在后一种社会中则是非等级的阶级。"什么意思？就是说由于商品经济的发展，"钱"成为衡量人们社会地位的标志，这个时候旧的等级就被打破了。

实际上还有很多的材料，我们不可能都在这里一一列举。我们已经看到了，在晚明时代，打破了旧的等级限制，开始出现了向非等级的阶级社会变化的苗头。这个苗头我们叫它资本主义萌芽也好，叫它社会转型也好，它是非常有代表性的。这是一种进步，跟我们过去看到的传统的社会不一样。这些变化，在我们整个中国历史的发展中，给我们带来的结果必然是政治变化。不管是经济发展的影响，社会上层文化的影响，还是社会等级的变化，它最终一定会出现政治的变化。

三、晚明政治的变化

长期以来，随着学术界对晚明经济、文化与社会生活的研究，已经可以公认，那的确是一个繁荣发展的时代，整个社会发生了与前不同的明显变化。但是，晚明政治情况却一直备受诟病。其实晚明时期并不像我们大家过去所理解的，只是经济、文化和社会生活在发展，政治却腐败得一塌糊涂，晚明商品经济的发展对于传统政治也产生了极大的影响。我们来讲几件事情。

（一）万历十七年

万历十七年有两个非常典型的事件。

第一件事：万历十七年科场案。在万历十七年的年初，有一些官员提出来，在上一年的顺天府（今北京）乡试过程中，出现了好多问题，比如朱卷遗失，还有一些人文理不通，可是因为这些人是官宦子弟，所以都让他们通过了，准许参加第二年的会试。这个舆论出来以后，压力非常大，起初万历皇帝想置之不理，但是后来内阁官员顶不住压力，最后还是复试了一遍。重考的结果，就说这些人文理平通，可以参加会试。可是在这种情况下，仍然有官员咬住不放，说主考的考官买通关节，辅臣的子弟就得第一名。势高的人，没有儿子的就录其女婿，不管文字写得好不好，都说平通。咬住这事的官员要求追究。在这样的情况下，朝廷就安排了一个调查组调查全部的情况。调查完以后，把调查的结果向大家公布了。公布的结果仍然是，没有发现作弊，一切都是按程序进行的，而且也确实没有发现有人文理不通，应该说基本上还是平通的，所以，仍然准许他们参加万历十七年的会试。大家现在觉得这个很正常，因为我们现在经常会听到一些政府部门的回答，说我们查了某某情况，符合制度等等。可是大家想没想过，这是什么时代？这是几百年前的明朝，在我们习惯理解的那种帝王的专制政治下，还出现了这样一个事件。这个事件因为舆论的影响，朝廷不得不对这个问题要重新考虑，要复试，复试了以后还要调查，调查了以后，还要把调查的结果向大家公布。这种情况什么时候有过？中国的历朝历代都没有过。为什么会有这种情况？因为时代变化了，这个时代的政治，跟以前那种我们理解的传统的君主专制政治不完全一样了。不完全一样到什么程度？

第二件事：雒于仁骂皇帝。万历十七年末，大理寺左评事雒于仁上疏神宗皇帝《酒色财气四箴》。他说："臣入京阅岁余，仅朝见于皇上者三，此外惟见经年动火，常日体软。即郊祀庙享遣官代之，圣政久废而不亲，圣学久辍而不耕，臣以是知皇上之恙，药饵难攻者也。惟臣四箴可以疗病，请敬陈之……"他说皇帝的病唯有我能治，于是他就给万历皇帝上了"四箴"（酒箴、色箴、财箴、气箴），"皇上之病在酒色财气者也。夫纵酒则溃胃，好色则耗精，贪财则乱神，尚气则损肝……皇上诚嗜酒矣，何以禁臣下之宴会？皇上诚恋色矣，何以禁臣下之淫荡？皇上诚贪财矣，何以惩臣下之饕餮？皇上诚尚气矣，何以劝臣下之和衷？四者之病，缠绕心身，臣特撰四箴以进，对症之药石也，望采纳之。"（《明神宗实录》卷二一八，万历十七年十二月甲午）在每一"箴"里面他都举例子，历史上尧舜怎么样，夏桀怎么样，好的是怎么样，坏的是怎么样，酒有多大的害处，色有多大害处，等等。万历皇帝一看大怒，就找来周围的大臣们商议。大臣们劝阻说，皇上咱们可

《酒色财气四箴》篆书

别上他的当，他正等着咱们整他呢，你一整他，他就出名了，咱们不理他，咱们把他的奏疏放在这，既不批示，也不传达，也不下发，谁都不知道，看他闹腾什么？万历皇帝一想，真是高见，差点上他的当。这个故事记载在《明神宗实录》里，《实录》里记载得很详细，说明大家很重视这件事。但是同时也说明了，皇帝也是一个普通的人，他不神化了，他跟一个官员闹别扭，还得找一群官员给他做主，好像两个小孩打架找公道人一样，过去皇帝的那种神化了的权威，已经不见了，晚明确实发生了这样的变化。

孟心史先生说，从这一天开始，明朝出现了一个制度叫"奏疏留中"，也就是说，一些不好听的奏疏来了以后，放在那儿，不批示、不传达、不下发，留下来了，叫留中。今天在国家图书馆，我们可以看到《神庙留中奏疏汇要》这部书，是一部篇幅很大的书，为什么？因为大家认为，留中也好，不留中也好，反正不是都可以骂皇帝吗？所以大家都说，什么话都敢说，结果这些奏疏越来越多，今天成了一部书了。这就是万历时代，这个时代的政治实际上发生了很大的变化，不是像我们过去所理解的那样没有变化。

（二）政治价值观的变化

晚明时代，人们的政治价值观也发生了变化。当时的内阁大学士许国就曾说道："小臣一开口，不必是，即为风节；大臣一开口，不必非，即为朋比。小臣百诋大臣，辄以为不可屈而抗威权；大臣一侵小臣，便以为不能容而沮言路。"（黄景昉《国史唯疑》卷九）我们看了这段记载以后也会觉得震惊，这是什么价值观念？许国的这番话，显然不是个别现象，而是一个在当时官场比较普遍的现象。

内阁大学士王锡爵，遇上东林党的创始人顾宪成，顾宪成问他如今京城有没有什么奇怪的事情？王锡爵回答说："当今所最怪者，庙堂之是非，天下必欲反之。"就是说我们这些庙堂大臣跟皇帝商量什么事，天下都跟我们唱反调。这事奇怪不奇怪？顾宪成脸色一变，很不客气地对王锡爵说：王大人此言差矣，"吾见天下之是非，庙堂必欲反之耳"（谷应泰《明史纪事本末》卷六六《东林党议》）。就是说哪里是你们的是非我们反你？是我们天下人的是非，你们最高领导决策层老跟我们唱反调。

以上许国所论，是世风对于传统等级观念的变异；宪成所言，则代表了当时部分士大夫不以君主之是非为是非，而以天下之是非为是非的政治观念，其内涵之中，不乏对传统体制及专制君主主义的批判，带有明显反传统与反君主专制的思想。这就是政治主体的价值观的变化，我们在中国历史上从来没有看到过这种情况。可见，晚明时代，在政治上发生了很大的变化，而且这种变化不仅仅发生在政治的上层，跟我们前面讲的社会的风气的变化一样，它是全社会的变化。

（三）私议朝政

还有一条材料更让我们感觉吃惊，这条材料出于当时的内阁首辅大学士沈一贯之手。沈一贯上奏《请修明政事收拾人心揭帖》，揭帖中说"往时私议朝政者，不过街头巷尾，口喃耳语而已。今则通衢闹市，唱词说书之辈，公然编成套数，抵掌剧谈，略无顾忌。所言皆朝廷种种失政，人无不乐听者。此非一人口舌便能耸动，盖缘众怀怨愤喜于听闻耳"。他说过去私议朝政，传小道消息，不敢公开，不过就在街头巷尾说悄悄话。如今大庭广众之下，说书唱词之辈，可以把很多政治方面的东西，放在他的唱词里面随便的去唱，略无顾忌，抵掌剧谈，这也说明当时政治的变化。

为什么会发生这么重大的政治变化？当然从根本上说，是商品经济的冲击。另外，就是晚明时代随着政治的发展，士大夫们在政治上的作用越来越大，皇帝的政治作用相对来说削弱了。香港中文大学朱鸿林教授在做研究的时候发现，在明朝朝廷里，很多要决议的大事，都是由投票来决定的，而且是记名投票。所以，这个时代跟我们所理解的那种传统时代不一样了，发生了很大的变化。晚明专制政治的松动从积极方面看，是推进了人文主义萌芽的发展。

四、早期人文主义的发展

（一）人文主义的核心与表现形式

早期人文主义的产生，说明我们跟西方是同步的。什么叫人文主义？人文主义就是在资产阶级社会产生之前出现的一个思潮，它的核心是以人为本，突出人的价值，突出个性的抒发。人文主义的表现形式，就是对君主政治的批评，对个性的追求，人文思想之所以称之为主义，必须是由精英思想转变为大众的行为。所以晚明这个时代不得了，它有很多新的，甚至于和世界同步的东西都出现了，人们接受了。

有一个小故事记载，当时有一个士子去世了，士子的儿子拿着他的材料，找到了当时的社会文化名流陈眉公（陈继儒），请陈眉公给他的父亲写个传。陈眉公一看材料很好，就答应了。过一段时间传写出来了。可是我们今天在陈继儒的集子里看到的这个传的题目却叫"角妓杜韦"，就是一个小妓女杜韦的传。这是怎么回事？原来这位士子当年跟杜韦相好，官府认为有伤风化，就把这个女孩儿抓去卖了，后来女孩被一个山西老板买走送回给士子。两人逃走，没想到士子病死他乡，女孩将士子装殓好送回他家，自己投江自尽了。陈眉公觉得真是一幕感人的爱情悲剧，于是他给杜韦作了传，因为杜韦在他心目中的影响，比那个士子还要大。这说明什么？说明人们的传统意识发生了变化，不再有那种等级的观念，人文主义的思想融汇到里边去了。所以，我们在明朝的小说中能够看到《杜十娘怒沉百宝箱》，杜十娘是正面的、高大的形象；《金玉奴棒打薄情郎》，穷人家的孩子、社会下层的女性成了高大的形象。人文主义的思想，甚至被很多的官员和社会上层接受了。

还有一个故事，两个官员在一起喝茶、聊天，聊着聊着觉得天气太热，主人就叫一个老仆人来给他们俩扇扇子。正聊着主人发现，老仆人搬了个凳子坐下给他们扇，主人就说："让你扇扇子，你怎么坐下了？"这个老仆人回答说："你让我扇扇子不就为凉快吗？你管我站着坐着呢？"这两个官员听了以后哈哈大笑说："你看看，老人家说话多实在，可不就这么回事吗？"我在看到这条材料的时候很震惊，在过去传统的等级社会里，很难出现这种思想。而恰恰相反的是，让你站着扇，你不但坐下，还犟嘴，这是要处罚的。可是他们不但没有处罚他，而且笑了，还说实在，说得对，这里充满了人文主义的内容。后来，我有一次读到一位加拿大学者的著作，发现他也引用了这条材料，他认为在晚明时代，中国确实出现了思想意识的变化。

（二）西方学者的评价

西方学者认为，明朝中叶以后，有很多伟大的思想遗产：

强调实践；对时代日用需要产生觉醒；提高历史意识；强调生命力及天地生生不息的创造力；愈来愈强调物质世界；倾向于批判性的理性主义；倾向深邃的人文主义；提倡三教合一的综合潮流；寻找儒家本质；倾向古典儒家中"天"的概念或天主；更深入地研究古典作品；注重理性形而上学形式。

实际上，在这个时候，我们跟西方在思想上的发展几乎都是同步的。西方发生了文艺复兴，它把欧几里得的《几何原本》作为文艺复兴的教材推介给大家。而在同时，利玛窦和徐光启就把欧几里得的《几何原本》翻译成中文本，而这本书就在中国所有的书摊上畅销，这说明我们跟西方是同步的。为什么？因为这个时候的文化，已经不能够按照过去传统的路子走了，社会导向变了，人们得接受社会导向。那个时候，明朝识字、读书的人很多。张岱就曾经记载过他家乡余姚的情形："惟余姚风俗，后生小子无不读书。及至二十无成，然后习为手艺，故凡百工贱业，其《性理》《纲鉴》皆全部烂熟。偶问及一事，则人名、官爵、年号、地方，枚举而未尝少错，学问之富，真是两脚书橱。"（张岱：《嫏嬛文集》卷一《夜航船序》）张岱认为，这批人就是很了不起的一批小文化人，他们在夜航船上考校文人，厉害得很，他们就是"两脚书橱"，这些人就决定了当时的文化导向。所以，晚明时代整个的文化导向是由大众来决定的。

（三）个性追求与人文主义

一方面，我们强调商品经济的冲击，另一方面，我们要看到，从王阳明到李卓吾，他们的思想为个性追求提供了理论依据。

实际上，宋代就有了陆学，王阳明继承的是陆九渊的学问，可是陆九渊的学问在宋朝并不是显学，程、朱的学问才是显学。但是到了明朝中叶以后，由于社会需求的变化，陆、王之学变成了显学，因为它符合了当时的社会思潮，所以被大家所接受。以至于到后来，王学的左

利玛窦与徐光启　　　　　　　　《几何原本》书影

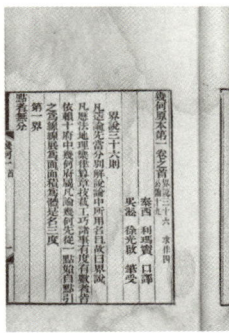

派泰州学派，那就是砍柴的、烧罐子的，做什么的人都可以讲哲学，挑着一担柴一看人多了，放下这担柴，就给大家讲讲他的哲学思想。这是什么时代？所以史学前辈侯外庐先生，对晚明的思想变化给予很高的评价，他说这是中国历史上又一次百花齐放、百家争鸣的时代。

王阳明

晚明时代人们也很现实。比如，明朝人演文艺节目，演的都是时装戏，不演过去的历史剧，因为他们关注现实。明朝书摊上卖得最多的就是三种书：一种是小说，尤其是像《金瓶梅》这类的色情小说；再一种是考试辅导材料（识文）；第三种就是时政的书籍，魏忠贤倒台了，马上阉党内幕就出来了，辽东打仗了，辽东的内幕就出来了。这些东西都为大家所关注，成为一种风尚。这就是明朝人的生活，在这样的情况下，我们才能够看到汤显祖代表先进思想意识的《临川四梦》，我们才能看到像公安派、竟陵派那么美好的小品。

五、晚明时代的历史思考

晚明时代既然在经济、文化与社会生活上表现出前所未有的繁荣，在政治上表现出一定程度的进步，那么它为什么会灭亡？它给我们今天留下哪些值得思考的东西？我个人认为，有三个最突出的地方值得我们思考。

（一）国家公权力的异化

国家公权力，本为平衡各利益群体之诉求，解决社会矛盾之作用。

所谓"异化"即其失去上述作用，而成为少数利益集团的工具。公权力异化的主要表现形式是无制度约束的税费征收，这是公权力异化最突出的标志。

有一段记载讲的是岭南的税事，但是应该说全国是一致的。"岭南税事，从来有之，凡舟车所经，贸易所萃，靡不有税。大者属公室，如桥税、番税是也。小者属私家，如各埠各墟是也。各埠各墟，属之宦家则春元退舍，属之春元则监生、生员退舍，亦有小墟远于贵显者，即生员可攘而有之。近闻当道者行部，过一村落，见设有公座，陈刑具，俨然南面而抽税者。问为何如人，则生员之父也。当道一笑而去"（王临亨：《粤剑编》卷二《志时事》）。问题在最后这一句："当道一笑而去。"这就是问题了，他滥用公权力，你比他掌握更高的公权力，你怎么能一笑而去？你得去处理，为什么没有处理？因为他觉得这很正常，已经普遍化了。公权力的异化，是造成社会问题最直接的原因。

还有一个记载很典型，是讲征过路税的。"有陆二者，往来吴中，以卖灯草为活计。万历二十八年，税官如狼如虎，与盗无异。陆之草价，不过八两，数处抽税，用银半之。船至青山，又来索税，囊中已罄，计无所出，取灯草上岸，一火焚之。此举可谓痴绝，而心之怨恨也，为何如哉！"（周晖《金陵琐事》）可见，路桥费的征收在明朝非常严重。《明神宗实录》记载，巡视卢沟桥御史胡克俭发现情况严重，报告给神宗万历皇帝："马鞍山新城桥，每车税钱五文，驮税三文，担者二文，负者一文。甚至徒手过者，亦不免。"最后造成商贾

《金陵琐事》书影

不通。可万历皇帝却说："桥梁本为便民，抽税修桥照旧行，但不许下人生事。"（《明神宗实录》卷二一二）

征税是必要的，但是税收必须得适度，否则就会造成严重的后果。〔万历〕《淮安府志》卷四《田赋志》记载："又淮酒乃天下之名品也。正德以前，土人造曲户有百余家，多至殷富。后有诛求之吏，百计征取，多于猬毛，贫至见骨，酿法几绝。"这就是度，如果利用公权力来过度地随便征收，结果就会造成企业的破产，以至于"酿法几绝"，一个很好的酿酒技术就会消失了。当我看到这段文字的时候很感慨，因为最后这四个字写得非常妙，叫"酿法几绝"，几乎要绝了，它要是绝了，咱们今天就喝不到洋河大曲了。

就在万历皇帝派人大肆征税的时候，在英国出现了同样的一个事件。1606年（万历三十四年），在英国发生了因税收问题引发的著名的"贝特案"。英国国王詹姆斯一世下令征收已有关税之外的进口税，因此被商人约翰·贝特告上法庭。虽然结果是四位法官判决支持国王收取额外进口税，但从此展开了英国议会下院与国王间在税收上长期激烈的斗争。詹姆斯一世是一位很强势的国王，他跟议会之间的斗争非常激烈，为了这件事情，詹姆斯一世曾经解散议会，但是经过若干年以后，双方在此问题上的斗争以互相的让步而得以缓解。所以，"贝特案"造成的结果是，英国和我们走上了完全不同的税收之路。英国是在不断的斗争中去规范它，而我们在这种斗争中仍然没有任何制度上的规范。今天，习近平总书记提出来，把权力放进制度的笼子，我觉得这句话不仅

明神宗朱翊钧

说起来让老百姓易懂，而且也深刻和精辟。如果我们不能够从制度上把权力约束起来的话，谁能保证我们掌握的公权力，是否用得合适？

晚明时代我们跟西方比较，大家在同一个起点上，甚至于我们的GDP比国外要高得多。有的学者计算，晚明时代中国的国民产值占全世界国民产值总量的四分之一至三分之一。可是，在这样基础的情况下，我们开始和西方出现差距。这个差距的根本，就是我们没有从制度上解决这些问题，没有制度约束，那必然就是贪污腐败的公行。

其实，明朝皇帝也想解决这些问题。明朝末年人史惇记载："先帝痛恶者贿赂，而当事者至以交际为端，甚有同乡亲故而不设一饭焉。借口公令已不敢出，盖亲故绝，则暮夜之金更无知者，其自便实甚，而不近人情之谤始独归先帝矣。"（史惇：《恸余杂记》《贿赂之变》）皇帝不允许宴请、大吃大喝，那正好，官员们就借口国家有规定，即使有同乡亲故，也不设一饭，结果却是在暗中做私下交易，把骂名给了皇帝，自己该做什么还照做。做到什么程度？"大者如银子多换金子，金子重换珠子，盈千盈万，不可方物，即书帕不行而易以银杯，谓之上寿，皆自博古图中翻出新式，雕刻工雅，加三加五工钱，饱银匠之腹，亦何为者？"就是银子太多，就把银子换成金子，金子重了换成珠子，以至于最后形成雅贿，做古董文物，把那些博古图里边的东西翻出样式雕刻工雅，加钱制作。史惇又接着记载："余尝见一火房都吏，役满应得注选，乃揣摩主司好尚与忌讳，遍觅宣窑器数十只，价值百金，以

明代纯金制作的器皿

献，而得一美缺主簿者，此亦世道之变也。"（史悖：《恸余杂记》《贿赂之变》）这个例子也很有意思，一个火房都吏，并没有进入官的行列，明朝官是从正一品到从九品，出了从九品就不入流了。一个不是官员的小都吏，为了找一个好的位置，就琢磨他的上司的喜好，然后他就找到了宣德窑的瓷器，价值百金，献给这个上司，结果得到了一个主簿之缺。这都是在晚明时代出现的现象，而这种例子我们要是在晚明人的著作中间去找，可以用四个字形容叫"俯拾皆是"，我只不过选取其中的一个，介绍给大家。

（二）人文精神的缺失与不良社会风气

除了官府、朝廷公权力异化，贪污腐败之外，民间是什么情况？有一个叫作克路士的葡萄牙传教士来到中国，他到各处走走，看见中国的经济这么繁荣，集市上的贸易那么丰富，觉得比欧洲好多了。可是当他跑到一个卖鸡的摊位上一看，傻眼了，因为在这个鸡摊后面，一群人在忙碌着给鸡注水，卖的是注水鸡。当我们看到这些材料的时候，我们真的感觉到一种震撼。这恐怕也可以说是一种民族文化"基因"，或者说是中国历史上社会转型时期的一种特殊的社会因子。每当发生社会转型变化的时候，这种社会弊端便会萌生，而并不需要人们去着意为之。所有这些事情的目的都是为了可以不花气力或者少花气力而一夜致富，这在当时几乎成了整个社会的心态。这不是让我们感觉到非常可怕吗？如果我们不警惕，不去想办法杜绝它，我们就又会重新走上原来的一个老路。

晚明时期，是一个中国历史上造假、售假的高潮，造假造到什么程度？"今时市中货物奸伪，两京为甚，此外无过苏州。卖花人挑花一担，灿然可爱，无一枝真者。杨梅用大棕刷弹墨染紫黑色。老母鸡毛插长尾，假敦鸡卖之"（叶权：《博贤编》）。到处都是这些欺骗，以至于当时的经商旅游指南《天下水陆路程》这本书专门写："自常州至浙江，牙行须访，价值难听，接客之徒诓诱。阊门市上杂货，不识休买。"（黄汴：《天下水陆路程》卷七）要不断地提醒大家别上当受骗，因为骗子太多了。

当时这些情况不只发生在老百姓身上，也包括社会上层。李乐的《见闻杂记》就记载了医生乱收费的情况：有一人家的男孩出水痘，家里人很着急，请来医生，这些医生有三四十人，没有一个人不要钱的，而且都把病说得很严重，开大药方。最后只有一个叫谈时雍的名医，他不敢明说，怕得罪同行，只能悄悄地趴在主人的耳边上说：你家孩子就是出水痘，很快就好了，不吃药也没关系。后来，果然如他所言。李乐在此感慨道："嗟乎！孰谓医仅小道哉？如谈，可以警贪风世矣。"（李乐：《见闻杂记》卷十，第三十五）这个贪风不仅是官员的贪污，是社会的贪风，这是很可怕的，我们还不应该警醒吗？

再看看我们的文化。《金瓶梅》是一本屡禁不止的黄色小说，有的学者认为，《金瓶梅》和西方人文主义代表人物薄伽丘的《十日谈》有共通之处。但是我们看到，在《十日谈》中薄伽丘抨击了宗教的权力，其中对于宗教代表人物的伪君子面孔与他们的纵欲行为，进行了无情的嘲讽与揭露。但是《金瓶梅》除了露骨的性描写，还对那些富家与官府之家的奢靡和荒淫无度表现出了欣赏与艳羡。这不仅是那个时代的反映，也是对那个时代社会风气的引导。除此之外，像杨慎这样了不起的大学者，却改了名字去写伪书《控鹤监秘籍》，专门描写上官婉儿和武则天的荒淫生活。为什么要做这些？是投社会之所好。本来这些人是应该引导社会的，他们却把引导者变成了推波助澜者，他们不应该对晚明出现的这些问题负责任

《金瓶梅》封面

吗？这些人都是我们心目中了不起的人物，可是他们没有对这个时代的进步起推动的作用。

荷兰学者高罗佩，对于中国历史上的文化评价很生动。他研究唐伯虎，认为唐寅是中国最早用人体作模特来绘画的，所以能够把人物画得那么好，很了不起。可是唐寅和仇英他们的画本来不是春宫图，只是后来南京圈子里的一批士大夫们，从唐寅和仇英还有他们弟子的绘画中，找到那些适合他们的范本，用套色木刻的方法印制出了相当数量的春宫图。西方人使用人体模特的绘画最后走向了健康发展的现代艺术，而我们这些绘画却被南京圈子里的士大夫们，社会高层的文化人们引导走向了春宫图。这不是悲剧吗？这不是我们文化史发展里面的最让我们扼腕叹息的事情吗？

所以我认为，晚明出了问题，不仅是出在上层，是全社会都出了问题，每一个人都应该为这个问题负责。整个社会缺失人文精神，让他们去斗富、享受，可以；而让他们去纳税、搞慈善，"则毫厘动心"，所表现的不仅是浮薄，更是缺乏责任感与博爱精神的表现。

（三）日趋复杂的社会矛盾

任何社会转型时期，旧的利益格局必然发生变化，社会矛盾因种种变化而更显复杂。应对并解决此类矛盾，是政府所应承担的责任。然而晚明社会矛盾复杂化的结果，上层发生的是党争，下层发生的就是民变。

社会矛盾复杂很正常，我们解释十八届三中全会的文件里就专门讲到

唐寅作品

了，要适应现在社会矛盾变化的复杂化，必须去解决它。因为社会矛盾复杂是不以我们的意志为转移的，关键是我们怎么去解决它。

晚明政治出现的问题是党争。晚明的党人之争，初为清流与当权之争，后渐成东林与诸党之争。虽然人多以东林为君子，以阉党为小人，而东林党人也确实表现出对于君权的限制和国家制度执行等方面的主张，但无论是东林，或是齐昆浙宣诸党人，所争者皆出于自身利益诉求而已，因此他们毕竟不可能真正成为公众利益代表。其所争论之焦点，皆传统道德之争，非社会矛盾之所在，党同伐异之举重在争夺主政的权力。且党人为此而多自相标榜，甚至哗众以取宠，造成极为不良的政治风气。

明代党争之由来，乃自朋党而至党社，这本是一个历史的进步。东林党相对于阉党，无疑是正派且进步的势力，但是晚明党争与社会的结合，复杂社会矛盾在朝廷的反映，且也不乏投机者为沽名钓誉而攀附于东林、复社，最终将一场政治之争转变为利益之争，造成国家政治的混乱。因此，后世批评晚明党争误国也不是没有道理的。

晚明时代下层发生的就是民变。不过"民变"这个词在西方社会学里，很早就被称为"民众的集体行动"，我们今天叫"群体事件"，意思是一样的。我为什么要专门讲这个问题呢？实际在历史上，我们过去习惯把城市民变当作阶级斗争，其实它们的性质是完全不一样的，民变不以推翻政权为目的，它是代表了一定利益集团的利益诉求，它需要的是国家改变政策。

晚明的民变有三种形式：第一种形式是反对矿监税使；第二种形式是支持东林党；第三种形式是仇富。这都是社会矛盾激化了以后的反映。这三种类型的民变，都不以推翻政权为目的，它需要国家改变经济政策、政治政策以及贫富不均的现状，而不是像李自成、张献忠那样要起来推翻政权。所以，我认为在某种程度上来说，民变这种民众的群体事件有进步性，它能够迫使你改变政策，政策调整了，这一切就会变好，它并不是要求把政权推翻了，再换一个政权。所以，晚明时期江南民变爆发最严重的地方，等到社会问题解决好了以后，相对来说反而稳定了，而起于西北的李自成、张献忠最后倒真的形成了势力，成为最后摧毁明朝的一支力量。所以，晚明时期社会矛盾复杂化，利益格局变了，也不能够用传统的那种阶级斗争的观点来看。比如，葛贤所领导的苏州织工民变，他被抓起来以后，纺织厂的工厂主、货商、地方官员很多人都救他、帮他，有些商人们甚至给他买了房子、娶了老婆等他出狱。这是一种新的利益格局的变化，在这个利益格局变化中，这些人形成了一个利益共同体，等到这个问题解决了，会有新的利益格局的变化，我们必须适应新的变化，不然就会出问题。

最终发生的是农民大起义，我个人到今天仍然认为明朝是被李自成推翻的，我们不应该把南明被清朝人推翻了的弘光政权，当作历史的结点。因为北京城破，李自成进京，明朝应该说就已经灭亡了，后边那么多南明的政权都不足以形成一个明朝的政权。那么李自成起义所反映出来的是什么历史现象？我个人认为，一个很重要的历史现象，是因为地区、区域的不平衡。当年中央提出西部大开发，很多人都不理解为什么专门开发西部？可如果我们读读晚明史，我们会理解西部开发是必要的，我们不能一部分地区富裕到这种程度，另一部分地区还是在贫穷之中吧？我们是一个整体。大家看到了，明朝时的东部沿海地区，包括两京地区，经济的发展已经不错了，但西部还很贫困。所以，当生活在这里的年轻人走出黄土高原，看到了别人生活的时候，他们的心理是要失衡的，这也是非常重要的。崇祯二年的年底，李自成投入到了王左挂的部队，就成了决定明朝灭亡命运的一步，最后明朝灭亡。

李自成像

今天回想起这段历史，如果我们把它都概括起来认识的话，就会知道明朝这么强大的一个帝国，它的衰败和灭亡，首先是自己把自己打垮了，这也是我们今天必须汲取的教训。等到明朝人最后惊醒的时候，他们用了四个字来形容明朝的灭亡，叫"天崩地解"。因为它跟历朝不一样，晚唐在"安史之乱"以后，虽然努力了，可是国势不行了，因为有那么一场动乱。晚清在鸦片战争之后，西方资本主义进来了，我们已经失去一部分主权，变成了半殖民地社会。而唯独明朝没有，不仅没有，而且每个人都活得很带劲，都在竞奢，争取自己要过得比原来还要好，都比着过好日子，可是突然这么一天，就天崩地解了，这不是给我们今天最深刻的历史教训吗？

在历史上有这么多"晚"的时代，每一个都有值得我们汲取的教训，关键是怎么去解决这些问题。等到崇祯皇帝的末世，国库空虚了，他想解决辽东问题、解决镇压农民军问题的时候，他拿不出钱来，他想让所

明思宗朱由检

有的既得利益者都拿钱出来，可是谁都不肯。每个人都想自己过好日子，没有想到国家还能不能存在，结果就出问题了。当时还有人给崇祯皇帝出主意，说我们能不能把江南的富民再造册，从他们身上刮一笔钱来解决这些问题。当时的内阁大学士钱士升说，"此乱本也"，说这是要把国家彻底搞乱了，不能干这种事情。他下边讲了一段话，我觉得真是让我们感觉到历史的可怕，"今天下秦、晋、楚、豫无一宁宇"，这些地区已经完全被李自成、张献忠打乱了，"惟江南数郡未动耳"，这江南数郡就是当年民变发生最厉害的地方，如今最稳定了。因为社会矛盾解决了，他们希望有一个稳定的生活，他们不乱，农民起义也始终没

有打到江南去。钱士升说："若此法行，驱天下为盗贼矣。"如果你再继续向江南的这些富民征税，你是把所有人都驱赶到敌对的盗贼方面去了。但是，这个问题明朝人没能解决好，结果灭亡了，给我们留下了深刻的历史教训。

六、结语

值得借鉴的教训：

（一）发展是硬道理，但是需要社会稳定；

（二）发扬民主政治，但是要重视舆论导向；

（三）重视教育，尤其是社会教育，提高国民素质，培养爱国主义精神；

（四）改变不良社会风气；

（五）经济、政治与社会体制改革。

我们今天又面临着一次社会转型期，我们共产党人有义务，也有能力解决转型期所面临的问题。吸取历史的经验教训，进行政治体制改革，才能真正实现强国富民的中国梦。

戴 逸
论康雍乾盛世

戴逸，1926年生，江苏省常熟市人。享誉海内外的历史学家，曾担任第四届和第五届中国史学会会长、第七届全国人民代表大会代表、国务院学科评议组历史组召集人，现任中国人民大学清史研究所教授、名誉所长，北京市文史研究馆馆长和中华炎黄文化研究会副会长等职。

戴逸就读于北京大学期间，即投身于中国共产党领导下的学生运动，后奔赴解放区，先后在华北大学学习和工作。华北大学于解放初改名为中国人民大学，即在该校任教至今。

数十年来，戴逸在历史学领域勤奋耕耘，成果丰硕，其著作主要有：《中国近代史稿》《1689年的中俄尼布楚条约》《简明清史》《清代人物传稿》（下）10卷、《中国历史大辞典·清史》（上）、《中国大百科全书·中国历史卷·清史》《乾隆帝及其时代》《18世纪的中国与世界》《清通鉴》。

今天我讲的题目是《论康雍乾盛世》。康雍乾时期，一共有134年。从康熙1662年继位，到乾隆1795年退位，一共是134年，将近一个半世纪的历史。时间很长，历史内容非常丰富，人物事迹众多，关系错综复杂。今天我只能非常概括、非常简略地谈一些要点。

一、康雍乾时期的成绩

康雍乾时期，中国经济、政治、文化有很大的发展，国家的综合国力强大，社会秩序安定，人民生活水平有较大的提高，国家的统一大大地巩固、大大地加强，所以形成了康雍乾盛世。我个人的估计，康雍乾时期不仅在中国历史上发展到了最高峰，而且在全世界也是名列前茅的，这和传统的估计不同。康雍乾时期134年里，是中国历史上最繁荣的时期，没有哪一个朝代能够比得上。我们常说中国最繁荣的是汉朝、唐朝，但是我认为康雍乾时期发展的高度要远远超过汉唐。

中国封建社会是个农业社会，农业生产是衡量国家实力、国家发展的主要标志。康雍乾时期，到乾隆时候，18世纪末，中国的人口达到3亿，这是有正式的人口统计的。中国从乾隆初年，就开始有比较正规、比较准确的人口统计，到乾隆末是3亿人，到道光时是4亿人。我们以往说的4万万同胞，就是道光时的数目，鸦片战争时我们中国有4亿人。耕地面积，在乾隆

清康熙帝玄烨

时有10.5亿亩，粮食生产有2040亿斤，当然这都是估计的数字，很难有准确的数字。这种生产规模、生产总量是史无前例的，历史上从来没有达到这样高的经济水平，能够生产养活3亿人口的粮食。中国历史上的人口数字，从汉代以来就有记录，中国历史上有记录的人口数字最高是7000多万人，记录在案的，宋朝、明朝达到了7000多万，也有人估计实际数目可能还多点，有人估计达到1亿以上了。即使是1亿以上，比起乾隆时期的3亿还是差得很远了。我们知道有多少人就要吃多少粮食，3亿人必须有能够维持这样多人口的粮食生产，它远远超过历史上的人口数字，因此农业生产必然也远远超过历史上的任何朝代。如果说是1亿人的话，也要超过3倍，农业生产必须要超过33倍，才能养活3亿人。因此我说它是中国历史上粮食生产数量最高的时期，应该说它的经济发展是最高的。从横向来比较，跟全世界来比较，当时全世界的人口是9亿人，中国占了3亿，9亿人分布在几十个国家、地区，当时像欧洲最先进的英国，18世纪只有1600万人，跟中国比是小巫见大巫，不能比；法国才2800万人，相当于中国的十分之一；美国就更少，400万人。当时全世界只有两个国家人口超过1亿，一个是我们中国，3亿，另一个是印度，1.4亿。所以中国的粮食生产当时是全世界各个国家最高的，中国农业生产的技术水平也很高。当时有个英国农学家叫巴罗，18世纪末跟随英国的马嘎尔尼使团到中国来。他考察了当时的中国农业，认为当时中国农业技术水平是很高的。他说在中国播种1粒麦种可以收

清雍正帝胤禛

获15粒，而英国当时在欧洲是农业水平最高的国家，播种1粒麦种只能收获10粒。因此中国的农业技术水平是很高的。法国学者谢和奈在《中国的现代化》这本书里说，18世纪中国的农业达到了发展的高峰，由于农业技术、农作物品种的多样化和单位面积产量之高，中国农业在近代农业科学出现以前，是历史上最科学最发达的农业，所以中国农业在全世界产量最高、最多。因为它要养活3亿人，养活全世界三分之一的人口，必然是产的粮食最多。康雍乾盛世在手工业方面的发展也是非常高的，像棉布、布匹。苏南的布匹是行销全国的，衣被天下，而且还对外出口。当时南京的布是对外出口的。另外丝绸、丝织业发展也非常高，苏州、杭州、南京、广东、四川已经产生了手工工场，有资本主义性质的手工工场。康雍乾时期的材料就很多了，最典型的是道光时期的材料，说是南京的丝织机户，私营的丝织资本家，有的拥有五六百张丝织机，可能雇佣的工人就有一两千人。在采矿业方面，全国的煤矿很多。北京西郊，就是现在的门头沟、房山这一带小煤窑非常多，乾隆的档案里面就提到了

清乾隆帝弘历

西山一带的小煤窑有273处之多。当时北京城里都烧煤。云南的铜矿规模很大，因为国家制币，就是用的铜钱，需要量非常大，由国家借给资本来开采。全省的手工产铜的工人和他们的附属者，还有小商小贩，一共有几十万人，在全世界都没有这样大的矿产规模。手工业方面，中国可以说也是首屈一指的。所以保罗·肯尼迪在《大国的兴衰》这本书里说，1750年，乾隆中叶，中国的工业产量占世界工业总产量的32.8%，

将近三分之一。而当时全欧洲只占23.2%，比中国少得多，英、法、德、俄、西班牙、奥地利、意大利等整个欧洲，才占23.2%。所以康雍乾时期在手工业方面，中国在全世界也是首屈一指的，因为中国地方大，工业总产值是很高的。但是这种情况很快就被产业革命以后的西方国家赶上了，而且大大地超过了，到1890年中国就从32%跌落到只占6.2%，150年的时间跌落得这么快，而欧洲上升到62%。可见19世纪，一个世纪里，中外企业竞争激烈，发展速度悬殊，差距迅速地扩大，中国经济力量一落千丈。另外市场贸易方面，中国在乾隆后期工农业贸易总值大约有4.5亿两，主要是国内贸易，国外贸易很少。而英国主要是国外贸易，英国在1792年，相当于乾隆后期，已经是全球性的贸易大国，它的海外贸易总值折合中国银两1.7亿两，比中国少三分之一。18世纪全世界超过50万人口的大城市一共有10个，中国占了6个，就是说城市发展的程度，中国也是最高的。中国6个超过50万人口的城市是北京、南京、苏州、扬州、杭州、广州。而世界上超过50万人口的城市还有4个：伦敦、巴黎、日本的江户（就是现在的东京）以及伊斯坦布尔。所以中国大城市的数目也是最多的。从经济上来说，康雍乾时期的中国不仅是中国历史上历朝历代比不上的，而且也是全世界名列前茅的、经济实力最强大的国家。这是经济上的状况。

　　政治上，康雍乾时期也有很多成就，一个最重要的成就就是巩固了中国的统一，组成了一个统一的多民族国家，形成了现在中国的版图。中国现在的版图，960多万平方公里基本上是那个时候形成的，所以我们是继承了康雍乾时代的遗产。我们看看清朝刚刚入关的时候，中国的局面是个什么样的呢？清朝入关以后，它就占领了北京、北京附近、华北地区、黄河流域。而南方长江以南是南明，明朝的残余势力。清朝的第一个皇帝顺治，打了18年，平定了南明，统一了南中国。接着就是吴三桂等三藩割据，整个长江以南都是他们的，一直打到四川、甘肃。当时清朝也是岌岌可危，三藩之中吴三桂兵强马壮，很强大。而台湾在郑成功收复以后，郑氏集团也没有统一在清朝的中央管辖之下，所以南方在康熙以前是割据的局面。北方主要是蒙古势力，当时的蒙古分成三个部分，一个是喀尔喀蒙古，就是现在的外蒙古，蒙古人民共和国，这是一部分，这是漠北蒙古。另外是漠南蒙古，是我们现在的内蒙古自治区。还有一部分是西蒙古，是在现在的新疆。当年新疆地区，特别是北疆，主要是蒙古人，现在好多是汉人、哈萨克人、维吾尔人，蒙古族反而少了。当年的新疆是准噶尔蒙古最为强大，它的军队曾经打喀尔喀，把整个外蒙都给吞并了。一支军队打到黑龙江，还往南打到热河，就是围场这一带。另外青海也在它的控制之下。西藏因为宗教原因，也受准噶尔的影响，因为准噶尔蒙古跟达赖喇嘛的关系非常好。往西其势力扩大到哈萨克，就是现在的哈萨克斯坦，中亚地区都在它的控制之下，维吾尔当时已经被它征服，所以准噶尔的势力非常大，它占领的地方比清朝占领的还广大。当时康熙统一中国的最大的劲敌是准噶尔，《康熙王朝》电影里不是说平准噶尔吗？确实如此，康雍乾时期最大的一个敌人就是准噶尔蒙古。三朝经过七八十年的战争才解决这个问题，解决了准噶尔问题才能谈得到中国的统一，要不然究竟是谁来入主中国还很难说，最后是康雍乾胜利了。经过70年的战争，战争过程很复杂，是长期激烈的斗争。康熙统一了南方以后（那是在康熙二十多年的时候），北方有两个大的问题：一个是俄罗斯的入侵，俄军越过了乌拉尔山，向西伯利亚扩张，因为西伯利亚基本是无人地区，人很少。它派几十个哥萨克往东如入无人之境，半个世纪就扩张到了太平洋、鄂霍次克海，又往南窜入黑

外国人眼中的清代城市

龙江，在黑龙江许多地方建立据点威胁中国。另一个是准噶尔问题，这一问题更加严重，因为俄罗斯人少，它要从欧洲过来，往往100人、200人，几百个人。准部的根据地是在伊犁，与现在的伊犁距离较近，它控制的地方非常大，它自己本部有60万人口，全民皆兵，战斗力很强。当康熙解决了三藩之乱，平定三藩，又解决了台湾问题，收复台湾后，立即把战略重点转移到北方。跟俄罗斯在黑龙江打了两次仗，打败了俄罗斯，然后进行谈判，签订了《尼布楚条约》，解决了东边的划界问题。按照当年的《尼布楚条约》，我们的地方很大，后来到了《瑷珲条约》和《北京条约》，俄罗斯又把中国100万平方公里的领土割掉了，割去的领土相当于法国和德国面积的总和，当然，这是后话。康熙解决了俄罗斯的问题，把准噶尔锋芒遏制住了。但是康熙没有完全解决准噶尔问题，因为当时要出兵到新疆，困难程度我们现在难以想象，当时也没汽车、没飞机、没火车，军队都要步行，要带粮食，粮食的运输是个大问题。当年打仗最重要的问题，是粮食问题、后勤问题，后勤供应不上，所以康熙没有完全解决准噶尔问题。到乾隆的时候，一方面国力更强大了，另一方面准噶尔内讧。所以

签订《尼布楚条约》写实雕塑场景

乾隆是乘虚而入，解决了准噶尔问题，收复了伊犁，真正地完成了全国的统一。打败了准噶尔，西藏才归复中国。康雍乾时期，完成这样一件事情，花了七八十年的时间，也就是打仗打了七八十年的时间，当然是断断续续，这是个很大的功绩。没有这一段，没有康雍乾这个时期的统一，那么不久以后帝国主义入侵中国，中国肯定是要分崩离析的，也就没有现在的中国，不会有现在中国这样一个56个民族的统一的民族大家

庭。到后来帝国主义来侵略我们，我们各个民族都能团结起来对付侵略者。如果还像康熙以前，南方和西北都是割据的势力，那帝国主义进来以后很容易地就把中国肢解了。但是经过了康雍乾时期，经过了统一，把各个民族凝聚起来，帝国主义侵略进来，我们才有团结的力量来对抗帝国主义的侵略。这是康雍乾时期对中国的一个很大的贡献。毛主席、周总理都多次提到我们是靠着康熙、乾隆吃饭，确实是这样的情况，靠那个时代的遗产，历史的遗产。这是第一个问题，康雍乾时期的成绩。

二、康雍乾时期的政策

明清之际，长期战乱，从李自成、张献忠起义，到明清之间的战争，经过几十年的战火，中国的经济破坏、人民流亡、人口减员、土地荒芜，非常严重。一些历史学家认为，明朝万历年间人口已经达到一亿几千万了。经过这一段以后人口大量减员，社会矛盾相对缓和，人心思治，那个时候老百姓想的就是不要打仗了，赶快过太平日子，渴望有个安定的环境。所以康熙在平定三藩以后，虽然继续跟准噶尔作战，但都是在边疆地区作战，中原地区100多年没有战争，这对中国、对康雍乾时期的发展有着重要的意义。100多年太平，中国历史上还很少有这么长时间的安定局面，这是经济发展的前提。刚才我讲康雍乾时期的经济发展到了最高峰，这是个非常重要的条件，而康雍乾三朝的政策又能够适应当时形势的要求，适应人民的要求，促进了经济的恢复和发展。

康雍乾三个皇帝都是比较英明的，首先一条是清朝努力学习汉族的先进的制度和文化。清朝是满族入主中原，比汉族要落后。它的文化、它的经济各方面都比较落后，但是它肯于学习、善于学习汉族的先进制度，吸收先进的文明，这跟元朝不一样。元朝是游牧民族建立的政权，居处迁徙不定，曾想把整个中原地区都变成牧场，那样就不行。清朝虽然进关后也实行了一些野蛮的制度，像圈地，这表现了满族的落后的东西，但是圈地很快停止了。它在农业方面奖励垦荒，开垦荒地。因为当时人死的很多，大量的减员，荒地很多。奖励垦荒，规定开垦荒地，凡没有种子的给你种子，没有耕牛的借给你耕牛，没有房屋的给你盖房子。而且免科，就是免田赋。10年之内免科，或者6年之内免科。就是10年不交税，6年不交税。地方官在当地垦荒有成绩的，可以升官。实行更名田。什么叫更名田呢？就是明朝的藩王占地非常多，明朝皇帝的子孙一个一个都分封在各个地方，福王、桂王、唐王等许多王，分封到一个地方就占老百姓的地，所以皇室占地很多。在明清之乱以后，这些藩王死的死、逃的逃，这些地成为无主地，政府就把这些地都分给老百姓，分给原来种这些地的佃户，作为他们自己的产业。全国的这类土地很多，实行更名田等于是土地改革，把大量土地都分到老百姓手里，对农业生产的恢复很有作用。另一个在水利方面，清朝特别重视水利，治理黄河、淮河、永定河、运河、浙江的海塘，这几个工程，都很巨大。黄河因为在明清两代经常决口，危害非常大。康熙年轻的时候就把三件事放在心上，一件是三藩；一件是河务，河务就是黄河的事情；一件是通漕，通漕运，漕运是运河的事情，就是要把南方的粮食通过运河运到北方，供北京官吏士兵食用。康熙命人把这三件事写在宫里的柱子上，每天都看，其中两件是关于水利的：通漕、河务，河务是黄河与淮河，通漕是运河。还有一个是三藩，吴三桂，这三件事念念不忘，来提醒自己要抓这些大事情。他重用靳辅，这个人是个水利专家，他长期在黄河流域工作，积累了很多治河的经验，在他的治理下，很有成效，达到了"水归故道，漕运无阻"的效果。"水归故道"，就是黄河的水回到原来的河道里边去，不让其泛滥。"漕运无阻"就是运河里边运的漕粮没有阻滞。雍正、乾隆时候继续大力地治河，在水利方面花的钱非常多，有的时候一年的河工费用，数量相当于全年财政收入的三分之一，就是拿国库收入的三分之一来治理河流、水利。各地方修建的各种小型的水利工程也很多，江南地区、四川地区、以及陕西都在挖井，挖了几万口井。由于大搞水利，所以农业生产得以发展。另外，提高农业生产的一个非常重要的、十分关键的措施就是推广农业高产作物，推广种白薯、

重现漕运风貌

种玉米、种花生，这几样东西是新作物，都是在哥伦布发现美洲以后引进的，是美洲的土产，在明末传到中国来了，但是没有推广，还没有很普遍。到了康雍乾的时候大量推广高产作物，这些作物的优点一个是产量高，种小麦一亩只能收100斤、200斤，而种白薯、玉米，可以收上千斤、几千斤，产量高了。另外这种作物耐旱，土质也不要求非常高，而且适于在山区种植，所以粮食产量大大地增加。刚才我说能养活3亿人口，可能不推广这种高产作物，就到不了3亿人口、4亿人口，这是很重要的。乾隆对推广高产作物是非常热心的，下了好几次谕旨要种白薯。福建有个老人叫陈世元，到全国各地去推广白薯种植方法，指导如何育秧成活，很感动人。重视农业还表现在大规模地移民，就是从中原人口密集的地区向边疆空旷的地区移民，主要是向东北、台湾、蒙古、新疆、西南移民。过去这些地方是地广人稀。台湾，郑成功收复台湾时才十几万人，康熙收复时也不到20万人，到200年以后就发展到了200万人，增加10倍，主要是从闽南移民去的。东北原来也是地广人稀，沈阳、铁岭、开原以北全部是森林。当年外国传教士张诚跟着康熙到东北去，据他记载，一过铁岭、开原，没有城市，没有人，只看见森林、沼泽、野兽，现在全是农业。康雍乾时期，虽然这个地方名义是封禁的，是禁区，因为那是清朝龙兴之地，清朝发祥之地，但清朝政府仍然采取鼓励移民的态度，所以老百姓自发地往东北跑。所以穷人有一句话叫作"闯关东"，穷人没有办法活了，在关内地少人多，就跑到东北去，所以现在东北人原籍都是山东、河北的。另外到内蒙古去，去内蒙古叫作"走西口"，这都是穷人往边疆移民。明朝时内蒙古没有汉人，现在汉人人数超过蒙古人。当年新疆一个汉人都没有，现在乌鲁木齐这一带包括伊犁有许多汉人。随着汉人的移居，这个地方的生产方式也在改变，原来都是游牧民族，现在游牧跟农耕相杂，半农半牧，这些都是在康雍乾时期开始改变的，边疆地区发展也是在这个时候。还有西南实行改土归流，雍正实行改土归流以后，把西南地区土司全部改成州、县，跟内地一样。原来都是土司，土司是世袭的，朝廷没办法改变他的世袭，它是个独立王国。雍正实行改土归流，把土司制度取消，全部由中央政府派遣的流官管理，这是一个很大的改变。这样很多老百姓，湖南的、湖北的、四川的老百姓往西南移动，因此西南的农业也发展起来了。这是农业方面的一个重大的改变。另外还有赋税制度改革，清朝的赋税制度改革也是非常重要的，最重要的是地丁合一。地丁合一就是把土地税跟丁口税合在一起，按照土地多少来征收。这个地丁合一变化过程很复杂，很漫长，简单地说就是取消了丁口税、人头税。古代有一个人就要征一个人的税，现在你生的人多少跟赋税没关系，你占土地多少就纳多少赋税。这个政策对老百姓来讲是件好事，穷人人多可以不纳税，富人人少但占土地多，得多纳税，就是取消了人头税，而且永不加赋。清朝有个祖制，永远不增加赋税，规定了多少，以后永远按照这个税额不再增加税收。当然执行过程中有种种变形，那是另外的事。还有经常减免赋税，清朝康雍乾时期，减免赋税特别多。康熙在位前40年一共减免了9000万两赋税，9000万两赋税相当于当时全国3年的收入，当时每年大约有3000多万两银子收入，也就是说全国的国库收入将近3年免掉了。乾隆免税更多，乾隆一共在位60年，其中有4年不收赋税，普免钱粮，一年的赋税整个不收。除了这4年普免钱粮，另外零零碎碎免钱粮的，或者因为灾荒免钱粮的很多。就这样国库钱还很多，乾隆晚年国库的存银有7000万两，7000万两相当于两年的国库收入，就是两年不收税也没关系，存了这么多的银子。所以乾隆经常说，我库里的钱太多，用不完怎么办？他愁用不完，他也没有现代的工程投资，也不能开工厂，也不能造铁路，没有投资干什么呢？他采取以工代赈的方法，修城，各地方修很多城池。另外造宫殿，圆明园、避暑山庄，北京的市政建设、街道、庙宇、衙署等等。他是以工代赈，和历史上的大兴土木有很大的区别。古代的大兴土木是无偿地服劳役，大家去做工，不给钱的。乾隆是雇人，出工钱，老百姓受惠。所以对大兴土木还要具体分析，并不是所有的大兴土木都一样的。还有搞河工，黄河工程、运河工程，都是巨大的工程。

　　清朝政治上还有一个很成功的政策，就是对少数民族的政策。满族入关以后对西北用兵，跟准噶尔打仗，用军事力量来平定割据势力，这完全是必要的，战争也是很激烈的。但是另一方面，满族本身是少数民族，所以它更加理解少数民族的心态，理解少数民族的要求，它制定的政策更多地考虑到少数民族的特点，这一点是非常重要的，汉族做不到。所以清朝时长城失去了作用。长城原来是汉族防止少数民族入侵的一个工事，康熙皇帝说我不用长城，我用人心，人心就是我的长城。笼络少数民族的心，团结他们，这一点是与过去非常不同的。清朝在中央设立理藩院，专门管理少数民族事务。满族入关时人很少，只有几

承德避暑山庄

十万人，当时汉族就有上亿人口了，至少按照记录有7000万了。那么多的汉人怎么被几十万满人征服了呢？毛主席曾经向范文澜同志提出了这样一个问题，他说清朝入关的时候60万人口，怎么能够征服7000万人的明朝？我想研究一下这个问题，但是我现在没有时间，将来空闲一点再研究罢。这是毛主席60年代跟范文澜一次谈话里面讲的。恐怕其中一条，满族历史上团结蒙古族，这是很重要的。当时蒙古族是中国最大的少数民族，也是最强的少数民族。清朝对少数民族的政策方针有两句话，叫作"修其教不易其俗，齐其政不易其宜"。"修其教不易其俗"就是管理其宗教而不改变其风俗；"齐其政不易其宜"就是整顿其政治而不改变其特点。清朝在各个地方都设立了行政管理机构，这是跟历史上不同的。历史上汉唐也曾经统治到新疆，统治到东北，统治到西南，但是当年的统治有两个特点：一个是时间很短。汉武帝、汉宣帝几个皇帝对上述地区的统治到王莽以前就结束了，不到100年的时间。唐朝到武则天、唐明皇以后，对西域的统治就结束了，统治的时间很短。另外一个，设立都护府，是设立军事机构，不是行政机构，不是个长期的实际管理机构，行政管理仍然是当地少数民族头人，他们的领袖。这些地方自古以来就是中国的领土，但那个时候跟中央的关系、跟内地的关系是非常松散的，甚至长时期是对立的。所以中国历史上很大的斗争是农业民族跟少数民族、游牧民族之间的斗争。同志们学习中国历史都知道，汉朝跟匈奴、鲜卑，唐朝跟突厥，宋朝跟契丹、女真、蒙古，历史上是长时期的农业民族跟游牧民族之间的斗争连续不断，这对我们历史的发展影响极大。但是到清朝康雍乾时期改变了这种状况，一方面是各地方设立行政机构，而各地方设立的行政机构又不一样，根据各地方的情况因地制宜。东北和伊犁是实行将军制，都设立将军：黑龙江将军、盛京将军、吉林将军、伊犁将军，设立将军府，因为这些地方军事斗争比较频繁。西南地区改土归流，干脆改成州县，跟内地一样。蒙古地区设立盟旗，现在内蒙古的盟旗都是清朝时设置的，这个盟旗也是仿照内地的州县，但是又不一样，它的上层都是蒙古的王公，这是为了照顾他们，团结他们。而维吾尔一带设立伯克制，那个地方原来实行的就是伯克制。在西藏是尊重达赖喇嘛，派驻藏大臣。所以各地方根据不同的特点，设置不同的机构。我们现在跟香港是"一国两制"，我看中国清朝是"一国多制"。根据当地特点来设立制度，这样形成了中央和地方的紧密关系，和边疆地区的关系也逐步地加强、逐步地巩固，形成了中国的多民族大家庭。所以我前面提到近代帝国主义侵略中国，全民族团结一致反抗外来侵略，都认同中国，如西藏抗英、台湾抗日、东北抗日、甲午战争时抗日、云南抗法，许多少数民族都参加反侵略的斗争，形成了中华民族的凝聚力，这个恐怕也是康雍乾时期的一个很大的功劳。

　　文化上康雍乾时期实行尊孔重儒的政策。尊重孔子，重儒教，崇文兴学，大规模地编印了很多图书，举办了很多大规模的文化工程。盛世修典、盛世修史，这是中国历史上的一个优良的传统。大规模的文化工程，像《全唐诗》900卷，把唐朝的诗全部收集起来，一共是48000首。《康熙字典》收了57000字，这是中国收字最多的也是最规范的一本字典，这些都是精品。《皇舆全览图》，是康

《全唐诗》书影

熙年间请西方传教士在全国普遍测量地形后绘制的。这个《皇舆全览图》在当年，在18世纪的时候是全世界最先进的地图，是经过实地测量，持续地工作了10年绘成的，在地图测绘史上是走在了世界的前列。在电视剧《康熙王朝》里面有一张地图，就是指的这张。但是电视剧的表演有点离谱，它说是康熙初年有一个叫周培公的人查了许多古书编的，这是编造的。因为编这样高水平的地图，古书上是查不到的，而必须实地测量。康熙初年是不可能出现这样的地图的，康熙初年还没统一中国呢，不可能到各地方去实际测量，也不可能产生一张水平高的地图，必须要到康熙晚年打败准噶尔，才能到全国测量，包括到西藏、台湾去测量。而且它是由西方传教士编的，西方传教士里面有水平很高的科学家。康熙不惜重金派科学家出去到全国去测量，这样才能够出现如此大范围、大面积、非常准确的地图。雍正的时候刻印了《古今图书集成》，这是一部大的类书，按内容分类，收集古代书籍共1万卷，是由陈梦雷主持的。乾隆时候完成了《明史》。《明史》修纂从顺治开始修了90年，当然顺治时候还没有正式开始修，只是成立了机构，发布了一道谕旨，要修《明史》，就要征集各种资料，因为当时打仗，所以还顾不上修。康熙初年也是打仗，也来不及修。到了康熙中叶才认真地修史了，这就是盛世修史。主纂者为大学者万斯同。万斯同不当清朝的官，但是愿意参加修历史，他是明朝的遗民。在修《明史》

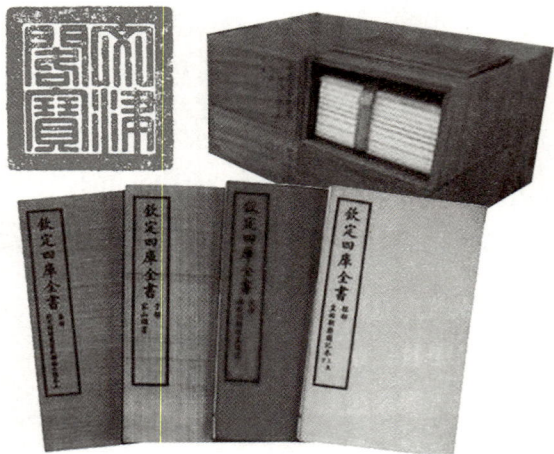

文津阁《四库全书》书影

的过程中，万斯同的功劳最大了，当然后来还有王鸿绪，还有张廷玉等人，他们一起修成了《明史》，用了90年时间。乾隆时候又编《四库全书》，这是大家都知道的。按经史子集四部分类，收入图书3500种，存目6700种，正目跟存目两类，一共有将近1万种。这部书字数太多了，当时条件不能印，印的工程太大了，只能抄写。动用了两三千人抄写了7部《四库全书》，字迹非常工整。北方存放了4部，南方有3部。北方存放在沈阳的文溯阁、圆明园的文源阁、故宫的文渊阁、避暑山庄的文津阁，南方存放在杭州的文澜阁、镇江的文宗阁、扬州的文汇阁，一共7部，现在有好几部已经毁掉了。国家图书馆分馆前这条街叫文津街，为什么叫文津街？就是因为国家图书馆存有一部书——文津阁《四库

沈阳文溯阁

承德文津阁

全书》。这部书原来在避暑山庄存放，后来从避暑山庄搬到北京来，藏在北京图书馆，所以这条街改名文津街，就是因为国家图书馆分馆是存放文津阁《四库全书》的地方。当时还有许多文化工程，像《十三经石

刻》，蒋衡手写的，现在存放在国子监里边。还有满文《大藏经》，是很大的文化工程。

三、康雍乾盛世中的阴影

第一，中国是个大国，土地广阔、人口众多，因此工农业生产的总值超过世界各国，当时没有一个国家有中国这么大。美国那时候很小，它18世纪刚刚建国，开始建国时只有13州。中国的国家大，人口的基数也大。尽管我们生产总值超过世界各国，但人均占有的资源、人均占有的产量要低于西欧。当时英国有1600万人口，每人平均占地10亩以上，还有很多荒地，占不了那么多地。而中国人均占地只有3.5亩，少三分之二。所以是地少人多，人满为患，这是中国的一个大问题。中国农民精耕细作，非常勤劳，也非常穷困，在一个单位面积上投入更多的劳力，以求生产更多的粮食。因为人均的占地面积少，所以乾隆时代中国农业人均粮食产量比英国要少一半，农业生产率大大地低于英国，这一点就意味着农民穷困，没有力量购买更多的工业品，买不了那么多的工业品，就难于形成一个广大的市场，限制了工业的发展，所以农村的穷困是经济发展的一个重要的制约因素。当时英国的情况，农民很富有，所以农村跟城市的贸易很兴旺。而中国的贸易有个特点，就是农民把粮食售给城市，换的银子用来交租而不是买工业品。中国真正的工业品下乡，在康雍乾时代是很少的，这是约束中国经济发展的一个很重要的因素。

第二，中国封建专制主义体制历史悠久、根深蒂固。到了康雍乾时期，专制主义中央集权更加厉害了，变本加厉。因为康雍乾时期的专制主义，跟当时中国的版图广大、地区经济发展不平衡、存在多民族的文化传统，都有关系。与此相应，要整合这个广大的地区，要把不相同的利益、不相同的意志、不相同的民族的风俗习惯整合起来，整合成一个国家，需要中央集权。没有中央集权，中国这个版图这么大的国家，经济的差别又这样大，能整合到一起吗？没有个强有力的中央，怎么能整合到一起？那就要分崩离析，天下大乱，谁也不听谁的，地方割据，没有中央的权威。所以高度的专制主义的政治体制与中国的状况相适应，但是这种体制不适于大众的参与，民众参与不了政治。不像欧洲开始有议会了，开始有制宪会议了，城市开始有市民阶级出现了。缺乏民众的参与，这样不能够适应现代社会的需要。而且权力的高度集中，也缺乏约束和制约的力量。

康雍乾时期，商品经济是相当发达的，这样就容易滋生出权钱的交易。所以康雍乾时期贪污腐化是非常严重的，惩治的力度也不可说不大。乾隆时候有一年甘肃发生个赈粮案，涉案官吏，知县以上杀掉了56个，包括总督、巡抚、藩司、臬司，当时省的主管许多被处决，知县以上56人判死刑，充军的几十个。我们知道清朝时的官是很少的，不像我们现在的官的副职很多，它没有副职的。清朝知县没有副知县，就只有一个知县。就一个甘肃省，而且当年甘肃的县没有今天这么多，杀掉的和充军的有100多人，弄得甘肃省都没官了。惩治的力度这么大也没有用，最后照样出了个和珅，大贪污犯，所以这也是当时政治体制上的大问题。

第三，重农轻商。清朝重视农业，刚才我讲了。现在在故宫里还存着一种档案，叫粮食雨水档案，记载着清朝每个县每个月要向中央上报的当地粮食价格，米多少钱，上等米多少钱，中等米多少钱，麦子多少钱，豆多少钱，种种粮食价格。雨水情况，下雨没有，下了几场？收成问题，一成、两成、三成，每个月要呈报一次，可见清朝重视农业的程度。皇帝要经常了解情况，他考虑的是，下雨没有？粮食贵不贵？乾隆皇帝写了几万首诗，最多的就是问各地方下雨的情况怎么样。他非常关心农业，但是很轻视工商，这与西方国家不一样，压抑工商，怀着传统的偏见，不给工商业足够的发展空间。对有的行业加以垄断，比如盐、对外贸易等。另外有的时候禁止开矿，有的时候放松，这是怕矿工聚在一块要闹事，不太平。所以轻视工商业，不给工商业以扶植、支持，不鼓励工商业，搞对外贸易也是不允许的。

第四，中国封建社会实行闭关自守政策，康雍乾时期尤其严格。康熙时候四口通商，全国允许四个口岸可以和外国通商。乾隆时一口通商，只允许广州一个地方通商。就像我们"文革"以前也是广交会可以通商，其他地方不能通商。康熙时候还允许传教士到中国来，带来了自然科学知识，如天文、数学、历法、地理、物理、化学、医学等，多得很。雍正时候就把传教士通通驱逐出去。乾隆时候就保留了几个传教士：会绘画的郎世宁、搞建筑的蒋友仁、天文学家王致诚，另外还有些人留在中国搞天文。西方商人可以到中国来，但是限制在广州一口，只能到广州。中国商人很难出国。虽然中国商人也有出国的，但出国的限制很厉害，对船的尺寸有严格规定，特别禁止带铁器。不准带铁器就麻烦了，烧饭的锅不许铁制，只能用砂锅做饭。也不能带斧头、刀等，如碰上海盗就只能束手就擒。对出去的时间也有严格的限制，过了时限回不来就永远不要回来了。带的商品种类也有限制，米不准带，粮食不准带，书籍不准带。书是向外国传播中国文化，是好事，也不准带。福建有个华侨，在外国住了很长时间，20年时间。这个华侨在印尼是个居民领袖，英文叫作加毕丹。20年在国外，而且当了加毕丹，他思念故乡，携眷回到中国定居。朝廷说他长期在外"甘心从贼"，被判了刑，家产充公，本人流放黑龙江，妻儿作为奴婢。这么对待华侨，就是怕中国人跟外国人接触，中国汉民跟外国人接触以后会造反，造成不稳定的因素。所以他的对外政策十分糟糕，而且自以为是天朝上国，自我封

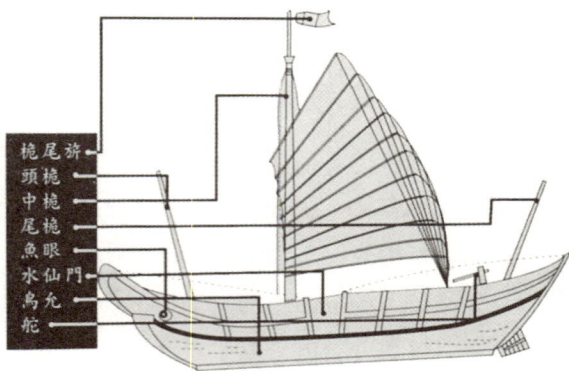

艇尾籹
头艇
中艇
尾艇
鱼眼
水仙門
鸟充
舵

清朝戎克船贸易

闭，自我满足，不肯睁开眼睛看看世界，不肯了解世界的情况。即使当时中国最先进的知识分子，也不知道英国在哪儿，法国在哪儿，有多大，根本不了解，谁也不知道，谁也不想知道，谁也不可能知道，完全是在封闭的、孤立的小天地，昏昏然、懵懵然地过日子。1793年英国使团到中国来，使团团长马嘎尔尼，这是个很有名的使团。他是抱着向中国要求通商的目的来的。英国是非常重视跟中国通商的，因为中国是东方一个最富最大的国家，英国想打开市场跟中国通商。使团庞大，700人乘坐好几艘大船，带了大批礼物——600箱礼物。带来的礼物是什么呢？为了炫耀他们的科学成就，带着最先进的科学仪器——天文仪器，装在圆明园一间大屋子里，装了一屋子。但是乾隆本人和那些官僚们并没有重视这些。除了天文仪器外，还有兵器、军舰的模型。军舰模型应该是会引起他们注意的，这是武力，但也没有引起注意。乾隆认为，这些科学仪器是英国在炫耀，我们应该告诉英国，你这个没什么神奇的，中国应有尽有，也能制造，这完全是瞎话了。所以中国本来有一个接触外国先进文化的非常好的机会，但是没有抓住。这个机遇丧失了，失去

清代出使中国的西方船队

了一个放眼看世界的很好的机会。

第五，康雍乾时代发生了很多文字狱，以言论文字罪人，判人重罪，使得知识分子不敢谈政治，不敢谈现实，窒息了自由活泼的思想。中国古代的自然科学是相当发达的，但是以后不行，这是因为中国古代长期实行科举制度，重视八股文章，钻研儒家经典，把自然科学排斥在知识领域之外，不认为它是知识。考科举没有考自然科学的，以前有个算学科，后来连算学科也取消了。康熙本人虽然是很爱好自然科学的，跟着传教士学习自然科学，数学、物理都有相当高的造诣。但仅限于宫廷中，并没有影响到社会上去。社会上儒家思想占统治地位，和自然科学格格不入。这个时期国外自然科学正迅速发展。17世纪下半叶到18世纪初，已经是牛顿的时代，科学突飞猛进，学习研究自然科学形成西方的社会风气，科学极大地普及。而中国的知识分子还在钻研古代的经典，不知自然科学为何物。编《四库全书》的时候发现了中国古代的数学，十本数学书，由戴震进行整理。中国的古算虽然很兴盛，但这是古算，跟现代算学不一样。所以科学技术方面的落后也是中国进一步发展的重大障碍。

我们一开始讲了康雍乾时代的成就，盛世辉煌，但是辉煌中间潜伏了许多阴暗的东西。当时世界是什么情况？18世纪的时候，乾隆的时候，英国正发生产业革命。瓦特发明了蒸汽机，这是一种划时代的发明，使得人类摆脱了对自然能源的依赖，这样才能有工厂，产生工厂制度，生产力突飞猛进地提高。法国发生了启蒙运动，一大批先进思想家伏尔泰、孟德斯

清朝官员

鸠、狄德罗、卢梭等鼓吹博爱、平等、自由。18世纪末，又发生了法国大革命，1789年，也就是乾隆五十四年，法国大革命扫荡了欧洲大陆的封建制度，开辟了资本主义新时代，欧洲从此进入新时代了。而中国尽管康雍乾盛世时生产总量、综合国力在中国历史上发展到前所未有的高峰，世界也是数一数二的，但中国的经济发展缺乏后劲。最近美国出版一本书《白银资本》，把中国的18、17世纪，说成是世界的中心，这本书现在国外很风行，说当时美洲产的白银全部流到中国来了，这样说未免有点夸大，但迟至18世纪中国仍是世界上的强大国家。当时，中国对外贸易每年都是出超，每年都有盈余。中国的白银量不断地增加，货币量也不断地增加，中国商品经济也是在白银的刺激之下迅速地发展。但是中国没后劲，缺乏后劲。所以刚才我讲的这是阴影，没有持久的前进的动力。一个传统的国家要进入近代社会，

清朝市井生活

是政治、经济、文化多种因素持续发展、相互促进的结果，应该说有许多方面要齐头并进，持续发展，这样才能够进入近代化的轨道。康雍乾时期，中国虽然出现了近代因素，但是还有许多滞后的东西，拖后腿的东西。这些滞后的东西阻碍社会的前进。只有改变这些滞后的因素，只有对当时的制度、政策、观念进行一次大幅度的改革，才能够解放生产力，才能迎接产业革命的到来。但是当时的人们并没有认识到这是滞后因素。社会上的落后的东西有极大的危害性，人们习惯已成，又没有见到更先进的东西，还认为是好东西。没有认识到现实的体制、政策、观念的落后性和不合理性一定要改变，当时的人们，包括最先进的知识分子没有这种认识，也缺乏比较，他们封闭在一个天朝上国的幻梦之中，不了解外国情况，不看看世界的情况。当时世界对中国的了解就不一样了，那时许多外国传教士到中国来了，他们有个制度，传教士都要向罗马教廷写汇报，汇报看到的情况。所以现在在罗马教廷里面有很多关于当时中国的材料、档案，这些档案是用拉丁文、葡萄牙文写的。当时西方已经掀起了一个学习中国的运动，认为中国有很多好东西。但是中国对西方毫无了解，中国也有留学生，是外国传教士带出去的，这些人在中国默默无闻，连名字都不知道。我们是从梵蒂冈的档案中知道他们的。其中有几个学生见到过当时的法国国王路易十四和宰相杜尔阁。这些留学生的文化程度很高，当时中国正在编《四库全书》，理应网罗这些人才，他们就住在北京郊区，但是他们并没有被请来编书，因为当时没有人知道他们。中国的闭关主义害死人，耽误了中国多少事！历史是无情的，当你一旦在近代化的起步点上落后一步，就步步落后，因为你所丧失的不仅仅是时间，而且也丧失了近代化的条件。其他国家抢在前面实现近代化，反过来变成中国实现近代化的障碍，因为其他国家抢在前面占领了制高点，中国就上不去了。例如，中国跟日本的近代化起步时间差不多，日本的明治维新跟中国的洋务运动时间是相同的。但日本抢前一步，反过来打中国，甲午战争把中国打得大败，勒索赔款2.5亿两，2.5

中国甲午战争博物馆

亿两相当于日本当时6年的财政收入，它一下子从中国得到那么多赔款！所以当时日本人说钱这么多，我们都不知道怎么用了。日本政府就利用这些钱来扩充军事、投资教育、开工厂。它的经济和军事实力上去了，中国就什么也没有了。中国原来有这么深厚的底子，是这么强大的国家，后来衰退到如此地步，这值得我们深思，从康雍乾时期可以总结很多经验教训。当然，落后就要挨打，甲午战争日本打了中国，八国联军更是占领了北京，赔款4亿，比甲午战争还加1倍。中国还受得了吗？不是民穷财尽了吗？怎么搞近代化？所以一步落后就步步落后。直到20世纪，成为革命的世纪。落后挨打当然是坏事了，但反过来也刺激了中国人的觉醒。推翻帝国主义、封建主义的统治，起来闹革命，经过艰难曲折的路程，现在我们终于摸索到了一条建设中国特色社会主义的道路。

问：我提一个问题：你能否评价一下在我们现在的影视屏幕中所表

现的康雍乾盛世？

戴逸：历史跟艺术是不一样的，历史讲求的是真实性，不能有丝毫的虚构。艺术，电视剧，它允许虚构，而且必须有虚构。但是艺术的虚构也是有条件的，它是在不严重违反当时历史情况之下的虚构，不能够严重违反历史真实。我感觉到现在的电视剧，当然有些电视剧也是希望能够表现当时的历史状况，像《雍正王朝》啊、《康熙王朝》啊，它有这种主观的意图。因此它写的东西，大的轮廓基本上是按照历史写的，但是其中很多内容是虚构的，有许多虚构超出了范围。比如《康熙王朝》，表现收复台湾的时候，写郑经跟康熙作战，那是错误的，因为郑经当时已经去世了。当时跟康熙对抗的是他儿子郑克塽，郑克塽当时年纪还很小，主要的主持是刘国轩，影片里也有这个人，主要是他。在电视剧中最后郑经战败自杀了，这违背了历史真实，因为郑经没有对抗康熙，他更没有自杀，老早就病死了，这一类东西严重地违背了历史事实。还有一种是对历史事实缺乏了解，知识不够。比如说孝庄太后到东陵去，她自己说我去看看我的老祖宗，这就不对了。东陵葬的是她的儿子顺治，她的老祖宗都葬在东北，包括她丈夫也葬在沈阳，而东陵葬的第一个皇帝是顺治，是她的儿子，怎么是她的祖宗呢？这是缺乏历史知识，这样的情况还有很多，这是可以避免的。比如说康熙在车里拿本书看，我一看书的封皮上是《愚斋存稿》，是清末盛宣怀写的书，康熙怎么拿着盛宣怀写的书来看呢？这类笑话，属于硬伤。所以它反映的东西从大的轮廓有一些是按照历史来的，但有许多具体的地方违背历史事实也很严重，这种例子还很多，像噶尔丹娶康熙的女儿，是不可能的，匪夷所思。还有康熙想把女儿许配给李光地，满汉不通婚，这是不可能的。属于这一类的很多了。现在的历史电视剧能够增加人们一点历史知识，可惜它并没有遵守历史真实和艺术真实相一致的原则，有许多虚构太离谱，讲的不是真正的历史知识。还有更多是"戏说"之类，那就等而下之，连一点历史真实的影子也没有。这使得我们历史学家有责任来纠正一下这种不正确的知识，大力地普及历史知识。

问：您刚才讲到清朝盛世期间也是限制对外交往、限制对外贸易，最主要的原因在哪里？是为了保护疆土呢，还是满人对汉人的统治的需要？

戴逸：从深层次的原因来讲，中国当时还是自给自足的经济。当时整个国家可以自给自足，不需要贸易，是个自然经济的国家。自然经济的国家就是不发展对外贸易，它自己完全可以供给了，一切都靠国内来解决，这是深层次的经济上的原因。如果像欧洲一些沿海国家就不一样，它自己不能自足，它只能生产粮食，没有别的东西，必须要到别的国家去买。中国什么都有，是个大国。这是深层次的，自给自足。另外，一个很重要的原因，因为满族是少数民族入主中原，它对汉族防范担心，就是怕汉族跟外国接触以后，滋生起反清的思想、增强了反清的力量。所以它在中外通商关系里，如果发生中国人跟外国人交往就要治罪，治罪最重的是中国人，不是外国人，对中国人就是杀头，对外国人是圈禁，把他关在澳门，关几个月放走，是这么个办法。另外还有一个原因，中国的地理位置处在东亚的一隅，跟世界联系较困难，不了解世界发展的大势，它也不去了解，因为国内的事情多得不得了。当时一些传教士也传来不少知识，也知道有俄罗斯，也跟俄罗斯打过交道，而且作过战，跟俄国进行过谈判。但是过后《尼布楚条约》究竟怎么定的？自己也闹不清楚了。到了道光的时候，俄罗斯又来东北侵略的时候，又重新把这块地方割去了。条约究竟是怎么定的？当时的界碑，边境的碑立在什么地方也找不到了，俄国是什么样的国家也搞不清楚了。所以各方面的原因，造成中国这个局面。一个是它的地理位置，一个是它的经济结构，一个是它政治上的一种担心，恐怕有多方面的因素吧，造成了这种闭关政策。特别是当年郑成功在海上的时候，清朝要防范海上力量的入侵，所以当年郑氏集团存在着，清朝有个命令，片板不准下海，不要说船了。怕你借机跟郑成功相通。所以当时通海是个很大的罪名，要满门抄斩。可能有多方面的原因造成这个局面。它变本加厉，比明朝还厉害，比宋朝、唐朝厉害得多。

问：请问教授关于三藩反清的问题，就是吴三桂、耿精忠、尚可喜他们。教授说他们打出了一个很大的局面，长江以南一度都是他们的，性质上是分裂国家了，但是他们的基础在什么地方？

戴逸：三藩的势力，是在打南明时形成了他们的基础力量。当然一方面他们是汉族，开始时他们是通满族的。吴三桂投降了满族，但毕竟他们是汉族。汉族跟满族的利益有冲突，满汉的矛盾是主要的矛盾。第二，三藩力量的形成主要是打南明时形成的。其实，打南明主要是靠三藩，主要是靠汉族的力量，吴三桂、耿精忠、尚可喜，还有一个孔有德。他们在作战18年的过程中，攻灭了南明，形成了很强大的势力。他们在南方被封王，有土地、有军队、有任官权，就是任命官吏的权力。能征收粮食，粮饷。当时有个名称叫"西选"，"西"就是平西王吴三桂的"西"，东南西北的"西"，吴三桂选上的官，各地方都要用，达到这个程度了，吏部都不能够批驳。吏部就是人事部，管理天下的官吏的，吏部不能够干涉，他自己裁决，有军权。这也和中国的地方经济还没有完全统一起来、统一的程度还不彻底这一点有关系。所以以后在民国期间北洋军阀也是这种情况，割据势力，就是他在一个地方有了一定的权力之后，就成为一支对抗中央的力量，使天下兵连祸结不得安定。

问：教授刚才提到这个时期政治上官吏非常腐败，特别讲了甘肃的一个例子，打击力度这么大，但是也解决不了问题。您讲了一个主要原因就是中央集权，除了这个，因为我知道当时可能法律也非常严格，可是还没有解决这个问题，而且愈演愈烈，您能再分析一下原因吗？

戴逸：这个可能与权力制衡有关，法治不健全，是人治，当时的人治是靠康熙、乾隆个人。康熙一个人他能有多大能耐，能够了解多少情况？许多下层社会的情况他不知道。尽管中央的机构是非常灵活的，雍正设立军机处，这个机构也是中国历史上、政治制度上一个创造。军机处非常灵活，处理事情非常有效率，但是他究竟是一个人，他大多独断处理。清朝的制度就是这样，权力独断，一个人说了算。你看中国古代的历史，也是专制体制，有母后、皇后出来专政的，有宦官出来专政的，有宰相出来专政的，有外戚出来专政的，这有许多的例子。清朝这些都没有，这些封建体制的弊端都没有，所以它的政治效率、它的封建专制比较完善，它避免这样种种缺陷，但是它本身还有个根本的缺陷，它的民众参与这一点不行，它的问题在这地方，所以它的权力制衡不行。另外恐怕和当时商品经济的蓬勃发展有关系。以前比较穷，整个社会上没什么钱，交换比较少。乾隆时候交换迅速地增加，我刚才讲过白银，全世界的白银都往中国来，所以称中国为白银地窖，就是白银藏的地方，收藏白银的地方。当年南美要开采多少白银呢，白银是很重要的东西了。开采的白银很多都运到中国来，因为中国对外贸易顺差，100多年来贸易顺差。外国人没有东西可以卖给中国人，中国自给自足的经济，它来的什么纺织品，中国不稀罕，中国有丝绸和土布，丝绸漂亮、土布结实，外国纺织品卖不动，销不了。他们能用什么换中国的东西呢？白银，拿银子来换。这就促进了中国的交易，通货量增加了。再加上刚才讲的铜矿，云南铜矿那么大。这样促进了商品经济的发展。所以在这样的商品经济下，缺乏法制、缺乏规则的情况下，最容易发生腐败。乾隆时期是惩治力度相当强，我看是很强的，哪年都有几个大官僚被砍脑袋，不是一个两个，几乎每年都砍。很大的打击力度，但是屡禁不止。这也说明封建体制的根本痼疾，要有了监督制衡的机制，有了法制的保障，使腐败行为很难发生。你不从根本上治理，光治标是不行的，当然治标对腐败也是有威慑力量的。

田余庆

中国古代史上的
国家统一问题

田余庆（1924—2014），男，历史学家，湖南省湘阴县人。北京大学史学系1950年毕业，北京大学历史学系教授。

先后于湘雅医学院（现中南大学）、西南联合大学政治系（昆明）肄业，1950年毕业于北京大学历史系。同年加入中国共产党。历任北京大学讲师、教授、历史系主任，国务院古籍整理出版规划小组成员，国务院学位委员会第二届学科评议组成员。兼任国务院学术委员会历史学科评议组成员、国务院古籍整理与出版规划小组成员、《中国大百科全书·中国历史》编辑委员会委员等职。1985—1986年在美国斯坦福大学讲学。专于中国古代史，对魏晋南北朝政治史尤有研究。

田余庆先生早年从事中华民国史、中国近代史研究工作，曾与金毓黻合编《太平天国史料》，并参加编辑"中国近代史资料丛刊"。后来从事中国古代史的教学与研究工作，侧重秦汉史与魏晋南北朝史，参加编著的大学教科书《中国史纲要》（翦伯赞主编）获国家教委特等奖。他担任硕士生、博士生导师，培养了一批优秀的学术人才。

我今天要讲的题目，提纲已经发到诸位手上了，讲的是《中国古代史上的国家统一问题》。这个题目是一个很普通的题目，但是所涉及的各个方面和现在国家发展有重要的联系，比如说统一的问题、多民族的问题、大国的问题，都是中国今天的基本国情。这些东西都是在中国古代史上逐渐形成的，世界历史里面独此一家。自古以来的"统一"，毕竟有一个历史发展的过程，是逐渐形成的。所以我今天在这里要讲的就是历史上中国是如何形成统一的；各个民族又是如何陆续进入这个统一国家，从而使这个统一国家成为一个多民族的大国；如何在统一破裂以后，没有例外地，都能够在或长或短的时间之内回归统一；怎么样在几千年的过程里面从一个低水平、低层次的统一走到今天这样一个比较高水平的统一，将来还要进一步有一个更高水平的统一。这个过程贯穿在中国历史上几千年之久，有相当丰富的内容，可以探索。但是因为这个现象只有中国一家所有，在世界上缺乏历史对比，反而觉得很多问题在中国人看来当然如此，而为什么形成这个状况，探讨理论的内涵做得相对不够。今天能够在这里讲到的问题，在我自己看来也是低水平上的现象的探索，对内涵及其理论问题的研究，到现在为止，还处在一个并不高的状态。

我准备从两个方面来探讨。一个方面是中国国土开发和统一的关系。因为统一是国家形态，国家首先要有一定的领土作为自己的范围，所以国土开发的步伐及状况跟国家的统一是一个密切相关的问题。第二个方面要探讨的是，各民族包括汉族在内都有一个发育的过程，发育的过程导致了民族矛盾，怎么样使这些矛盾走向统一，从而使各个民族一个又一个进入到这样一个统一的国家里面来，构成一个大国。这两个方面都是植根于中国社会内部，不是属于外力对中国社会的影响，所以都有相当长的发展过程，而这两个方面的发展过程很多时候都是交叉进行的。

　　统一也有另外一个方面的状况，就是可能由于一时的政治原因国家分裂了，又由于一个什么情况它又进入统一了。这种情况历史上出现过，它本身跟刚才所说到的，国土开发、民族发育的长久过程，没有直接的关系，或者关系很少。这种统一和分裂往往是比较简单一些，时间比较短一些，看来纷纭复杂，实际解决起来也是比较容易的。有一个明显的例子，中国出现过的分裂次数很多，各种大分裂中间有一个五代十国的分裂，五代十国是在唐以后，农民起义颠覆了唐政权，在没有一个接替的新的秩序出现的情况下，北方相继出现了五个短的朝代。这五个短的朝代统治了中国北方不大的一片地方，中原地区，有梁、唐、晋、汉、周五代。这个梁、唐、晋、汉、周，没有一个国家能够跨过长江，统治南方，所以南方又形成"十国"，"十国"中间又有一个国家在北方，实际上南方只有九国。局面一听就是非常复杂，这个复杂局面是一时的、短暂的政治局面，看来与中国长远发展，刚才所说的两个线索没有太直接的关系，虽然政治上纷纭复杂，但收拾起来不难，五十年的时间也就澄清下来。分裂状况的出现也有一些偶然因素、暂时因素在起作用，这些只能个案地来研究。总体地来看，宏观地来看，只好抓住两个主要的线索来观察，其他一些短暂的东西在这里面就不提了。

　　现在中国统一面临的一个问题是台湾问题。我觉得台湾问题和我所要讲的两个重要的线索都没有直接的关系，在很大程度上是近代以来列强入侵中国以后所造成的问题，带来的后果。我认为政治性的因素是最主要的，解决起来，在策略上政治上会有很复杂的斗争。但是这个问题并不是一个牵涉到中国

秦始皇像

社会内部的问题，不包括在我今天要讲的问题中间。

我所要讲的第一个问题是国土开发和国家统一。

国土开发和国家统一是对国家的领土这个要素做一个回顾。首先是什么叫统一，有没有定义的问题。这个问题到现在为止没有一个确切的说法，目前写文章的人有一个倾向，就是一步一步把统一向前提。传统的说法，国家统一，有自己一套制度巩固统一，是从秦汉开始。我自己的想法，一个劲往前提并不是一个办法，因为越提越渺茫。把秦汉作为统一的起点，前面有没有一个必然要统一的趋势，有没有这个阶段，这就成了秦汉统一从何而来的问题。我自己的想法是开始从西周算起，西周的大一统是古人的说法，我们科学地分析这个大一统和秦汉的统一也有很多不一样的地方，水平是低层次的，但是毕竟也有相同的东西。西周的大一统是从西周分封开始的，西周有一个中央政权，这个中央政权能够执行自己的主权，在中国北方的范围之内发号施令，让自己的功臣、周室宗亲等等各种各样的人到东方去开辟土地。这是一种国家行为，所造成的后果是让中国北方的西部和东部都开发出来。西周作为统一的开始，是低层次的，这个统一状况对秦的统一状况有直接的内部联系。西周的分封作为统一的第一个时期，大体上是西周到秦。秦汉以后到元，我认为是中国统一的第二个时期。元以后进入到中国统一的第三个时期。第一个时期，在地域上来说，统一的范围大体上是中国北方的东西两部。西部是位于渭水流域周人兴起的地方，中央政权所在直接统治的地方。东部是要开辟的地区，诸侯国所在。这两个部分的开辟、发展走向平衡，是这个阶段统一的地理界限。秦汉以后到元是第二个阶段，这个时候中国北方，东部和西部结合在一起，要开发的地区是广大的中国南方。这个过程比前面那个过程又要长一些。因为增加了更复杂的民族因素，民族因素是各个民族自身发育问题，是绕不过的。历史需要为此付出时间，一千多年时间。到了元以后，我认为中国的统一，从地域方面来说进入了第三个时期，理当是开发大西部。元以后，实际上在东部的南北，没有再出现分裂的可能性，问题在于西部。但是元以后中国缺少自己的能力，缺少开发的条件，比较准确一点说，元以后中国缺乏一个资本主义时代，没有技术力量也没有其他力量能够利用中国东部的力量作为基地来把西部开发起来，所以广大的西部长期处在一个待开发的落后状态。所以我认为我们今天开发西部是一个大政策是对中国历史上的一个大问题的交代，对中国整体开发的一个交代，而且也是对于中国同意进一步巩固，开辟一个新的起点。西部不开发出来，处在荒凉的状态，西部又是少数民族集中的地方，处在一个开发滞后的状态，这样一个问题对于中国来说，是不应当继续的。美国在十九世纪开发西部，实际上也有类似的思考线索在里面，十九世纪的美国靠着十三州的区域，靠着新英格兰的传统，西部却处在相对的隔绝状态，又有另外一种文化在滋生，那么美国也有可能出现像加拿大——一个英语的加拿大，一个法语的加拿大一样的问题。但是美国大力开发了西部，以至于西部和东部走向平衡，维持了美国今天的国情局面。可是中国缺乏这样一个资本主义时代来完成这样的任务，所以留下了一个开发西部的大问题。这是一个总体的线索。

现在回过头来具体讲第一个问题，国土开发和国家统一的问题。中国早期国家的地域是西周分封形成的基业，面积西面到渭水流域，东面一直到海，北面是今天北京这个区域——燕山区域，因为西周分封的最北一个国家就是燕国，就在北京的附近，向南到了长江流域。所谓分封，按当时说法就叫作"授民、授疆土"，授给你民，这个民是什么人呢？大体上是被征服的殷朝的遗民，也有很多殷朝移民以外的蛮、夷、戎、狄，也就是说属于华夏族以外的少数民族。有很多地方授民授的并不多，封君、诸侯自己带去一点随从，就在这个地方白手起家，叫作"筚路蓝缕，以启山林"，这是当时诸侯分封的时候常有的现象。推着小车，穿着破烂的衣服，开山辟野，慢慢形成一个基业，从小到大，慢慢形成一个封国。这个时候政治中心在西，在渭水流域，而大量的国家的活动，很有生气的活动，活跃的部分是在东部的诸侯国家。东西相比，西方是政权所在，命令所出的地方，但是是个狭小的渭水流域，它本身在整个发展过程中间，能开发的，在当时条件来说很有局限。东部是冲积的黄土平原，开发起来相对来说并不是特别的难。所以在西部可开发的地方并不多，而东部日渐在开辟，东部的势力比起西部来慢慢是在超越，以至于西周政权在西部也待不下去，跑到东方来了，这就成为以后的东周。

在进入东周的时候，东部开发已经有二百多年历史，形成的国家一个又一个。我们今天知道春秋有所谓五霸，五霸以外，比较知名的国家相当多。大体上说，春秋局面还不是高水平的局面，但是在当时来说应当说取得了很大的成就。二百多年由西周那个筚路蓝缕以启山林的状态转化成为东周五霸这样一个局面，应当说时间付出的不算太多。因为当时在开发东部的时候所能够使用的工具，基本上是石、木再加上比较贵的青铜工具，铜器因为贵，不是每个人都有铜器可用。而且劳动人手是极其稀少的。一个所谓封国，实际上也就是三五十里，七八十里，百来里。国和国之间有大量的空荒的、没人管的地方，有待开垦的地方，所以国与国也不相连的，各干各的。在那么一种落后状态之下，二百多年开发出来的一个春秋的局面，应当说这个历史的进步还是可观的。

进入东周以后，新问题出现了。原来东部的秩序直接跟西周的宗主国相联系，我受封而来，我向周王回报，要朝贡、要觐见，有自己的义务。而现在，西周朝廷搬到东面来了，它也不像西周时候那么有尊严、有威望的一个朝廷，在洛阳处在和东周诸侯国家一样的状态。而东周诸侯国家，一个一个挨在一起，就不免产生矛盾，就有各种纠纷，纠纷往往没有更好的手段可以解决，就是打仗，所以一部春秋战国史就是一部战争史。这也就说明分封的时候开了一个新秩序。这个新秩序结了果，促进了东面的开发。东面开发造成了一个问题，开发的国家不能自安其位，彼此必有冲突。分封的秩序成了旧秩序，走向反面，原来的宗主国家又不足以维持。这就是说旧秩序在破坏中。代替旧秩序会是一个什么局面，这就是一个长久的探索过程。首先要解决的问题就是社会政治秩序，由于周王不能履行自己的义务，要用什么东西来代替。所以在春秋时期出现盟会，东方的诸侯自己来，一个诸侯比较强大，比较有影响，纠合周围的国家，联合在一起，解决面临的问题，方式是盟誓。盟会中间用誓约的办法，一条一条的加以解决。所以东周可以说是一个用盟会的办法代替西周，调整社会秩序、国家秩序。盟会主持者总是一个强国，强国主持这样的盟会总要为自己谋福利，所以盟约仅仅只是一种维持而已。最早最有名的一个盟会叫作"葵丘之盟"，这个盟主是齐桓公，这个盟会中间留下了盟约五条，五条盟约中间国防关系很大的，现实性很强的一条，叫作"无曲防，无遏籴"。"无曲防"，意思是不要利用水道来为自己谋利益，为下游的人造成破坏，不要把河防改道，成为一种攻击对方的手段。不只黄河有这个问题，北方各条水相沿的各个居民点、各个诸侯国彼此攻击的时候，都使用水作为一种攻击手段。"无遏籴"，就是不阻止粮食的自由交往，既然有那么多国家相连，有了饥荒，希望邻国粮食能够有个交易，但是为了让你得不到粮食，就阻止粮食的进出。过去我们看重这个东西，因为直接关系人民生活，但是现在细想起来，葵丘之盟，一命、二命、三命、四命所说，都不是和百姓生计有关的事情，都是说要维持一个西周所形成的统治秩序，主要是礼、法秩序。这种礼法秩序是西周分封的时候要求于诸侯的一种根本秩序。礼、法连在一起，说明当时的礼、法还没有完全分离，实际上也就是一回事。礼和法都是一种约束，后来意义就分化了。包括什么呢，包括一个诸侯国家维持内部的稳定，不要擅自去改变继承人，因为当时西周所形成的宗法制度，继承是有一定的规矩要遵循的。比如说"嫡长制"，立下了你的继承制，你

周武王姬发

就不要擅自改变，继承者的立嗣过程是周王所制定的，你擅自改变就违抗了周王，造成继承方面的不稳定；比如说，为了维持礼法制度，你不要以妾为妻，妻和妾的身份地位关系到整个统治秩序，你不应该擅自以妾为妻，改变嫡庶的次序，等等。还包括用贤人。前面四命，就是这个内容。第五命是包含两款，一款就是上面说的"无曲防，无遏籴"，还有一款就是说不要封而不告，因为在分封制度中间，一个诸侯国也有自己向下属的分封，这个分封是要得到周王的许可，要报告周王的，你不能自己封了之后不报告周王。当时的盟会中间这些诸侯所感觉到他们目前所面临的最大问题，还不是国计民生。有比这个更大的，就是礼法秩序的问题。盟誓中间，最重要的问题就是尊王，尊王就是尊周王，尊周王就是尊周王所定下的秩序，在自己国内也能够稳定。诸侯最大的心愿在这个地方。吴越在西周的时候还是化外，被认为是荆蛮，不属于华夏。到了春秋的末年，吴越趁着中原乱的时候，也要跑到中原来争一个霸权，所以最后出现在舞台上的，一个是吴王夫差，一个是越王勾践。这说明号令不能从中央出，周王已经等同于一个诸侯国，还没有诸侯国的实力。诸侯国要自己维持秩序，又要打出周的名号，没有新的名号能够代替它。要变，还没有找到一个办法。西周被认为是一种统一状态的国家，开发了东方以后，反而使统一走向自己的反面，到处是分裂的局面，还找不到出路。

再战国的情况。战国跟春秋，我们统称东周，实际上是一个时代分成前后两段而已。春秋这个时代大概过了三百年，就是在盟会状态之中维持秩序，局势慢慢就有一种变化。最大的变化，开始于公元前403年，这一年，西周的秩序出现了一个大缺口，就是所谓三家分晋。晋国是西周分封的一个大国，经过了西周和春秋这样一个发展过程之后，晋国内部的秩序没有维持住，盟会也阻止不了晋国内部的分化，这个诸侯被他底下的三家给颠覆了，所以叫作三家分晋。这是一个政治上的偶然事件，但是却是西周分封破坏的一个大标志，接踵而来就有一点像多米诺骨牌，一个又一个事件接踵而来，三五十年出现一个。几个大问题，几个年代一排比，可以看得出来秩序上的变化。公元前403年，这是三家分晋。到了公元前386年，齐国又出了问题，齐国本来是受封于西周的姜氏，姜氏的齐国被下面的田氏所取代，这是公元前386年的事情，和三家分晋挨得很近。那就是说西周的威望，西周所形成的秩序已经出现了第一次第二次大的突破。到公元前334年，出现了一个新的事情，两个强大的诸侯国，一个魏国、一个齐国两家，在徐州相约称王。称王在当时来说是一个大事，在此之前只有周室，周天子叫作周王，被封的国家最多只能称公，这是一个封建秩序中的等级问题，"徐州相王"说明诸侯也叫作王，意思是说和周天子是平起平坐的，而且周天子是逃亡到洛阳来的一个流亡的政府，没有实力，我们名分上平起平坐，实力上是超越了你，也就是说周的秩序破坏得更进了一步。称了王以后平起平坐，还不行，到了公元前288年，又出现了一个现象，两个强国，西方叫作秦，东方叫作齐，齐秦两个强国彼此相约，我们不称王了，我们叫作帝。在古人的观念里，王是民间的统治者；叫作帝的话，三皇五帝的帝，实际上已经进入到人神之间，超越了世俗的统治者，把周王压到自己的脚底下。这个事情的出现是一个象征，就是王之上还要出现一个新的名号，才能维持秩序。称帝出现了一下，又取消了，没有成熟的条件。再又等到公元前256年，一个后起的强国，秦国，冒冒失失的强国，又是个野性比较强的强国，敢冒天下之大不韪，居然从西面跑到东面，把周王灭掉了。周不存在了，大家都是王，王以上必然要产生新的统治者，必然要出现一个帝。不能是两个帝，必定是一个帝，这一个帝谁来做？战国的后期，实际上就是为了帝的出现来创造条件，敲锣打鼓。

从这里我们就联系到当时舆论的动向，就是我们大家所熟悉的所谓诸子百家争鸣，百家争鸣的现象内容丰富，研究思想史，研究各种历史的都很重视百家争鸣的内容。我在这里说到的，是一个新秩序的出现所需要的各种政治舆论，从这个角度来看一看诸子百家和后来形成的政治局面之间的关系。周的秩序破坏以后，春秋盟会不能解决，战国时候硬打硬的打法，彼此抬高地位，我抬一步，你抬一步的办法也还没能解决。到最后应该怎么解决，而解决以后又是个什么状态，应当给未来的新秩序设想一些蓝图。诸子百家中间有许多设计社会政治走向的学说，实际上为未来的统一描绘蓝图，制造舆论。比如九州说，中国的政区的区划，不是一个国、一个国地区分开，而是用九个州来区分。九个州是在西周分封的区域之内，从北面看，冀州、青州、兖州、徐州、扬州、荆州、豫州，从这里进入关内，雍州，与雍州相连的一个梁州，从冀州到梁州，一共是九个州。这九个州的名字并不是在过去都存在，过去也不是这样区划开来的，这纯粹是当时人的自己的设想，还说是当年夏禹治水的时候巡行天下，已经把这九个州划开了，所以叫禹贡九州。禹贡九州之说就成为一种将来将要形成的国家的行政区划。实际上秦汉统一以后也超越了北方所有的九州而到了南方。将来形成的新的秩序应该是继承夏、商、周的，而夏、商、周被认为是华夏的一统王朝，那么就有人想到今后的制度也应当延续夏、商、周。这个一统又要给它设计一个新的形式，在中心区域保持一个中央直辖的地区，叫作王畿。中央区域

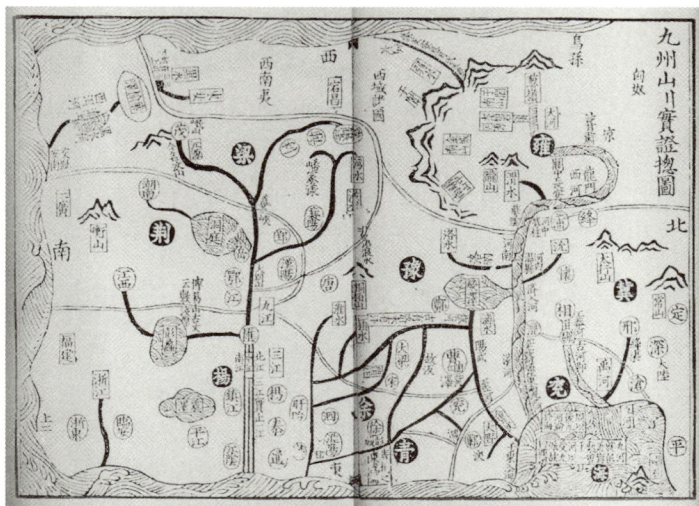

九州图

之外有一个圈圈包围着中央区域，这就是中央所必须配置的人，也可以有诸侯。在他们这个层次之外又有一个圈圈，这个圈圈应该是可以用绥靖的手段把秩序安定下来。第四个层次，用一些约定的办法保持联系。到最外一个层次，就是少数民族，蛮夷戎狄，他们住在外头，叫作内诸夏而外夷狄。这五个层次当时叫作五服，就是甸服、侯服、绥服、要服、荒服。这也是一种对未来政区的设想。把少数民族放在边疆地区，这种思想是历代帝王都有的，做不做得到是另外一回事。但是整整齐齐的五服是做不到的。这也是战国时候为将要出现的新的秩序的一种说法。从理论上说，夏、商、周以后出现一个新的朝代，朝代的代替有没什么规律可循呢？也有人从这个方面思考，出现了所谓五德终始。五德终始这一说，理论性的，它认为一个朝代代替另一个朝代，一个秩序代替另一种秩序，是有一定规律可循的，这个规律用德来表示，这个德形象化来说就是五行，金、木、水、火、土。用金、木、水、火、土来表示五种秩序的代替也有不同的解释，有的人认为金、木、水、火、土沿着一种相克的办法，我代替了你，就是克了你；也有的人是另外一种说法，我代替你，是你生了我，是五行相生。说法很不一样，但是都是用抽象的办法说明将要出现一个新的统治秩序。因此到后来秦统一以后，它自己认为自己在五德终始里头，它是代替周，出现的一种德，周的德是火德，克火的是水，所以秦统一以后标榜自己是水德，与水德相关的也有许多其他方面的表征，什么颜色，什么数字，历法怎么变化等等。拿历法来说，夏历，就是我们今天用的阴阳合历的农历。夏代以后，商有商的历法，周有周的历法，实际上是一种历法相因相革。夏历，我们今天的农历，有个正月，可是商的历法就不是用正月为岁首，它是用十二月为岁首，到周的时候，它用的是十一月为岁首。到了秦，它觉得要继承这个东西，按这个东西的规律来说，秦的岁首必然是十月。所以我们现在看到历史上记载秦的年月，一直到汉武帝的时候，都是以十月为岁首，汉武帝的时候才有改变。这也是一种为统一地继承夏、商、周的秩序而设计的秩序。至于民间，老百姓怎么办，也有一种办法就是井田，过去农民总是要有土地种，分土地有一个办法，把它系统化，把它规整化，把它理想化，形成井田制，等等。所以看来这种历史的呼唤，历史的铺垫为秦汉的出现，为这个统一国家的出现做了几百年的事情。一个统一，一个秦的统一的出现，上面多少有一个周制作为根据，中间有各种设想、各种蓝图，最后形成了一个秦的统一。

商鞅变法后秦国发展成为战国后期最富强的封建国家

当然秦的统一不光是一个历史的因革而已。秦这么大的一个国家，这么多人所组成的国家，能够接受这个统一，有一个根本的原因，就是中国文化的延续。同样一种文字，同样一种历法，同样一种生活方式的人，战国诸子的思想舆论是容易被接受的，容易有一个共识，容易彼此理解。这样就为秦朝建立统一的制度打下了一个基础。秦的统一，说起来是十年统一战争，大家重视这个方面，实际上是水到渠成，并没有太大的战争，确实是春秋战国几百年的历史铺垫造成的必然的结果。由西周那种我们把它说成是统一，而且古人还认为是夏、商、周相沿一贯的统一，到我们认为确实的、比较有内容的秦汉的统一，这是个统一过程的第一个时期。

与周代的制度相比，秦汉所形成的统一否定了分封制，但是又不是绝对否定。分封制其实也有它存在的必然的理由，因为最高统治世袭，世袭者最可靠的亲信就是自己的血亲。有了这样一个原因，他认为自己最安全的保证就是由我的血亲来控制局面，所以就有这样一个分封制度。后来分封制度造成了那么大的祸害，要取消。但是取消以后，统治者仍然是世袭的，他仍然认为不得已的情况之下，还得有分封。分封制在秦统一以后不得不把它作为一个最大的对立面予以否决，郡县制代替分封制，但实际上在以后的朝代，为了最高统治的需要，分封制的因素还不断出现，就连西汉也是这样。西汉跟着刘邦打天下，平起平坐的，都是这个王那个王，地位上没有太大差别，所以只好把这些人都封为王。到后来尾大不掉，一个个都叛变。但是分封制还是吸引着刘邦。封异姓王不可靠，封同姓王，封姓刘的做王。同姓王到了最后也不可靠，而分封制度还有必要，但权力得有限制。最后定下来，分封只能到侯一级，侯的地位相当于一个县，侯国的全部租税所入由你这个侯所有，侯国的行政权是归中央政府的，侯国的官员由中央派，用这个办法暂时解决了问题。到了以后，后代又从头搞起，晋的时候唐的时候，一代又一代，分封制，因为这是世袭制所带来的，被认为最可靠的一种统治秩序。

在这里我想说一下秦汉统一帝国，这样一个帝国不同于世界上任何一个所谓军事——政治帝国。古希腊、古罗马，成吉思汗、拿破仑等等都形成过军事征服，形成过一时的大帝国，但是这些大帝国到后来分崩离析了。为什么，就因为他们所建立的大帝国没有像我们中国出现秦汉大帝国之前那么一种几百年来历史的铺垫，形成的各种条件。我想特别值得关注的就是蒙古帝国，蒙古帝国在进入中国，统治中国之前，它在欧洲、在中亚、在西亚建立了很多汗国，这些汗国有的也延续了很多年。但是蒙古族、蒙古人他们的业绩只留在中国，建立了元朝，其他地方所建立的汗国一个一

汉高祖刘邦像

个崩溃了。蒙古人自己的归宿还是在中国这块土地上，和中国相邻还有一个蒙古人民共和国。因为只有中国的土地上才有建立统一大国的长久的传统，有这样一种制度，能够让蒙古族在这个地方建立一个国家，能够传承，作为一个朝代传承久远。这是一个很值得注意的现象。

秦统一以后，对开发国土做过一件大事，就是五十万人，五十万身份低下的叫作"七科谪"，七种被贬谪的身份低下、犯了罪的人，到岭南去戍守。这个事情我认为是个大事。从开发中国的边疆土地来说，一拨一拨去是比较常规的。只有这一次是一个大的行动，从中国北方，一支五十万人的戍卒派到了岭南，把中国南方的国土一直推进到南海边上，把长江和珠江之间大片的还没有开发的土地一次圈到中国范围里面来。这对中国以后逐步开发南方起了很大作用。五十万在当时是一个极大的数字，五十万七科谪的人到了岭南以后，一方面必然要同化到越人里面去，另外一方面这五十万人在当地越人中间势必会起到传播中原华夏文化的作用，对广东的开发起了极大的促进作用。现在在广州发现了许多汉代南粤王的遗迹，包括宫殿在内，所涉及的人，他们本人或他们先人就是七科谪的时候到南方去的人。南方的开发需要一个很长的过程。南方处在落后状态，又有很多民族存在，那么跟北方连成一气就很难。所以统一有可能在一定情况之下出现分裂，三国就是这样出现的。

三国其所以出现，它只能出现在长江边上，从北向南开发，这个地方开发的是比较早一些。只有这个地方才有可能出现相对独立的国家，和北方对抗，出现一种割据。另外一方面，这个地方的发达程度并不是很高，不能长期地脱离北方，所以它能够存在的割据时间不是一个长期的，而是一个短期的。之所以有三国，是因为在中国北方出现了动乱。大量的北方人口向南迁移，长江沿岸，南北两面自然地形成了三个区域，一个是扬州，就是江东地区，开发得早一些；一个荆州，就是今天的两湖区域；一个益州，实际上是成都平原，这三个区域在东汉的时候人口增加很多。东汉这个朝代人口是大量减少的，西汉的人口增加到六千万，东汉建国的时候一下减少到一两千万，慢慢地增加，增加到后期接近西汉的程度。在北方，各个州郡是减员的，只有扬州、荆州、益州是增员的，而且增得很多，扬州大概增加了百分之三四十，荆州增加得最多，百分之六七十，益州增加了百分之六十。就是说这个地区的发展，从人口的来看，发展的速度是相当快的。以后魏、蜀、吴三国争权的时候，荆州为什么没有能够出现一个国家呢？因为荆州的地理处在一个四战的环境，不可能长期立国，所以荆州就是跟着吴国、蜀国一起和北方对抗。这是在中国南方开发中间出现的一个政治现象。

南方开发的过程中间，有一个很大的事情，就是开发中的南方曾经两次支持过北方政权的偏安，一次是东晋，一次是南宋。没有南方的发展，不足以支持偏安政权，它要是蛮荒一片的话，政权在这里就没有立足的余地。反过来说，要是南方的开发已经到了很高的程度，南北的交往已经不可阻隔，南北不可分割的情况之下，要在南方搞一个偏安也不容易，因为这个偏安也偏不成，割据割不了，南北是一起的。所以恰恰是在南方的发展中间，是在和北方差距缩小的过程中间，足以有一定的经济实力，又没有达到和北方完全平衡的状态，还可以搞割据，是在这个情形之下出现了两次偏安。中华民族历史上，南北不平衡发展中间，所表现出来的一种分裂的可能性，造成了两次偏安的存在，我觉得对中国历史来讲是一种苦涩的成就，是一个成就，但是很苦涩。是成就，因为毕竟有了南方这个地方可以让北方的一个政权在走投无路的时候能够跑到南方来偏安一阵子，而且偏安不是马上就被你消灭了，而是延续了好几百年。东晋的偏安连上南朝一共是二百多年，南宋的偏安也是一百多年。而且在这个偏安政权延续的过程中间，由于来了一个新的政权，它就有自己一套规模，有各种机制带动南方进一步开发，加速了南方的开发，对于南方来说也是起了作用。传统上说，这个政权不是直接被消灭，而是能够有一个可以去的地方，在那儿做一个偏安，这对民族历史来说还是有一定的成就，但是毕竟是被打过来的，被追过来的，被逼过来，是在屈辱的状态之下存在，所以又很苦涩。我们的历史，包含着那么多复杂的矛盾的现象让我们去思考。

南北不平衡的发展过程大体上是结束在唐五代之际，因为唐五代的时候，应当说南方的水平已经不低于北方，如果说没有以后又一波的民族问题的出现，中国历史会是另外一个样。但是后面又一个波浪起来，南方又被迫要接受一个南宋偏安的政权。南宋偏安的出现意味着南北又处于分裂状态，南北不平衡表现出来的一种潜在的分裂又出现了。元以后中国的历史，从国土开发的角度来说，不存在分裂的可能性。所以过去可以有偏安，有南宋的偏安，到了蒙古人打到南宋的时候，皇帝再想在这里偏安已经不可能了，只好投海而死。特别是明朝，明朝被灭以后有一个南明，皇帝到南方去，也是想搞偏安，但是没有一个皇帝搞成了，都是在清军的追逐之下，一个一个消灭掉了，出不了一个割据的局面。为什么？因为这个时候南北一体，已经达到了很难在南方建立偏安局面的状态，所以南明跟过去的东晋，过去的南宋都不一样。以后的历史，是解决中国发达的东部和落后的西部，这样一个发展不平衡的问题，但是这个任务在古代没有条件解决，就是刚才我说的，中国缺少一个资本主义时代，遗留下来的问题，到今天要我们这一代来加以解决。

关于第一个问题我就讲到这里。

第二个问题我讲的是民族发育和国家统一。民族发育，我想应该包含汉族在内。中国这个国家要是只有华夏族汉族，不可能形成中国这样一个统一的大国，还需要很多其他的各个族。但是要使很多族在一起，文化水平不一样，历史传统背景不一样，合在一起形成一个大国，必然要付出代价，付出一些民族之间的代价，这个在历史上来说是不得不如此的。出现一些民族之间的冲突是事实，其中也有很多非冲突、和平的状态，可能时间更久一些，更久的和平状态。我认为我们考察各民族的状况的时候，有一个出发点，就是要承认各民族都有自己发育的过程，不应该只是从我是一个汉族，你是一个少数民族，你和我的关系，只是从这个角度来考虑问题。汉族也有自己发育的过程，汉族要是不经过一个五胡十六国的局面搞出一个民族大融合来，汉族还是原来的汉族，那就没有隋唐的局面。因为隋唐这个国家的发展，包含着大量非汉族的血统，非汉族的文化，非汉族的各个方面的因素在里头。所以有人甚至于说，隋唐国家究竟是汉族的国家，还是汉族和鲜卑所合建的国家？中国缺乏对血统的考虑，这是中国文化的长处，不像英国人一样，计算你是二分之一的血统，四分之一的血统，盎格鲁—撒克逊的血统，中国没有这个说法，没有这个想法。要承认各族有它自身发育的过程，汉族也有这个过程，这个过程中间吸收了很多少数民族的东西，少数民族从一个落后的状态上升到另外一种状态的时候，完全自主、自觉是不可能的，总是带来一些冲突，带来一些灾难。把这个灾难的问题放在一个民族发育的总趋势的过程中间，不可免的过程中间去考虑，就比较能够理性地看待这个问题。五胡十六国就是一个最大的典型，五胡都是循着和平的方法进入到中国内地来的，大体上分布在山西、陕西、河北北部、内蒙、辽西辽东。他们由于受到农业文化的影响，有向农业过渡这样一种要求，总是要接近比较方便的农业区，接近农业文化，因此向边塞靠近是一个自然趋势。他们后头有一些比他们更落后的族，也在兴起，这些族把他们向中国内地这个方向推，一波又一波的推动。而中国偏偏是有很多政权，由于边疆的空虚，由于边疆常常受到某些族的侵袭，因此想找一些和自己关系多一点的族来守边，也把他们招引到边塞地区。种种客观的以及主观的原因，造成这个形是势。五胡十六国局面开始的时候，五胡都是在中国内地，更接近内地的地方，一个一个进入到中原。五胡十六国造成破坏，颠覆了西晋。到后来一个代替一个的十六国就不是汉族政权，都是胡族政权，一个胡代替另一个胡。我们看这个过程是痛苦的过程，是悲惨的。就是胡族政权代替胡族政权，汉族在这里面的死伤也是非常沉重的，胡族的死伤也是很大的。但是毕竟看问题还要从历史的结局来看，这些造成五胡十六国局面的族，几乎没有多少人到后来失败以后离开中国，都留在中国，而且几乎没有多少人回到他们原来在中国的边疆地区，大部分都沉淀在内地。后来他们子孙的姓改成了汉姓，文化也是汉族文化，实际上他们已经成了汉人，汉族因此而强大，而壮大。所以，民族冲突在困难、在苦难的时候是我们很不好接受的，当收获的时候，我们就该想想大量土地的开发，好多都是少数民族沉淀下来所做的，汉族经过那么大创伤以后还是那么大的一个族，也吸收了好多少数民族在里面。所以我在想到这个问题的时候，就想到了恩格斯的一句话，"没有哪一次巨大的历史灾难不是以历史的进步为补偿"。就是说历史的灾难由历史的进步来补偿。我们应用到中国民族之间所造成的这些苦难的时候，这句话非常有启发。因为这句话不是让我们站在历史灾难中间来观察。要是站在历史灾难中间来观察，是你打了我，我有死伤，我被迫逃亡，逃到南方去做一个流亡政权，这都是苦涩的东西。不是站在这样的地方来观察历史，而是要站在灾难过去以后，来看看它的后果如何，这个后果往往是有历史的进步，来对这个灾难做出补偿，这个补偿超过这个灾难对民族的作用。有了一个十六国的大灾难之后，才有了一个隋唐，没有十六国、北朝这样一段历史的话，隋唐的局面确实形成不了。因为隋唐文化是很厉害的，朝代是很开放的，民族很开放。民族血统，从姓氏来判断，少数民族的数量相当大，而且是居于高层领导地位的，五品以上的官就有百多人，武将中间更多，不光是过去的鲜卑，还有后来的突厥、契丹等等。唐书人物传中，重要的文武官吏，看姓氏就可以看出来。不光是中国，外国文化也不排斥，所谓胡化，有些是新疆文化，有的是新疆以外的文化，还有一些是从印度来的文化。这样一个开放的政权，给中国历史带来新血液，新气象。这样的一个政权对中国民族的发展是非常重要的一件事情。但是，它却是在灾难之后出现的一个政权。看待这个问题往往要从历史的某一个段落终端，回过头来看一看，这样我们会比较理智一些，不完全处在一种情感之中。这里顺便提到一句，我们爱国主义的提倡当然有重要的作用，爱国主义涉及民族的时候，应当理智地考虑，有一些事可能在这个方面造成一些不很理智的状态，扬此抑彼，对不同民族有不同的感情等等，总而言之，要理性一点。

民族融合本身也是一个困难的事，也有很多反复，局部的短期的汉人胡化，是常有的现象，但是总体的，全局的少数民族汉化，是更大的一个潮流。我这里提到了中国历史上出现的三次大的民族入侵，我们还是用了入侵，因为在当初向中原打进来的时候是一种入侵，有抵抗，正义、非正义还是存在的，不是说抹杀这些东西。三次入侵造成的后果，有几个民族对中国民族的发展起了很大作用。一个是拓跋鲜卑，没有拓跋鲜卑的作用，就没有隋唐这样一个帝国。一个是蒙古族，蒙古族结束了一次严重的民族对立、国家分裂的局面，蒙古族也给中国带来了一些国外的，当时所谓色目人的文明在他们进步的过程中间，最先依靠的不是汉人，而是色目人。

把色目人带到中国来之后，又给中国历史、中国文化带来一些新的东西。特别是中国的西藏这样一个难以解决的问题在蒙古人的手底下解决了。西藏，追溯历史，关系很深远，从文成公主起。但是那个时候，西藏并没有入版

蒙古军队

图，还是一个对等的状态，随时可以脱离。唐后期，吐蕃可以一直打到甘肃，打到陕西，把长安也闹得一塌糊涂。真正把西藏作为中国版图的一部分管起来，作为中央直辖区管起来，从蒙古人开始。第三个特别有贡献的是满族，是满族解决了中国近代版图的一些困难问题，天山南北问题，特别是台湾问题，台湾正式进入行政区就是在这个时候。

以上是从国土开发、民族发育两个方面看待中国古代统一问题。这两个方面不断发展的新形势，所诱发的矛盾，使中国的统一有张有弛，有缩有盈，有退有进。但从水平来说，是朝更高水平的，更大规模的统一发展。总括起来看，第一，西周东周时期，两周时期，大体上说，在统一问题上，最早形成了统一观念，奠定了中国统一第一步的地域基

础。第二就是秦汉，它创造了统治大国的制度基础和治国经验，逐步形成了统一规模，统一传统。在技术手段那么低下的状况之下统治这样一个大国，是对世界文明的一个伟大的贡献。但是这个大贡献必不可少的条件，一个是中央集权，中央集权以后必须要一个专制主义统治，专制主义到最后来了一个皇权。中央集权专制主义的皇权统治，在当时中国这样一个大国是必不可少的条件。可是一旦形成了这样一个制度，一代一代相传，对中国人民来说又是一个沉重的负担，要为这个付出很多代价。我们知道欧洲历史上革命时代，反对路易十四的"朕即国家"，可是"朕即国家"话比起中国"朕即国家"的现实来说，晚了两千多年，两千多年以前中国就是"朕即国家"了。由此可知"朕即国家"的观念形成的制度，形成的传统，对中国的影响是很大的，包袱很沉重。资本主义萌芽萌不出来，我想，很重要的原因就是有这样一种传统在里面。这个东西对于中国来说也是需要后代来把它纠正。第三是隋唐收获了十六国以来丰硕的民族融合成果，再次激发了中华民族的蓬勃生机，刚才说了一些。第四就是元明清，进一步营造了统一国家的局面，确定了今天中国的版图，民族分布的格局，使得中国得以以统一大国的姿态屹立于世界民族之林。

第三个大问题是对历史上统一问题的几点认识。首先，统一中国需要华夏族汉族作为一种维系的中心，要是在古代没有这样一个核心的民族在里面起作用，没有一个核心来与周围各族相联系的话，这个统一的国家就说不上，不可能形成这样。有了这样一个核心，就有可能团结那么多民族一起来建立这个国家，以至于形成了一个拆不开、打不散的民族集体，到今天还是这样的。我刚才说到一个蒙古族，跑到西方去形成那么大的汗国，一直到了欧洲、到了多瑙河、到了俄罗斯。回过头来还得回到中国这片土地上来安家，而且永远留在中国土地上。其他各族也是这样，有的消失了自己作为民族的存在，但是他们民族的成分已经在中华民族里面有了自己的繁荣。中国政权被颠覆过多少次，但是颠覆以后还有恢复，恢复以后的政权基本上还沿着原来统一的格局，统一的路子。而且最可贵的是颠覆者、征服者最后是被这种高级的文明所征服，化到中华民族里面来了，这是最具有力量的。所以我说，一时的统一的武功是伟大的，千秋历史铸成的民族间的向心力、人民的凝聚力才是统一国家的基石。我们常说文治武功，常把武功这一面看成是中国形成局面的动因，其实这一面的作用应该是有分寸地看。没有历史的铺垫，武功能不能成功，成功以后能不能维持都不好说。我这里写了张学良诗句，张学良在台湾延平祠参观写过一首诗，后来他把这个诗写下来送给了吕正操，他说郑成功是"丰功岂在尊明朝，确保台湾入版图"。这个意思是说郑成功赶走了荷兰人，把降表投给南明的永历，永历皇帝是明朝最后的逃亡者，那时候的北方已经是清朝的顺治了。没有投降到清去，这就成为一个问题，但是后来郑成功的孙子郑克塽，康熙的时候投降到清。张学良的意思是

郑成功像

说，明是前朝，清是后朝，不管是前朝还是后朝都不重要，重要的是他把台湾纳入中国的版图的丰功伟绩。我想这里面有张学良自己个人的身世之感隐在里面，不管他是在大陆还是在台湾，都有这一片台湾入版图的心思愿望。

第二点是讲华夏族、汉族本身的维系，主要靠文化传承。确实在中国历史上的华夷之辨，辨文化多，辨种族少。其实周足在比较早的时候也不认为是华夏，因为它在西方，也是野蛮状态，逐渐上升。到后来，周统治以后的蛮夷戎狄中间，有所谓姜姓之戎，姬姓之戎，姜、姬都是周的国姓，那些人，属于周人的一些原始部落，也被看作是戎。所以蛮

夷戎狄的问题在当时主要的不是种族的观念，是一个文化的观念。少数民族入主以后，也有一个问题，就是入主者往往最先想凭借自己的武力优势来保存自己，所以也有相当程度的反汉化。但是毕竟在历史中长期起作用的不是暴力，而是一个处处存在的、天天在起作用的文化的影响。女真人反对过汉化，蒙古人也反对过汉化。蒙古人在中原建立了元朝国家以后，就立刻开科取士。有过一个统计数字，元朝开科取士十六次，十六次中间录取的进士是一千一百多人，其中蒙古人有三百多，而蒙古族人参加过科举考试的，一共是一万多人。所以很快，蒙古人自己也进入到这样一个汉化的潮流里面来了。特别是清朝，清朝文化有两面性，在北京做皇帝，汉化倾向很明显；到承德避暑山庄去完全是一种满族原来的状态。还立下了规矩，不许满人经商，满汉通婚也是不允许的，这样一些限定并没有影响到以后满族接受比它先进的文化，而且接受以后，它又反馈给这个文化各种各样的创造。满族因为提出了不许经商，不许做这个，不许做那个的规定，所以下层的游手好闲的旗人被养起来，知识分子中间却有很多精英成为了不起的学者，他们用自己的聪明才智，利用了汉族文化，给这个文化增添了自己的贡献，这样的精英很多。其实也不光是满族，其他各族也有，唐朝很多诗人是鲜卑人，等等，大家都是清楚的事。

第三点，我讲的是牢固的统一观念，有效的统一制度。这个只好简单地说一说了。公元前的时间，要把一个像汉朝，一百零三个郡国的户口都统计上来，是了不起的一件事情，统计上来的数字到现在为止，我们没有理由不相信。当然后来政权腐败了，就不好说。西汉统计的有六千多万，每年地方有上计吏专门向皇帝来呈报这个数字，皇帝亲自接受上计。上计吏对朝廷来说是有功之人，留在皇帝身边做郎官。这样的制度是制度中间的一种，其他像三公九卿之类的，功能的发挥等等，就不细说了。五胡乱华的时候有这样一个胡族统治者叫石勒，他觉得自己的任务是要统一中国。他不认识汉字，听到别人读《汉书》，听到楚汉相争的时候，有人要刘邦把过去六国之后立起来作为自己的帮手跟项羽斗。他听到这个之后立刻感到吃惊，这怎么行呢？这哪是好办法？读书的人读到张良进来之后，听了这个话，不同意，立刻跟刘邦说这个不行，刘邦就收回成命了。石勒听到这个地方才落下心来，对，还是应当如此。所以说一个胡人统治者，一个没有文化的，在建立政权之后，他的心思所在也是中国统一。我们知道三国，魏国居于正统，没问题；蜀国，那么疲弱，天天要打仗，没有别的，它只是不打仗就没有存在的基础，叫作汉贼不两立，王业不偏安为了表示不两立，不偏安。吴国，霸业形成很早，但是不敢称王称帝，因为什么呢？它跟中原正统搭不上关系。到最后称了帝，履行皇帝的仪礼，进行郊祀，孙权不肯，说郊祀应该在"中土"，在中原地区，我们这里不行。最后我说一说司马光的见解，司马光有这样一句话，三国争正统，搞来搞去，变来变去都说不清楚，他就有个感慨，他说，我"不足以识前代之正闰"，但是"窃以为，苟不能使九州合为一统，皆有天子之名，而无其实也"。不能统一的话，那你这个天子白做了。

最后一点，我说说华夏族——汉族的包容性。这里面要说的东西很多。华夷不是没有防，汉族也不是说生来就是那么开明，也有一种不平等、偏见等等存在，也要设防。我说的只是归根结底，华夷之防本身不起作用。汉族本身就是一个变数。五十年代成立内蒙古自治区，当时很多干部思想不通，内蒙古自治区汉人是多数，蒙古人是少数，汉人说我们多数反而要戴上蒙古帽子，不同意。当时周总理作了一个报告，他说，你戴了蒙古的帽子，蒙古也戴了一个中华的帽子。他也不一定就属于原来的中华的

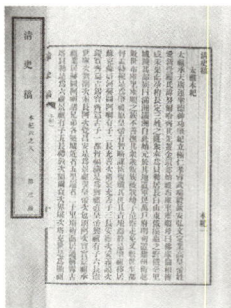

《清史稿》书影

地域。周总理还说，你要知道，汉族本身就是杂种。意思就是说长期以来，汉族有包容性，有种族的包容性，能够容，所以有今天的大，有容乃大。他用很通俗的语言说明了很深刻的道理。中国历代，这个包容思想是一直存在的。譬如说，编史的人最容易有正朔观念，谁是正统，谁是偏统。但是我们从二十四史中间看得出来，好多不是汉族王朝的历史。以南北史为例，南史就是说东晋南朝，南朝宋、齐、梁、陈，汉族建立政权叫作南史；可是北方，鲜卑人的历史同样有北史。南史也好，北史也好，都是二十四史，同样地位的史。后来还有辽史，有金史，有元史，当然也有清史，就是《清史稿》的历史。加上中国没有国教，没有宗教的那种偏见，包容性比较强。没有长期大规模的宗教战争。宗教迫害局部有，但是没有形成全国范围的、大规模的战争。因为汉族是处在那么一种状况，所以少数民族也比较容易吸收汉族的东西。少数民族带来了自己的土地、带来了自己的民族，也完成了自己历史性的转化。而且他们中间也产生了许多优秀的人物，做了各种各样的贡献。我们还有什么理由在民族之防上面去做文章呢？

今天讲的第四个题，我就点一下题，就是中国西部大开发，是巩固中国统一，消除潜在不统一因素的千年大计。这个问题也分两个方面，一个是国土开发，西部占中国国土一大半，处在待开发，没开发，后开发的状态。东西不平衡越来越严重。而少数民族大部分在西部，所以又存在民族发展的不平衡。我所说的两个问题，都是今天西部开发的最关键，最重要的问题。我们希望在中国这次千年大业的大计划中间，能够把中国历史上的这个债还上，把中国历史上该做的事情，古人没法做，没有能力做，看不到，而我们能够做，能够看到的东西，兢兢业业把它做下去，花钱，值得。没有西部的开发，没有西部少数民族状况的上升，西部和东部处在统一国家内部的某种不平衡状态始终会存在，这个统一总是有一点隐患。搞历史的人，希望能够有一个对历史负责的全局观念。我脑子里面所想到的西部，好多是又有喜又有忧。我听到塔里木河有水了，居延海有水了，非常高兴，历史上的塔里木河，居延海，好像又慢慢地重现。但是后来听说是行政手段，暂时措施，还不是一个自然生态的恢复。听说祁连山的冰川越来越不怎么样了，过去连匈奴人唱"失我祁连山，使我六畜不繁息"那么一首歌词，可见祁连山的重要性，可是祁连山现在不能养牲畜，因为没有树木植被了，因为不可再生的冰川没多少雪水流下来了。青海湖的危机也出现了。我早几年想领略一下敕勒川"风吹草低见牛羊"，特地跑个到敕勒川去了一下，我感伤的是敕勒川不是"风吹草低见牛羊"，风吹来，草还盖不到我的鞋。生态的退化到了这样的程度。所以生态的恢复，是最起码的事。千万别为了政绩，走便宜的路，走留下隐患的路。希望我们的西部开发，中国西部的土地开发，中国西部民族的开发，能够走上一个正规的路子，使得中国的统一大业的巩固，能够走出关键性的一步。

问：您刚才讲历史上有个拓跋鲜卑族，大体的位置是处在什么地方？

田余庆：鲜卑最先是在东北，最早地域是在东北兴安岭里头。它是在匈奴的后面。鲜卑是东胡族，它和别的东胡族一起把匈奴一步一步逼到向中国边境。等到匈奴和汉有了很多融合，很多匈奴进入中国内地，另外一部分匈奴向西迁了以后，鲜卑和它的同族的乌桓就成了中国边疆最主要的民族。沿着辽东到辽西，进入到今天中国河北北部这个区域，然后沿着燕山一线向西开展，最后鲜卑族的一部分进入到河北，建立了几个国家。另外一支拓跋，它从阴山翻过之后，到了今天呼和浩特。我刚才说的"敕勒川，阴山下"这个地区就是拓跋，就是鲜卑族的另外一支拓跋活动的区域。是拓跋这个族使得鲜卑在中国历史上留下了不可磨灭的业绩，因为是拓跋建立了北魏国家，把五胡十六国混乱局面安定下来，建立了北魏王朝，承前启后。承前是把十六国的混乱局面安定下来了，启后是由它衍生的各种力量到后来形成了隋唐帝国。隋唐帝国实际上接受拓跋的影响最多，在血统上受拓跋的影响最大。拓跋自己的地域最先是在今天内蒙古自治区，呼和浩特，一直到山西大同这个区域，后来国家壮大以后就搬到了中原，以洛阳为都，后来分裂之后又有一个复杂的过程，孕育出隋代这样一个朝代，隋以后又出现了唐。

　　问：历史学上大统一的思想和大一统的思想是不是一个概念？有什么区别和联系？

　　田余庆：古人这两个提法都有，没有实质区别。

马大正
中国历代边疆政策研究

　　马大正，中国社会科学院中国边疆史地研究中心副主任、研究员。浙江省鄞县人。

　　1956至1960年，山东大学历史系学习。1960至1964年，就读于山东大学，中国近代史研究生毕业。1964至1987年，中国社会科学院民族研究所从事中国民族史研究，专治隋唐民族史、卫拉特蒙古史。1987年至今，在中国社会科学院边疆史地研究中心，任副主任，从事中国蒙古史学会理事，并担任中国中亚文化研究会、华北地区中俄关系史研究会理事。同年参加内蒙古大学主办的国际蒙古学讨论会。目前侧重于中国边疆政策研究、中国边疆学史研究和卫拉特蒙古史研究。

讲座的题目是《中国历代边疆政策研究》，这个题目是个非常大的题目，所以我在讲之前有三点说明。第一点是，这是一个非常大的题目，在两个小时里面要想把这个题目原原本本地讲清楚那是不可能的。所以我在准备讲之前反复考虑采取什么一种形式来把两个小时的时间利用起来。我们在座的都是咱们国家的一方面的主管，对情况比较熟悉。所以我只是想利用这个机会把我们历代的边疆政策的一些宏观的概貌给大家做一些提示，为大家进一步考虑这个问题，提供一点思路。如果大家有兴趣对这个问题想要了解更多的情况，有三个材料可以让你们秘书找一下，第一材料，有这么一本书《中国边疆经略史》，讲历代的封建王朝怎么经营边疆的，是中州古籍出版社出的，这本书71万字，得了去年的"五个一工程"，这本书是2000年出版的。第二个材料是我写的一篇《中国古代的边疆政策与边疆治理》文章，打印稿已经给馆里了。这篇文章是由总书记作序的全国干部培训教材，里边有一本叫作《从文明起源到现代化——中国历史二十五讲》里边的一个题，就是二十五个题里边的一个题。这篇文章两万来字。第三个材料是《光明日报》2001年2月13日发了我的一篇文章，题目是《中国古代的边疆与边疆政策》。这篇文章大概四千字，提纲挈领的。所以我今天在这两个小时里，也就是把最最基本的线索给大家做一些介绍，当然有一部分内容是这几个材料里边没有

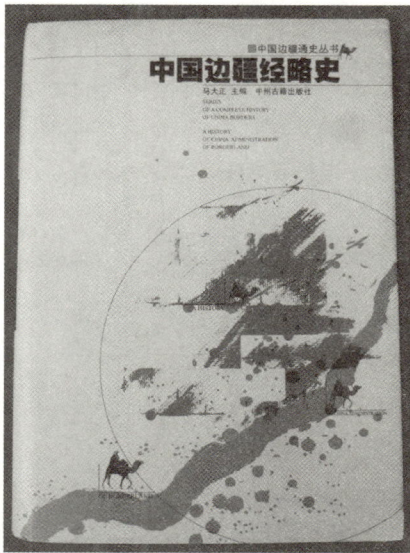

《中国边疆经略史》封面

的，也就是提纲里边的第四个问题，以史为鉴的启示。第二点大家手中都有我的讲课提纲，我可能不会完全按提纲的顺序的照本宣科，有着重点，特别是有一些大家一看就明白的我就不做更多解释了，不做简单的重复了。今天讲的时候对一和三讲得会比较简单一点儿，提纲里边的二和四可能讲得要稍微详细一点儿。第三点是本来希望能做个多媒体，能配一些图，配上一些地图，或者是示意图，或者是照片，很遗憾现在实际做成了一个提纲的字幕版，这是一个遗憾，看看以后如果有机会的话再来提高。下面我就想按照发在大家手里的讲课提纲的内容，按次序谈点我的看法。

首先是第一个问题，中国的边疆与作为统一多民族国家边疆地区的发展大势与历史特点。这些要点在提纲里边都已经提出来了，都已经写清楚了。大家一看也就明白，我只想就两个问题再做些说明。第一还是什么是边疆，什么是中国的边疆？因为这个问题我所在的中国边疆史地研究中心一直想要把这个问题说清楚，或者说得更科学。根据我们这些年的认识，我觉得对"中国的边疆"这么一个命题大概应该包含着下面四层含义：第一层含义是中国的边疆包含着陆疆和海疆。这本来是个常识，但是特别在20世纪90年代之前，我们国人一说起中国的疆域、中国的边疆老是把海给忘了，把我们的蓝色国土给忘了。到了90年代以后，这点慢慢地引起我们国家的重视、引起我们国人的重视，这是非常重要的。所以我们在看中国边疆的时候必须要有一个明确的概念，就是我们的边疆是包括着陆疆和海疆，千万不要把海疆给忘了。我们以前一说中国的领土960万平方公里，但是我们海疆国土有多少呢，就没算进去。第二层含义是陆疆，什么是中国的陆疆？陆地的边疆。对中国的陆地边疆，这里边既有历史的也有现实的，当然我们目前先从现实来考虑，也就是说我们中华人民共和国的陆地边疆包含着什么样的一个空间？我们给它定了两条标准，一条是硬件标准，一条可以说是软件标准，当然是硬件标准最重要。所谓的硬件的标准是什么呢？就是指的有边界线的省区；所谓软件标准是指的有边界的省区，还有它自身历史发展的、历史的、文化的、民族的特点。这么两个条件结合起来，当然首先是指的有边界线的省区，只要是有边界的省区应该是我们当代中国的陆地边疆地区。根据这个标准我们从东北算过来，东北三省黑龙江、吉林、辽宁，然后是内蒙古自治区，向西是甘肃，甘肃尽管它边界线大概也就三十几公里与蒙古国交界，但是有边界线，有这个硬件条件，所以甘肃也应该划到我们陆地边疆地区的范围。再向西、向南就是新疆、西藏、云南、广西，这是我们中国的陆地边疆。在讲到中国的陆地边疆的时候呢，我们还有一个概念需要纠正一下，好像边远的地方都算边疆地区，那可不行。比如说宁夏，比如说贵州、青海，这些地区从我们内地的人来说它确实是边远地区，我们如果分不清的话，往往把这些地方也作为边疆地区，这不符合科学的标准。因为这些省区没有作为陆地边疆的最过硬的硬件条件，它没有边界线，没有一个邻国之间的边界线。这是陆地的边疆，陆疆的情况。第三层含义是海疆，海疆的情况相对来说就比较复杂，综合现有的认识，海疆可以包含两大部分，一部分是指大陆海岸线至领海基线之间的海域，这是国家的内海，它的法律地位与领土完全相同，海疆的第二层含义按当今公认的国际法，是领海基线以外的国家管理的海域，包括邻海、毗边区、专属经济区和大陆架等国家管辖海域和岛屿。根据上述标准，中国的海疆从鸭绿江口到曾母暗沙，有四千多公里，它的东西宽度700到1000公里。中国大陆的边缘除了渤海是中国的内海以外，还有黄海、东海和南海，所以按照海域的划分可以划分为黄海海疆、东海海疆和南海海疆。在上述的海疆范围里边最大的岛屿是台湾岛和海南岛，这两个岛现在是我们中国最大的海疆省份。但是我们在论及海疆还必须考虑到，就是从历史上的中国海疆还应该包括沿海地区的沿海带。当代中国的海疆包括不包括沿海省区？这个问题认识不完全一致，因为如果包括进来的话东部的最发达地区统统算作边疆地区了，边疆地区好像也弄得大了一点了。所以我们边疆史地研究中心在研究海疆的时候也没有把广东、福建、江苏、山东、河北给划到里边去，还有辽宁等等，那个范围太大了。所以我们在研究海疆的时候重点是抓的台湾和海南，包括了南沙群岛。第四层含义，就是当代中国的边疆与历史上的中国的边疆有着历史的继承性和延续性，这是我们中国的特点。但是当代中国的边疆又不能够简单地与古代中国的边疆打等号，因为中国古代的疆域呈现出了稳定性与波动性相结合的特点，昨天突然想到如果能把我们当代的图做出来，然后把历史上的几个大一统的王朝的图做出来，一比较的话可能就看得很清楚。汉帝国时候的中国疆域有多大，唐帝国的时候中国疆域有多大，元帝国的时候中国疆域有多大，一直到清王朝的时候，是中国疆域最大的时候。到了近代以后它又怎么收缩了，成了现代我们中国的疆域，这个图一比的话可能就比较清楚了。当代中国的边疆跟古代中国的边疆不能简单地打等号，又有很多是交叉的。下面我讲到特点的时候，讲到发展大势的时候就能看出这个问题来。这是第一个大问题里边我想表述的第一个小问题，中国边疆的概念的认识。第二个问题是关于中国边疆发展的大势和特点，发展的大势和特点在大纲里边讲得比较清楚，我不准备照本宣科，只想说明我在归纳特点里的最后一点，是复杂的问题。这个复杂的问题里边我们从边疆发展，就是历史上中国边疆发展的趋势就可以看出它复杂的背景，为什么复杂？历史上中国的边疆指的是历史上的王朝的边疆，从总体的发展趋势来看，历史上曾经是中国边疆的这些地方到今天为止它有几种不同的发展结果。一种结果是历史上中国的边疆或者历史上某一个封建王朝的边疆，经过长期历史发展以后，这些边疆地区实际上已经成了现在的内地了，已经不是现在中国的刚才说的这些边疆的省区了。很明显的例子，当时宋朝跟辽金对峙的时候，作为封建王朝对峙边疆地区实际上是现在的中原地区。第二种，历史上是中国的边疆地区现在仍然是中国的边疆地区，象西域，西域在唐朝是中国的边疆地区，在汉朝也是边疆地区，到了清朝仍然是边疆地区，现在仍是我们的边疆地区。第三种情况就比较复杂，历史上曾经是中国的边疆地区，或者是中国的属国，对当时的封建王朝中央政府朝贡，或者归属，但是现在已经不是中国的一部分了，成了另外一个国家，这就比较复杂了。我们现在面对的是一个主权国家，甚至还是我们的友好邻邦，但是在讲到历史的时候，我们怎么来讲这段历史？这就比较复杂了，所以问题的复杂性从这个意义上来说也体现出来了。这里边可能举一个例子吧，那年我去哈萨克斯坦访问，哈萨克斯坦在清朝的时候实际上是清朝的一个外藩，哈萨克斯坦现在的领土里边有相当的一部分是巴尔喀什湖以东以南的原来的清朝的领土，沙俄给划走了。这里边事情就复杂了，从他们的学术界来说不愿意承认历史上曾经是中国的外藩，从他们民族主义感情来说可以理解。但是历史的真实，否认也不成啊，可是我们现在在这个问题的处理上就比较复杂。当然这样的例子在南边越南也是这个情况，在东边朝鲜历史上也有这样的情况。北边的蒙古就更是了，现在一般历史上清朝的蒙古就把它放到中国史里。1921年以后或者1924年以后不写。但从蒙古国来说，它当然不能说我这个国家1921年以前没有，就是中国的。作为国家来说，他不可能这么来说，他们也要通过历史来为自己国家宣扬爱国主义制造历史的依据。就像哈萨克斯坦，决定1998年是他们的历史年，历史年的基本任务就是要把他们国家的历史从现在往上推，推得越早越好，形成一个体系。这种认识上视角的不同，立场上的差异，它必然对我们当前边疆问题上的一些历史问题的认识，带来非常复杂的一些问题。另外一个复杂问题就是民族的差异、文化的差异，这是客观存在的。作为统一多民族的中国，所以两千多年来分分合合，始终没有散，有它内在的规律在起作用，不是简单的军事征服，或者是行政上的扩张，它有精神因素在里边的，这个精神因素就是我们现在常说的民族凝聚力，中华民族的凝聚力。但是就是在中华民族凝聚力这个前提下，我们有一些边疆地区的民族它的文化背景不一样，它对中华民族凝聚力的认同、程度就有很大的差别。即使中华民族，要看到认同感里边的负面的因素。我们的精神凝聚力里边就存在着由于文化背景的不同、民族的差异，这也增加了问题的复杂性。所以我们在讲到边疆发展的大势和中国边疆的特点的时候，必须要考虑到这个因素，心里有本账。

第二个问题是研究边疆政策的重要性以及历代治边思想与边疆政

策。这是一个非常大的题目，里边任何一个问题都可以写本书。我就想讲三个小问题，第一个小问题是想讲一下研究边疆政策的重要性。边疆政策的命题的提出最早是20世纪的30年代，当时的中国学术界曾经有一个研究命题叫作边政学。边政学实际讲的是边疆政治、边疆治理。从20世纪的30年代到40年代，边政学曾经一度很活跃，边政学很活跃里边确实有它的当时民族危机的因素的刺激。当时中国正面临着日本的侵略，一些有爱国心的学者们，想试图通过对边疆问题的研究，来唤醒国人的民族危机感。这个边政学，当然从另一个意义上来说，这个研究领域本身就是一个现实感很强的一门学科，所以在国民党时候当然具有为国民党统治服务的功能，对此我们也不用去讳言。而且当时的学者们，专门研究边政的学者大多数都带有当时的政府的烙印。所以到了我们中华人民共和国成立以后，就把这门边政学、边政研究看成是旧社会的残渣余孽，统统给抛到一边。这些研究者因为有旧社会的背景，有国民党的印记，统统地靠边去了，有的就进了监狱了，这样的人很多，当时边政学等于是作为国民党的一门御用学科给否定了。我们现在回过头来看，边政学实际上就是我们现在的边疆研究发展的一个前奏。从20世纪50年代一直到80年代，就是中华人民共和国成立以后到80年代，这门学科仍然没被重视，没有把整个中国边疆作为一个研究课题来进行宏观的、战略的来思考。而是仅仅把跟边疆有关的民族史的研究、民族问题的研究、帝国主义侵华史的研究，有所发展，而且发展得很快。所以在这样的大背景下面，从50年代到80年代，我们现在去找当时的学术论文的索引，找不到一篇是研究边疆政策的文章，而仅仅是有研究民族政策的文章，也有研究历史上的宗教政策的文章，在我看来这是一个很大的局限。民族政策的研究，历史上的民族政策研究当然重要，而且也是研究历史上边疆问题的一个重要方面。但是历史上的民族政策不能替代历史上的边疆政策研究，边疆政策的内涵比民族政策要宽泛得多。正是在20世纪80年代以后，我们才开始把本来是一个完整研究课题的中国边疆放到了一个研究的位置上，只有这个时候我们才有可能提出对历史上的中国边疆政策的研究。中国的边疆政策，历史上的中国边疆政策，实际上是作为统一多民族国家中国的一个特有的产物，如果没有我们统一多民族国家从历史到现在沿承下来的话，我们这个历史上的边疆政策研究可能也就没它的基础。所以我们对中国的边疆政策的研究，不光是历史的，现在仍然有，现在仍然有边疆政策，仍然有边疆治理，带有明显的中国特色。这在世界上可能是独一无二的、绝无仅有的。因为每个国家都有它跟边界相连接的地区，但是这些地区并不具备像我们中国的边疆地区的丰富的研究内涵，这是第一层意思，就是重要性。我们必须从中国的历史发展的特点来看这个问题。由此派生出来的，就是边疆政策，不管是哪个朝代的边疆政策，哪朝哪代都有它的边疆问题。为了它自己的统治利益，都要制定相关的边疆政策，进行边疆治理。它的边疆政策的成和败，边疆治理的成和败，直接关系到了这个朝、这个代的兴旺发达，或者是走向衰亡。所以历史上的边疆政策对每一个历史朝代来说同样具有非常重要的意义，而且这个重要的价值到现在仍然如此。我们在评价历史上的边疆政策的成败得失，最重要的依据就是看这个朝代的边疆政策对这个朝代的成败得失起个什么样的作用。所以从这个意义来说，我们研究具有中国特色的古代边疆政策，对于了解我们统一多民族国家的发展、巩固、奠定具有直接的以史为鉴的价值。同时由于当代的中国是历史中国的延续，当代中国边疆是历史上中国边疆延续，所以研究历史上的中国边疆中间出现的问题，研究历史上的历届政府对中国边疆治理的经验和教训，关系到我们当代中国的边疆治理。里边有很多可借鉴之处，它的历史问题的现实感是特别强的，这是它的重要性，我想在重要性问题上再加深一点印象。第二个小问题，因为每朝每代的边疆政策说起来就话长，我想就集中国古代边疆大成的清代的边疆政策做一些简单的介绍。大家都知道满族贵族是以少数民族入主中原的，并且建立起了一个空前的大一统的帝国，历时260多年。清朝统治者的治边思想，既有继承中国历代封建王朝治边思想大成的一面，又有根据时代的需要和自身民族的特点创新发展的一面，颇具特色，而且自成体系。

我们在讲到治边政策的时候，必须要看到治边政策有一个指导思想在起作用，所以我们还要简单介绍一下治边思想。什么样的思想才能制定出什么样的政策。清朝统治者，它的治边思想，基本内容可以包括以下几个方面：第一个方面是首先对汉族封建统治者传统的华夷观进行了创新和发展，华夷之别是我们中国传统的一个特色，非我族类、其心相异。清朝统治者对我们传统的华夷观进行了创新和发展，当时乾隆皇帝认为满人、汉人是一家，满人、蒙古人更是一家。清朝统治者在调整满汉关系的同时，十分注意联合汉族以外的少数民族的上层，首先是蒙古上层贵族。把边疆政策的制定并在推行中不断地完善，作为基本国策的一部分。这种政治思想指导下的政治实践，在客观上对维护多民族国家的统一，推进大一统的政治局面是起了积极作用的。清朝统治者十分注意调整与汉族的关系，清朝统治者更注重跟蒙古贵族的联盟，清朝有个很重要的举措就是满蒙联姻。满蒙联姻最后的结果，我举一个例子，很有意思的一个例子。我看到一个资料，辛亥革命时清王朝讨论退位不退位的御前会议，这个御前会议上反对退位的最激烈的是蒙古王公，当时参加这个御前会议的蒙古王公们痛哭流涕，反对当时清帝退位，当然这已经大势不可挡了。从这个意义上来说，清朝政府经过200多年满蒙联姻，对蒙古贵族的封赏等等，确实在政治上，把蒙古贵族上层跟它自己的切身利益紧密地关联起来了。从它统治利益来说有它成功的一面，咱们现在不说它的阶级性、民族压迫性，先不说这个，维护统治嘛，任何一个朝代都要维护统治。这是第一层意思，就是说它治边思想上对传统的华夷之别进行了创新，或者进行了改造。第二层意思是它从中外一体（这个中外一体不是指中国和外国，是指的内地和边疆）的认识出发，主张以积极的态度来治理边疆各个民族，使得

满蒙联姻

这些民族成为它统治的一个屏障。这一点清朝乾隆皇帝讲得很清楚，他说我不修长城，我不像前代皇帝那样修长城，我把跟蒙古关系搞好了，蒙古就是北方最好的长城。从中外一体出发，也就说从边疆和内地一体出发。它采取积极的态度来对边疆进行治理，对边疆民族的上层，进行羁縻，进行封赏。第三层意思就是所谓的恩威并施，用我们现在的话来说就是大棒加胡萝卜吧，说穿了就是这么一个意思。恩威并施，就是说你听我的话，我赏你，给你种种优惠，当然是指的上层。你反我，对不起，清朝在康雍乾时期，国家的综合实力还是很强，军事也是很强的。这一点戴逸老师在讲的时候，肯定讲到康雍乾盛世时军事力量也是很强的。这一点它很明确，就是恩的前提，恩的基础是威。作为一个封建王朝主要是考虑到要维护它的封建统治，它的政策也是为这个目的服务的，我们在评价这个政策的时候，当然还要考虑到客观上对我们这个统一多民族国家到底起到推动的作用，还是起分化的、瓦解的作用。从这个意义上来看，它的治边思想上的基本点很有意思，很值得我们予以重视。在这个思想指导下，清朝政府对于边疆的管理举措，它的基本要点，我们也可以简单来归纳一下。第一个要点是行政管理体制的改进和完善，当时清朝政府在中央设立了理藩院，与六部并行，主管边疆民族事务。在清代的前期理藩院还主管外交事务，为了使得管理规范化，制定并且不断地修订补充《理藩院则例》，《理藩院则例》是研究清朝边疆和民族的非常重要的一本史料。在地方上，在加强中央集权保证政令统一的前提下，因地制宜，因俗而制。采用适合当地民族社会情况的统治体系、统治体制。我们以新疆来说，整个有清一代，新疆的行政管理上，又分成两个阶段。1762年，当清朝政府把准噶尔贵族打败以后，在新疆建立了军府制。它的伊犁将军就设在现在

《理藩院则例》

伊宁边上的惠远城，由伊犁将军来总揽新疆的军政大权。到了1884年，由于农民起义领导权被封建上层所篡夺，阿古伯又入侵新疆，把新疆原有的军府制的统治体制给冲散了，在左宗棠的积极倡议下，1884年在新疆改建行省。军府制实施因地而宜，因俗而治，军府制下面是根据不同的民族采取不同的统治形式，在维吾尔族聚居地区采取了伯克制度，在蒙古族聚居地区采取了札萨克制度，在汉族居住的地区采取了郡县制度，跟内地一样的郡县制度。到了建行省以后，统统改成了郡县，这样使得新疆在19世纪80年代以后又出现了一个相对稳定几十年的一个政治局面。所以统治形式不是简单地生搬硬套，要因地制宜，不同的情况不同来对待。这是举一个新疆的例子。第二个管理举措是制定了笼络、安抚少数民族上层的各项政策。比如封爵，年班，就是按规定两年进一次京。联姻，特别是满蒙联姻。笼络、安抚蒙古贵族是清朝政府的基本国策之一，我刚才说的，从实际效果来说取得了有利于维护于自己统治的

目的。第三个管理举措是从治国需要出发，制定了对待各种宗教的方针政策，对维护自身统治有利的宗教，大力加以扶持。对于那些于政权巩固不至于造成直接威胁的宗教，采取了不干涉其信仰的相对宽容的政策。对于凡是认为于巩固统治或者保持疆土不利的宗教和教派，予以取缔，严厉打击。在具体做法上是坚持宗教不能干预皇权，限制宗教的世俗权力，坚持以法治教，讲规则。清朝对宗教的政策，撇开它的封建性、阶级性，它的效果应

藏传佛教寺庙

该说还是可以的。打个不恰当的比方，宗教要跟社会相适应，它也是顺着这个思路在走的。比如说它大力提倡藏传佛教，对藏传佛教是大加鼓励，在鼓励背后是有它的政治目的，当然也有它的负面作用，这个咱们现在先不说。从统治利益的角度来考虑，大力扶持藏传佛教，把达赖、班禅提高到一个很高很高的地位。它正是通过藏传佛教这个形式，把蒙古贵族从政治上给种种优惠之外，从思想上通过这个形式把蒙古贵族上层牢牢地控制在自己手里，而且通过蒙古贵族又把西藏地方上层牢牢地控制在自己手里。对其他像道教、佛教等等，基本就采取一种宽容的政策，你只要不干政就行。这里就涉及对伊斯兰教，对伊斯兰教据我所知在清代新疆，对新疆的伊斯兰教清朝政府是采取了就是刚才说的第二种形式。只要你不危害我的统治，我就给你一定的宽容，但是你不能干预我皇权，不能干预我地方政权。你不能干政，你听我的管理，就是我地方官员的管理，你不能跑到我地方官员上头来。这点他掌握得还是比较好的，当然不同的时期，他掌握的程度有变化，但是整体的思想还是这样的。而且清朝也接受了教训，就是它不轻易地支持哪一派打哪一派，不轻易地参与教派之间的争斗，政权凌驾于教派之上。可能有的同志知道新疆在17世纪以后有一个政教合一的势力叫和卓势力，这个和卓势力是从18世纪以后到19世纪新疆一个很重要的不安定因素，它是打着宗教的旗号，实际上是政治的一种离心势力。但是清朝的治理，到了19世纪的下半叶，这个和卓势力实际上已经退出了政治舞台，给彻底解决了。所以这两年我们在研究当代新疆问题的时候，还说起清朝不管怎么说，这件事情还干了一件好事。如果这个和

清真寺建筑

卓势力现在还有残渣余孽，或者说是陈渣泛起的话，新疆的"东突"问题可能更复杂一点。清朝政府对它认为是异端的势力，特别是回族的反清势力，对信伊斯兰的回族，是采取很残酷的手段。在这个问题上它这种政策的民族压迫的性质，这种政策的阶级压迫的性质当然更明显。但是作为清朝统治者来说，他在治国上，特别在宗教政策的把握上，还是很有一些值得我们今天可以进一步研究的。这是第三。所以从总体上来看，从明清之际我国社会状况和历史发展的总趋势来看，清代前期的边疆政策基本上符合了历史发展的要求，有利于统一多民族国家发展的大趋势。因而在客观上显示出了它的积极作用，当然清政府作为封建政权，其边疆政策，实质上是维护以满族贵族为首的封建国家，以及各民族上层的根本利益出发的，具有鲜明的阶级性和历史的局限性。而且更重要的是，我下面要谈到的一个问题，就是清朝治边政策有个很重要的特点，就是从中国历史发展的全局来看，中国古代边疆政策在清朝的时候实现了由内边到外边的转移。什么叫内边到外边的转移呢？就是说一直到清朝前期，它的边疆政策所面对的对手是我们边疆地区的少数民族，那么对待边疆地区的少数民族我们历史上延承下来的，经过清朝又发展的集大成的治边的措施、对策是知己知彼的。从中国的实力来说，双方的实力对比也是差距很大的，所以它是行之有效的，我们中国古代的边疆政策主要的着落点是对内边。但是到了近代以后，我们的边疆政策面临的对手已经不是以内边为主了，而是以外边为主。所谓的外边就是西方殖民主义，资本帝国主义。这个对象变了，力量的对比也变了。但是当时作为清朝的决策层他的思想没有变，他的举措也没变，再加上综合国力在下降，所以在整个形势大变的情况下他自己没有变，结果必然是处处挨打，割地赔款，无招架之功，更无还手之力。最后到清朝的晚期，中国历史上、历代的边疆治边政策由它的顶峰走向了破产，破产的结果就是清朝政府是割地赔款，民族危机空前加剧，而且当时一些问题的结果给我们当代带来了沉重了历史包袱，这个经验是非常值得研究的。戴老师在讲到康乾盛世的时候讲到它由盛转衰时就有一条，当时的决策者并没有跟上世界形势发展的大势，他还沉迷在自己的天朝大国的迷梦里，世界在变，他的脑袋没有变。具体到边疆政策的时候，他的对手在变，他自己的举措没有变。从这个意义上，从反面、从另一个角度也可以看出边疆政策的成败与否对于一个国家、对于一个朝代，它的兴亡衰落确实是一个非常重要的因素之一。

第三个大问题是古代中国边疆政策的特点。古代中国边疆政策的特点，特别我们如果借集古代中国边疆政策大成的清朝的边疆政策特点来归纳的话，正像大纲里边所归纳的四点：历史的继承性、地域的广阔性、内涵的多样性和影响的现实性，这四个特点无须做更多的说明，我只想补充一点，就是影响的现实性。清朝末年，晚清时候的割地赔款，特别是割地，对我们现实中国在处理跟邻国的边界纠纷中间，绝大部分都是当时留下来历史遗产，当然也有个别不是，个别是中华人民共和国成立以后造成的，但是绝大部分是当时留下的历史遗产。这些历史遗产给我们现在带来是沉重的历史包袱。当然现在边界问题，逐渐都在解决，但是我坦率地讲一句书生之见，这个解决的前提从领土上来说我们

中俄边界黑瞎子岛

中国总处在一个吃亏的状态。现在还没有解决的几个地区，在我看来形势也不乐观。中印边界东段还能要回来吗？西段这块到底我们能争到什么程度？我不知道。中俄东段边界现在黑瞎子岛的问题，还有个韭菜通岛的问题现在是悬而未决。特别是黑瞎子岛现在在俄方占领下，估计也不一定要得回来。越南的陆地边界本来清朝跟法国划定的，没太大的争议，没太大的变动。比较麻烦的就是北部湾中间的那个白龙尾岛，由于白龙尾岛划归越南，北部湾的海域四分之三归了越南。这个问题不是清朝形成的，是我们50年代形成的，当时我们同志加兄弟，送给了越南。所以说影响的现实性，百分之九十是那时候遗留下来的问题。由于当时遗留下来的问题给我们现在带来沉重的历史包袱，所以我们从另一个角度可以看出来，就是我们边疆政策也好，边疆问题也好，确实对我们这个统一多民族国家是至关重要的。那么前面归纳的还有三个特点，历史的继承性、地域的广阔性、内涵的多样性，这个大家一看就明白了，就不想多说了。第三个大问题里边第二个我想补充的呢，实际上这里边给我们提供了一个在治理边疆时，我们的认识必须赶上形势的发展，赶上变化了的形势的发展。我们的内边到外边的转移这是不以人们的意志为转移的客观规律，西方殖民主义过来了，这不以我们的意志为转移，但是我们的认识跟不上这里边有我们的内因。我们中国传统的这种惯性或者说惰性太强烈了，而且以老大帝国自居的这种帝王心态在中国的统治层里边、决策层里边，也太强烈了。以老大自居，以天朝大国自居，这种心态太强烈了。这种心态的强烈，再加上中国又是这么一个超稳定系统的封建的格局，使得它不能够很好地来面对变化了的世界。知己知彼才能百战百胜，你的对手都变了，你还拿老一套东西来对付他，再加上你的综合国力又在下降。我不知道那次戴老师讲的康乾盛世的时候讲没讲到当时跟外国打交道时候很重要的一个争论，老是扯不清一个争论，就是所谓的礼仪之争。清朝皇帝坚持你必须给我下跪，外国人说我不能跪，我对自己的皇帝都没有跪，扯不清的皮就是这件事，而对人家真正的一些科学技术也好，一些先进的思想也好，以及一些国际上发生的变化也好，并没有引起我们当时的最高决策层的重视。这种惯性、这种弊病一直延续下来，那么在康乾盛世的时候还好，它那时候是瘦死的骆驼比马大么。它还是个老大帝国摆在那儿，到了近代以后就不行了，就彻底地糟糕了。所以说我们对待、认识古代中国边疆政策特点的时候，这一点我们必须要了解。因为在对待边疆政策问题上，这点比其他方面显得更为明显，更为突出，而且它的负面的影响也更为明显，更为突出。

第四个问题就是以史为鉴的启示。因为我们现在研究必须面对现实，研究历史光是为历史而历史就是象牙塔钻进去了，出不来了，而且也不符合中国史学的传统。以史为鉴、经世致用，是我们中国史学的优良传统。在我们研究中国边疆史，以及边疆史里很重要的内容中国边疆政策时，同样我们必须要面对现实。通过历史来考虑现实中间的一些问题，看看历史上有哪些可以以史为借的内容。在讲到以史为鉴的时候，我想把这两年我们中国边疆史地研究中心在研究中国古代边疆政策的同时，我们对当代中国的边疆进行一些什么样研究给大家做一些介绍。正是因为我们对当代中国边疆的一些问题进行了研究，现在才能够对历史上的一些问题看得可以更深一点。中国边疆史地研究中心从90年代初开始，把我们的研究视角转向当代中国的边疆问题。90年代初，当时当代中国的边疆面临着一个经济发展战略研究热。边疆地区都纷纷在研究经济发展战略，我们觉得中国的边疆这么一个特定的研究对象，研究它的历史不了解现状不行；当然反过来研究现状不了解它的历史也不行。在中国社科院领导支持下，开始把中国边疆的现实问题纳到了我们的研究视野。当时碰到了两个问题，一个问题我们到底取一个什么样的切入点？我们到底研究什么问题？第二个问题是我们面临着社科系统以外，特别是决策部门的不理解。对第一个问题我们经过反复考虑，确定了一个切入点，就是研究边疆的稳定。研究边疆的稳定，就要探求不稳定的因素，可以用历史研究的方法、民族学的方法、社会学的方法，甚至于宗教学、国际法等等也有关系，能发挥我们的优势，所以当时确定研究中国边疆的稳定问题。随着历史的发展现在看来这个切入点取对了。当前中国边疆的稳定已经成了引起全国、全党，我们国家的最高层都予以关注的一个大问题。从这个意义上来说，我们当时的选择还是带有一定的前瞻性。第二个问题怎么解决呢，当代问题都是一些敏感问题，都是一些机密资料。我们当时确实碰到过职能部位对我们工作的不理解，但是我们还是想通过自己的努力，我们拿出确实是有一定水平的调研报告。通过这个实际逐渐加深彼此之间的了解，彼此之间的理解，彼此之间的信任，那么应该说我们现在在这两点上，就是我们刚开始研究时候碰到这两个难点，经过十年多的努力，在方方面面的支持，特别在我们院历届领导的支持下，现在已经进入了一个良性循环的阶段。那么这十来年我们做了些什么事呢？我们还是从研究的本身规律入手，老老实实地从边疆调查开始，我们选择我们认为对当代问题有可调查之处的边疆地区，老老实实地进行点、线、面的调查。在这十来年里我们先后到了新疆、海南、云南、广西、吉林、辽宁、内蒙古这些边疆地区，还走到了境外，到了朝鲜、蒙古、哈萨克斯坦、吉尔吉斯斯坦、缅甸、越南，相邻的地区进行了相关的调查，当然这个调查过程中间是随着调查的深入，随着对边疆稳定问题认识的加深，我们调查的重点也逐渐明确，特别是有些地区我们不断地去，年年去，有时一年去两次三次，比如说新疆，我们从1990年以来几乎每年都去新疆，一年去两次，最多去过三次。当然我本人因为过去就是研究新疆历史的，从1981年以来到去年为止我去新疆大概近30次了。在这个调查的基础上，我们从1990以来完成的调研报告有16篇，这个调研报告是指的比较大的调研报告，包括资料汇编在内的。每一种有的十几万字，有的十来万字，最多的二三十万字，这样的调研报告有16份吧。当然阶段性的调研报告就更多了，这些报告得到了从中央到地方领导的关注。使我们的研究进入良性循环，人家原来有不理解的就理解了，原来有不太支持的现在是很热情地支持。我们成了一个战壕的战友了，都是朋友，什么问题咱们都可能摆开来探讨，什么情况他们也愿意跟我们通报，希望我们能够拿一点对策建议出来。在这个基础上我们对当前中国边疆稳定的总体形势形成了几个基本看法。因为正是有了这么几个基本看法，才引发出我今天提纲里边所写的启事的六个方面。我们认为中国边疆的稳定面临着严峻的挑战，这种挑战可以分成两种类型，一种类型是政治类型，第二种类型是经济类型。政治类型里边又可以分为三种情况，第一种情况是由于某些集团、个人出于要分裂中国的这么一个政治目的，在边疆地区进行分裂活动，要把某些边疆地区从中华人民共和国分裂出去，这个斗争特点是分裂与反分裂的斗争。这种情况除了台湾以外，西藏、新疆是当前在这种类型里边两个最突出的地区。特别是新疆地区，新疆地区的分裂活动现在已经引起了全国的关注。第二种情况是由于历史上遗留下来的边界问题，历史上不光是指19世纪末的历史上，同样也包括了20世纪50年代以后的历史上，也就是我们中华人民共和国成立以后的历史上。这些问题，这些边界纠纷的存在有时要引发矛盾，甚至还会激化。这种矛盾的存在和激化必然给相关边疆地区的稳定造成负面影响，这个从目前来看比较突出的在我看来一个是中印边界，一个是南沙群岛。第三种情况是问题不在我们边内，而是在跟我们边疆地区相邻的周邻的国家和地区。由于这些地区它的形势发展的不确定性，给我们相邻的边疆地区的稳定带来了负面的影响，甚至于造成了冲击。第三种情况从目前来看主要是在东北地区，大家都知道朝鲜半岛形势的发展的不确定性，以及朝鲜经济形势的恶化造成了朝鲜的非法越境者的增多。韩国的非法宗教活动的对东北地区的渗透，等等。包括了朝鲜、韩国在我们东北地区打间谍战，一打间谍战就会牵扯到我们中国的朝鲜族的群众。另外朝鲜南北统一的进程会朝哪个方向走，我们中国应该持什么样的态度同样也是对我们中国的东北边疆，甚至对我们整个东北、整个中国都会带来直接的影响。我们最近接受了一个国家项目，是关于东北边疆历史和现状研究。它的着力点就是要解决一些历史上的难点问题和现实中的热点问题。对第一种类型，政治类型里边的三种情况，多是会给我们中国的边疆地区的稳定带来负面影响，甚至于很严重的负面影响。第二种类型是经济类型，主要表现在还是某些势力和集团，在我们相关的边疆地区进行贩毒、走私、拐卖人口等等犯罪活动。这个相对比较简单一些，但是也不能彻底解决，现在还没有彻底解决的办法。那么主要表现在某些势力和集团，在我们的边疆地区走私、贩毒、拐卖人口等等，特别是贩毒，大家都知道云南是受害最严重的一个地区。用他们的话说是十年禁毒十年发展，越禁越多。历史不能重演，五十年代初，中华人民共和国成立两年以内，把云南的毒品解决了，中国成了无毒国，这样的情况可能不会重演了。我们从1995年以后对云南的毒品问题一直在跟踪调研。我们不仅在云南，而且走出云南境外，我们到了金三角，到了金三角的泰国北部，我们今年年底可能要去金三角的缅北，缅北是现在毒品问题最严重的地方。可是在泰国北部调查的过程中间我们又发现一个新的问题，泰国北部号称是替代种植效果最好的地方，就是说用有经济价值的农作物来替代罂粟的种植，从而来改善那些种植罂粟的农民的生活，但是就面临着一个替代种植成功了，罂粟也基本上没了的地区，但是它毒品还在发展。原料变了，它不是罂粟了，麻黄素就可以合成冰毒啊，冰毒摇头丸就在那里泛滥，所以替代种植又不是一个灵丹妙药。从整体形势来看我们当前中国的边疆确实面临着严峻的挑战，根据这个认识，对当前中国边疆问题的研究，我们目前实际上是抓四个点，四个点里边还有重点中的重点。这四个点是新疆、东北、云南和南沙。这里面的重点的重点是新疆和东北，为了体现我们对重点的倾斜，我们现在东北就有我刚才所提的有国家支持的工程"东北边疆历史与现状系列研究工程"。在新疆，我们社科院建立了一个新疆发展研究中心。从组织机构上也给这两个研究重点予以保证、予以倾斜。那么正是在这个研究基础上，我才归纳出我们提纲里面所说的六点启示。我还要对这六点启示做点补充说明。第一是我觉得应该把中国的边疆看成中国这个统一多民族国家的不可分割的一部分，这一点从思想上绝对不能有丝毫的动摇，轻视都不行。中国之所以能够成为今天这样一个伟大的国家，因素很多，但是中国作为一个统一多民族国家这个因素是一个客观的存在，那么统一多民族国家的前提就是包括中原和边疆地区，所以边疆地区的稳定影响到整个中国的稳定，边疆地区的发展影响到整个中国的发展。不能想象边疆地区大乱了我们中国还能发展，边疆地区不稳定，我们中国还能稳定，这是不可想象的。所以我们现在对边疆地区绝对不能重套我们过去古代的一些糊涂人的想法：那么边远的地方给那么多钱，有一些甚至是不毛之地，拿走就拿走吧。晚清时发生过一场很著名的塞防与海防之争。李鸿章是主张海防，左宗棠是塞防的代表人物，就认为如果新疆要丢，中国的内地就要受到影响，甚至直接影响到北京。它的战略地位就是牵一发动全身的。历史证明，左宗棠在这一点上确实是建了功的，左宗棠当然是个复杂的历史人物，镇压太平天国、镇压回民起义等等。但是他收复新疆并且付诸行动，确实是他晚年的亮点，如果没有当年左宗棠收复新疆，坦率地讲，现在的伊犁早已丢了。所以边疆地区的领土观念，我们千万不能再有我们前人老大帝国的心态。宁失千军而不失一地。从这个意义上出发，既然边疆地区这么重要，我们中央的各个部门应当对边疆地区予以倾斜、予以关照。边疆地区确实有边疆地区发展中存在的一些问题，退一步说，花钱买稳定嘛，真正乱起来花钱更多。边疆地区当然有一些不太规范的地方等等吧，但总体上从历史上到现实，这一点启示是非常重要的。第二点，从历史来看广义的边疆治理，是包含着管理和开发两个方面，政治上的管理和经济上的开发。所以，我们如果总结过去的经验的话，比如清朝，我们刚才讲了很多清朝治理边疆成功的方面，作为封建王朝它当然有它的弱点、它的弱项，咱们撇开阶级性、民族压迫这个因素之外，它在边疆治理上是重稳定而轻发展，因为不是代表所有的老百姓的利益，而眼睛只是看着上层，它往往是以牺牲发展来求得稳

左宗棠

定，所以尽管有清一代边疆地区再一次稳定在我们的疆域范围里面，但是它的发展确实是有限的。它是以牺牲发展来求得稳定，从而来维护它的封建统治。小平同志有两句话，用在边疆地区非常合适。第一句话：发展是硬道理。边疆地区的发展是边疆地区稳定的前提。第二句话：稳定压倒一切。这两句当然是就全国而言，但是我觉得用在边疆地区好像更有针对性。所以为了边疆地区的稳定，我们必须要使得边疆地区有发展，那么在目前边疆地区发展相对滞后的情况下，就需要我们给以方方面面的倾斜。当然，这些年大家已经注意到简单的"输血"不行，应该增加边疆地区的"造血"功能，让它的发展进入到一个良性的循环，让边疆地区发展起来，让边疆地区的各民族的群众真正得到实惠，这是非常重要的。同样也是，我们的长线投入与短线投入应该有一个恰当的比例，就是让老百姓看到实惠。有好多地方我们投了很多钱，老百姓看不到，反过来还给那些别有用心的人作为攻击我们的一个借口。比如新疆，我们多大的投入，基础设施的投入等等，可现在倒过来人家分裂势力说我们新疆本来富得很，新疆的石油如果都给我们新疆人用的话，那么我们不是成了科威特了，都给汉人拿走了。实际上当然不是这样的，我们长线投入和短线投入上要有个恰当的比例。我们在宣传上，也应该注意。我在几次会议上都提到这么一个例子，西部大开发，有个很重要的工程叫"西气东输"，这个工程很宏伟，但是坦率地说我们在宣传这个工程时有两个误点，第一个，在介绍"西气东输"的时候，电视片拍出来镜头啊都是汉族，你拍个民族同志嘛，我们不能作假，但是肯定不光是汉族吧。第二个，在宣传"西气东输"工程的时候，老是介绍"西气东输"对东部地区如何如何如何有益，对上海如何如何有益，它就忘了对新疆地区到底有多少利益。所以境外的分裂势力也在做文章。我总觉得我们有些同志脑子里少根弦。西部大开发，经济发展非常重要，但是社会稳定战略一定要跟上，两手都要硬。你要考虑到西部地区的民族特点，你要考虑到西部地区的特色，没有这一点的话，好事办了以后还遭了一身骂，你说这是干什么？所以这个经济发展里面确实问题很多，但是这里边我觉得还有一个观点值得注意，有的人就认为，既然小平同志说了发展是硬道理，经济发展压倒一切，那么你们现在要抓稳定，抓整治，你们是不是重点给搞错了？一个基本点搞错了？只要经济发展起来了就天下太平了。在我看来，提这个观点的人如果他是领导干部的话，我说得直白一点，或者难听一点的话，他至少是政治上的糊涂虫。发展是必需的，但是发展了不等于就能稳定。世界上这样的例子太多了。这是我要讲的第二个启示。第三个启示，中国独特的历史传统之一，是中央政府的权威是维系统一多民族国家的重要，甚至可说是最重要因素之一。从历史上看边疆地区乱，往往是中央政府的统治控制的能力下降了它才会乱。中央政府的权威很高、统治很有效，边疆即使乱的话也都是小打小闹，成不了气候。所以历史的经验告诉我们，要维护边疆地区的稳定，我们必须强化中央对边疆的控制力，我这个词用得不知道是否合适，必须要强化，必须要树立中央的权威，不能分权，对我们这样一个统一多民族国家来说不能分权，这一点也可能是我们中国的特色。中央的权威包含着两层含义，有形的，就是政权的统治系统、军事的统治系统；无形的，那就是权威本身在文化、思想上的有效号召力。这是启示之三。第四个启示，在认真总结中国古代边疆措施的方方面面之后，我们觉得有一些措施的形式至今还是有它的可借鉴之处。当然它的内涵、它的阶级本质完全不一样啦，但是它的一些形式还是有可采纳之处、可吸收之处。比如说，过去的因俗而治，因俗而治那就是尊重你这个民族的传统、特点，我不轻易改变你这个民族的传统，同样，民族的事情让民族的头面人物来出面办，可能比我们汉族官员来办更有效，这个大概也是不争的事实，而且被证明是行之有效的，那么这里面就提出一个在今天要培养真正维护统一的、真正是把国家利益放在第一位的民族干部，特别是高层的民族干部。我认为在国家统一问题上，要实行一票否决制，特别是对高层领导，这个丝毫含糊不得，我想这个大概也是符合江泽民同志所提出来的讲政治的这个前提、这个条件。在边疆地区最大的政治是什么？当然是国家统一啦，离开这一条其他的都是次要的，你说你发展了，发展得很好，大家都富起来了，富完了他跟你拜拜了，走人了，你说你的政策是成功了还是失败了？要我说是失败。第五点启示是要在增强民族凝聚力、国家向心力上多做点事。那么历史上清政府的满蒙联姻，对民族首领的怀柔等等，这是证明对清朝政府的统治有利的，边疆地区民族，特别是在一些与中原地区的文化有较大差异的边疆民族地区，它实际上是存在着一些值得我们重视的特点的，我在提纲里面举了四点：地缘政治方面带有孤悬外逸的特征；社会历史方面带有离合漂动的特征；现实发展方面带有积滞成疾的特征；文化心理方面带有多重取向的特征。那么这四点对于民族的凝聚力和中华民族的凝聚力上，是一个负面的东西。对中华人民共和国国家的向心力上，是个负面的东西。我们怎么面对这个现实，我们应做一些政策上的引导，我觉得现在在我们的宣传也好，教育也好，要强调、突出统一多民族国家这个主题，国家利益高于一切，任何民族，你的民族利益、民族意识必须要服从于国家利益和国家意识。你出了这条线，那就真的走向了反面。如果再有行动，那就是罪与非罪的问题了。这一点必须清楚，国家意识、公民意识、法律意识怎样通过我们所掌握的全部的宣传工具大讲特讲。当然讲的时候一定要琢磨听的人所谓受众的心理。所以，在民族凝聚力、国家向心力的问题上，从历史上的情况来总结也确实是有很多可借鉴之处。最后第六点启示，就是边吏，边疆大吏，因为任何的政策、任何的措施它都是要通过人去办，边疆大吏他肩负的重任跟一般内地的不一样，跟京官也不完全一样，他如果个庸才或者是个歪才，那就更糟糕了，要出大事，边疆的事情有的时候是牵一发动全身，而且瞬息万变。当然从中央来说，对边疆大吏应该授以权宜之权，让他有一定的机动权，该决断时要给他以决断权，清朝历史上这样的例子很多。总而言之，治理边疆是靠人去治理，群众是真正的英雄，那没错，但是我还有一句话，关键在领导，在我们当官的，在我们"父母官"，在我们边疆大吏，边疆大吏里边应该有一批经过考验的民族的高层领导干部，要形成一批久经考验的民族的高层领导干部，再加上中央的权威，中央正确的政策、方针，那么我们边疆的稳定局面，应该说是有保证的。

　　谢谢大家！

郝时远
中国的民族与民族问题

郝时远，男，内蒙古人，蒙古族，中共党员，1952年出生。

1976年毕业于北京钢铁学院机械系冶金机械专业，1981年毕业于内蒙古大学蒙古史研究所，获史学硕士学位。

1982至今在中国社会科学院工作，现任中国社会科学院民族学与人类学研究所所长、研究员、博士生导师，《民族研究》《世界民族》杂志主编。享受国务院政府津贴，国家级有突出贡献的中青年专家。

主要学术兼职：全国哲学社会科学民族研究学科规划组副组长、中国民族学会会长、中国世界民族学会执行会长、中国人类学学会副会长、中国民族理论学会副会长等。

研究领域：民族理论、民族问题、民族政策、民族历史。

一、历史国情：各民族共同建立统一的多民族国家

看待中国的多民族的统一国家的结构，必须要从自身国情出发，并对其历史基础有一个深刻认识。

全世界90%以上都是多民族国家，它们的形成有不同的历史轨迹。中国统一的多民族国家的形成，基本上没有所谓外来移民，只有很少数的从周边国家移住到中国的一些居民，中国多民族互动的过程几千年来没有中断，始终进行。

《礼记》中就最早记录了这种多民族互动的关系。这在人类社会发展过程中并不常见。以中原地区农耕文化为主形成的华夏或者叫"诸夏"，对周边形成的辐射性、吸纳性的影响，一直在发生着作用，是整个中国发展历史中一个基本的动力，一个互动场域，并最终造成统一国家的基本格局。

秦王朝在中原地区建立了统一政权，虽然其存在时间比较短暂，但是奠定了中国统一的基础。在各民族互动的过程中，不同文化、不同特征的交融是非常密切、非常频繁，而其基础就是春秋时期思想的繁荣、经济社会的发展。如果没有春秋时代大融血，就不可能有思想的繁盛。

在几千年的统一进程中，中国在封建王朝延续的历史上，出现过四次大统一：秦汉、隋

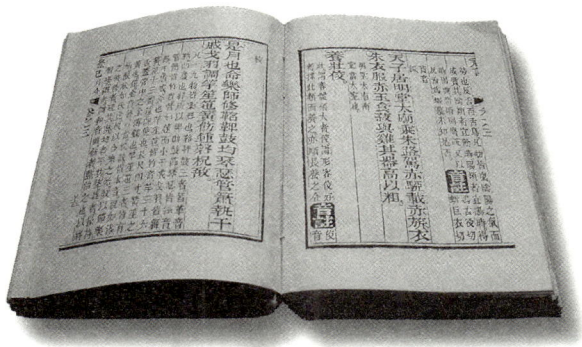

《礼记》书影

唐、元代、清代。其中两次是由少数民族入主中原实现的。这种历史国情在世界上是绝无仅有的。

这种现象说明民族之间的互动，历史上的民族关系相当密切。在这种互动当中，连接各民族之间的基本纽带还是经济、文化等涉及民生发展的基本要素。

虽然历史上民族有分分合合，领土有盈缩，政权在更迭，但是中国文明没有中断，不像古代的几大文明起源出现了中断，出现很多历史上辉煌的成就到现代都解读不了的一些问题。很大原因就在于融入新鲜的血液，不断地吸纳和放射，文化的更新和民族的融合过程是与时俱进的，是一个持续的动态的过程。

这个历史基础就决定中国在近代遭受帝国主义列强侵略、中华民族处在危难的历史关头，并没有被肢解和分裂。在近代，我们丢失了很多的领土，而且今天主要的最重要的一些民族问题，如西藏问题、新疆问题、内蒙古包括和蒙古之间的关系问题，还有其他方面的问题，甚至包括台湾的问题，历史基础都是帝国主义侵略的后果。所有的这些所谓热点问题，基本上都是帝国主义留给新中国的民族问题遗产。清王朝和民国政府对边疆的治理统治能力都相当薄弱。少数民族在近代抵御外来侵略的过程中发挥了非常重要的作用。

由此，纵观中国古代包括近代历史的进程，费孝通先生提出的"多元一体"的概念，对中国统一的多民族国家是一个非常好的概括。多样性构成多元，统一性构成一体。"多元一体"格局是我们从古到今形成的一个重要历史基础。

二、现实国情：建立平等、团结、互助的社会主义民族关系

中国少数民族总人口比重只有8.41%，但是规模已达到一个亿以上。这样一个人口基数，对国家而言是非常重要的。我们解决民族问题

的工作难度，要比世界上其他任何多民族国家都要困难。这是立足国情应该具备的一个基本意识。

（一）民主改革与民族识别

从中国新民主主义革命开始，共产党在探索解决中国民族问题的道路过程中，曾经受到来自孙中山近代的民族主义的影响，后来受到苏联以共产国际为主的影响。

三十年代中期以后，中国工农红军长征过程中途经大量的少数民族地区，中国共产党人才真正了解少数民族地区的社会、经济、文化和中原地区的关系乃至于汉族之间的关系。毛泽东这一阶段，对民族问题的关注和对民族理论以及制定解决民族问题政策方面的贡献功不可没。

从新民主主义革命时期一直到中华人民共和国成立以后，中国在解决民族问题方面形成了一整套比较成熟的制度和基本政策。

（二）民族区域自治制度

内蒙古自治区从1947年开始建立。在那之前，延安已经做过一些边区性民族自治的实践。中华人民共和国成立以后，慢慢就全面推行民族区域自治制度，放弃历史上所谓搞联邦这种不符合中国国情的一些设想或者是一些理论。中华人民共和国成立以来，民族区域自治制度在保障各民族平等、团结、互助的社会主义民族关系方面，在保障少数民族平等权益方面，已经发挥非常重要的作用，已经形成社会主义制度的一个基本优势。作为国家政治制度的组成部分，作为未来基本优势，作为现在和今后政治文明建设的一个重要任务，它的发展和完善对解决国家的民族问题是一个基本制度保障，当然还要有法律的配合。

从民族自治地方的分布来看，民族自治的地域占到国土面积的64%。此外在资源方面，其资源蕴藏量对国家未来的可持续发展都是不可估量的。因此少数民族地区的经济、社会发展，关系到整个中华民族的问题。这种"你中有我，我中有你"的民族观，利益交织、共同发展的要求，决定了中国只能是在各民族共同发展、共同繁荣、共同富裕的基础上才能够实现中国特色的社会主义现代化。

（三）民族分布与国家利益

现在面临的基本民族问题是一个如何实现各民族共同发展的问题，少数民族地区就是如何加快它的发展问题，对西部大开发和全面建设小康社会，对解决民族问题具有重要战略意义。西部大开发在某些方面讲，蕴含着一个解决民族问题的思想，超过单纯经济追求的指标。少数民族地区的贫困面还是脱贫致富、扶贫工作中的重中之重。

（四）西部大开发与全面建设小康社会

在西部大开发过程中，重视对两种资源的保护问题：一是文化多样性，这一理念或观念，在国际社会中已经形成比较高的共识，人们已经认识到在世界历史发展过程中，不再追求一种同一性的东西。九十年代以后，文化多样性理念的出现，对人类社会的影响逐步增大。历史上对同一性的追求，甚至从权力、战争的层面来推动，使得人类多样性的文化生态受到严重破坏。中国在民俗方面流失了很多东西。民间物质文化的有形文化以及无形的文化资产，现在都作为文化多样性保护的对象。

文化多样性的观念主要来自人们对生态危机的一种认识。八十年代以后，实际是七十年代后期，罗马俱乐部的学者们提出了关于生态危机全球问题当中的一个观点，涉及掠夺性发展的资源开发对人类社会造成的什么后果。八十年代以后，生态问题成为全球化进程中一个非常重要的问题。九十年代，世界性生态的保护问题引起世界各国重视。生态的多样性是维护生态平衡的基础，可是现在每天物种的消亡都在以数千种的速度进行，造成的后果就是物种多样性的消失，造成生物链的断裂，造成生态危机和不平衡。这一理论推导到文化中，在西部开发中对这两种生态的保护应该引起高度重视，不能只看到西部经济发展指标问题，它的生态建设、生态恢复、生态保护和文化保护也非常重要。无论文化还是生态方面，西部都是国家多样性资源的最重要地区。

三、当代中国的民族问题：内在动因与外在影响

中国社会的基本矛盾决定了民族问题的主题。

（一）内在动因与表现

中国社会民族问题的主题是少数民族迫切要求加快发展和自我发展能力不足的问题。

从外部影响而言，中国现在正处在不断进入世界的进程。开放会受到交互性的影响。人流、物流、意识流和整个传媒手段的各方面的变化都在加速全球化的互动和交流。所谓远程参与就包括民族问题的示范效应、理论、某些意识在这方面的影响。

从内在动因上来讲，基本矛盾是属于少数民族迫切要求加快经济文化发展，由此表现出来的经济发展差距的问题。

从九十年代以来到现在，国家的民族问题是一个不断增多的趋势，而且其高峰并没有到来。因为现在的族际互动还是非常初级的，西部开发的进程、城市化的进程还非常慢。

经济发展、城市化进程所起的很重要的功能主要是两条。一是消化农民，二是溶散民族。高度城市化的情况下，民族不可能聚居，而要走向城市。这是中国未来发展的方向，今后可能每个城市中都是多元的、多样的、多民族的，聚居性的社区也有可能出现，西方发达国家的城市化进程也是如此。

在这一过程中，各民族怎么能够相互适应、相互理解以减少冲突，就是民族工作今后着力的一个部分，就是要加强城市散杂居状况的民族

问题、民族工作力度，未雨绸缪。

外在影响比较突出的、表现烈度比较强的这些问题跟外在的民族问题直接相关。这种直接相关有两个因素。

第一，二十世纪九十年代苏联东欧的演变解体过程中民族纷争引起国家裂变，美国西方一些政论家、学者、政治家连续抛出一些论调。一是"共产主义大失败"而且是"民族主义战胜了共产主义"。二是"历史终结"论。就是社会主义阶段根本不存在，历史终结在资本主义文明，这是人类极限。三是"文明冲突论"。冷战架构解体以后，世界的冲突不再是两个大阵营的对抗而是所有的文明分界线由于宗教、种族、民族的一些关系引起冲突。这些理论实际上就成为西方国家分化分裂中国的最重要理论基础。

第二，九十年代随着世界上民族主义浪潮的兴起，世界各地爆发七十多个以民族宗教为特征的冲突热点。这种扩散的交互性影响对我们产生的作用非常显著。因为中国所有的所谓热点问题，基本上都是在九十年代开始高涨并形成气候。这种气候就是要分裂中国。

在国际上，境外敌对势力分裂中国的论调的演变是从九十年代以后开始。最早提出的是台湾"国防部"的副部长林中斌，他提出"团块论"。把中国按照经济大区分七个发展区，当时他并没有完全直接主张把中国解体。第二个是日本的一个政论家，提出要把中国分成十二个小国。台湾还有一个学术界以王文山为笔名的人，提出"和平七雄论"，认为中国应该回到战国时期，战国七雄的状况可以解决很多问题。然后就是日本的右翼石原慎太郎，将中国分成六个国家，台湾是其中之一。最后就是李登辉在《台湾的主张》一书中提出的"七块论"主张，这是他吸收了包括石原和所谓"和平七雄"的"七个团块论"一系列的论调而产生的，对"台独"产生相当大影响。虽然这些都是一些舆论，没有很现实的一种威胁，可是却反映了境外的敌对势力对中国分化的想法和行动。"分化""西化"不是抽象的，这些文字的文本的东西进一步就都可以做出来。因而对境外的这种影响应该高度重视。

（二）热点问题

1. "台独"问题

台湾要分裂中华民族，要分裂统一的中国，那它就是一个民族问题。

在对民族问题、对分裂势力的认识上，首先要搞认识到，分裂势力不一定只限于少数民族范围。世界上可以看到很多属于地区分裂性的问题。

"台独"是中国最大最危险的一个分裂势力，从民族分裂的角度看，在实现"台独"主张的过程中，实际上走了三步。

第一步是"去中国化"。台湾所谓的"省籍矛盾"，就是指1945年以后随着国民党政权败退台湾的群体和1945年以前移居到台湾的群体间的矛盾，前者叫"外省人"，后者叫"本省人"。国民党政权到台湾以后，它所依靠的统治力量和民众基础是带过去的"外省人"，把持各级政权。而原来在日本占领下的台湾的所谓"本省人"，主要在农民、手

台湾日月潭

工业、私营业主这样一个层面从事工作。这样省籍间矛盾就比较厉害，划线比较清楚。

七十年代以后，台湾的外部环境发生变化。中国恢复了在联合国的席位，各个国家跟台湾断交，它的国际空间一下缩小，造成内部的动荡。在七十年代后期出现"反对运动"，就是来自于民间各种各样的维护自己权益的抵抗专制、抵抗国民党威权统治的"反对运动"，其结果促使国民党"本土化"。大量吸收"本省人"精英加入、改造国民党，淡化"外来政权"的色彩，李登辉就是在这个过程中受到重用。

1986年民进党成立以后，提出"台湾人要本土化"，就是要去中国化。而台湾的经济社会已经发展到接近西方国家的中等发达水平，它的中产阶级力量、社会分层都出现新的变化。西方工业化、后工业化所谓后现代的一些思潮和理论都引进到台湾。从民族问题上来讲，它是要塑造"去中国化"的"本土化"台湾，要证明自己是台湾人而不是中国人，要建国、建立现代的民族国家，造出"台湾民族""台湾国"。就需要有一个抵抗中国国民党原来构架的"中国大一统"的观念，这也是后现代理论中最重要的。因为所谓"宏大叙事"，是指有宏观的一个大视野。讲究规律，讲究从历史怎么发展到今天，而后现代理论认为那些东西都是专制主义，都是霸权话语，提倡"本土化"的东西、地方性的知识和个体的主体立场，要的是片段而不是连续性的东西。

1989年民进党提出族群划分。李登辉提出，把台湾民众分成四大族群：外省人、闽南、客家、原住民。原住民就是高山族。使其相互排斥，相互拉拢。主体是排斥"外省人"。通过这种把利益、政治微观化、"族群化"实现解构中华民族意识和中国意识的目标。这些年来，陈水扁势力在这方面起了相当大作用。台湾意识不断增长，要搞"正名运动"，要修宪，要剔除宪法中国民党的那套东西。这是他们推进的一个东西。

另一个推进的就是利用台湾的原住民为"台独"寻求"草根社会"的血缘基础。台湾的少数民族的来源，近些年来成为台湾炒作的一个非常重要的问题。因为台湾少数民族的语言基本属于南岛语系。他们认为他们就是"南岛民族"，制造出一个"南岛民族"，认为原住民和大陆没有关系。而大陆考证台湾原住民的主体是古代中国百越民族的一支，后来又融合了其他的人民。现在台湾进行反驳。陈水扁搞了一个扶持南岛民族，扶持原住民文化，利用原住民的文化标志创造台湾的历史根源。表面上把原住民抬得很高。对"台独"陈水扁政府来说，利用原住民这样一个国际联络，是扩大国际影响、拓展国际活动空间的一个渠道。

最极端的观点就是台湾除了几百万"外省人"以外，剩下的人所谓"本省人"群体都是原住民的血缘后代的说法。很多学者制造"原住民祖先血统论"。肆意夸大历史上原住民的人口，篡改史料，改变明清之际大陆向台湾移民的历史事实。台湾这种造势的影响非常大。2002年由陈水扁主持召开了"南岛民族领袖会议"，表明"南岛民族"是一个新共同体，这是跟它经济上的所谓"南进战略"完全吻合。就是要在南边找国际空间。所以台湾问题的危险性很大，尽管台湾是最大最危险的一个分裂势力，但是它不可能会从中国分出去。

2.西藏问题

九十年代以来达赖在推动西藏问题国际化方面取得相当效果。国家大陆范围内的民族问题，国际性特点最突出的就是西藏问题。达赖流亡以来，出访的地方很多，尤其在九十年代以后，多次到西方国家，并以印度作为基地，在外面设带有使馆性质的办事处。此外还利用他的宗教影响，在世界各地建立藏传佛教的宗教组织吸收各类人。国际上各种各样的援藏组织数量也相当大，包括很多学生组织，至于涉及西藏问题的国际互联网站就更多了，难以尽数。还有一些国家的议员组成西藏问题小组，审议中国的西藏问题，接受西藏的各种诉求，然后在议会里要求对达赖集团的要求通过决议。比较大规模的就是国际援藏大会，已经开了四次。从国际社会进行应对的角度讲，西藏问题相当程度被国际化。这种国际化一旦纳入到比如说联合国的机制，这个问题就非常大。

现在达赖的所有外围组织的活动还有一些西方国家的援藏组织的活

西藏布达拉宫

动，就是要把西藏问题纳入到联合国人权委员会。达赖目前的主张总体上是放弃所谓独立，主张高度自治，建立一个大藏区。所谓大藏区就是除了西藏以外，周边的甘、青、川、滇四个省区的藏区合在一起，"一国两制"，按照港澳的模式治理。一方面他们现在制定西藏特别自治区基本法对中国施加压力；另一方面，利用国际势力加大压力，要求谈判。锦涛同志对这个问题有专门批示。我们从来没有承认过达赖的所谓流亡政府，也不可能跟他搞什么对等谈判，但是接触商谈是可以的。

从前年开始，达赖的哥哥、特使代表连续回来两三次，并让他到藏区去参观了解中国的民族区域自治制度，效果还是比较好的。我们还要让更多西方国家的人到西藏，因为现在对外宣传西藏工作当中，我们还是处在被动，处在弱势，我们的宣传手段、宣传品的内容还不能够很好地打开局面。凡是到过西藏的人，他们都会对西藏的印象发生转变。

很多国家为追随美国一些国家，也有意把西藏问题炒热，然后邀请达赖访问。不断地助长西藏问题的国际化。所以在西藏问题上，它现有的这套主张我们绝对不会同意，我们已经有了自治。

现在我们面临的是一个后达赖时期，一方面达赖有病，一方面他年龄已大，他已经从前年开始做了很多后事安排，其中一个就是转世问题。他过去讲过他不转世，后来讲还要转世，这几年所谓的转世，就是他要转到境外，不转回中国，甚至也可能转到西方民主国家。达赖转世问题是很复杂的，应对的时候也很复杂。他们内部现在也在分化，也在出现一些相关的权力争端。另外以"藏青会"为主的一些极端势力今后在达赖之后走上极端暴力这种可能性也是存在的。

3.新疆问题

新疆问题在国家民族问题热点中是非常复杂的，民族多样性表现突出，有十几个民族在新疆世居，而且他们大都信仰伊斯兰教，而伊斯兰教全球性的影响超过其他任何宗教，并在不断地发展滚动。伊朗革命以后，原教旨主义对所谓伊斯兰世界影响非常大。随着苏联解体，对中亚地区伊斯兰的争夺就是重新绿化中亚，这对新疆有相当的影响。

现在新疆的问题很复杂，但今天主要讲分裂势力，也就是指"东突"势力。"东突"势力的形成大体上分三个阶段。

20世纪的二十到四十年代，新疆出现了若干个分裂性政权，而且背后有一些帝国势力的支持和策动。新疆和平解放以后，原有的境内"东突"势力跑到中亚地区，跑到土耳其、南亚一些地区。

五十年代到八十年代，美国扶持了一些势力，主要是在土耳其方面，就是艾沙的"东突"。六二年的时候苏联策动"边民事件"，这些东西都形成了后来"东突"的基础。

80年代末到1990年以来是境内外"东突"势力发展最猖獗，也是前所未有的阶段。现在境外的"东突"分裂组织达七十多个，主要分布在中亚、西亚、南亚然后就是西方。这些组织种类繁多，规模不一。

这些组织属于"东突"分裂势力，但不一定都是恐怖组织。我们不要简单地把"东突"势力和恐怖组织都联系在一起。

中国民族问题九十年代以来有两个趋势：一是民间层面的社会性问题，涉及经济社会和国家发展主题相关的民族问题增多。二是热点增多，表现烈度趋强。

但是目前的形势还是可喜的。一方面利用国际"反恐"的形势，着力对"东突"势力进行瓦解，对恐怖组织进行打击，取得的成效是相当显著的，而且恐怖势力过去谋求的国际化和国际影响的渠道就是通过制造事端，引起国际社会注意，然后接受他们所谓弱势的诉求，现在他们就不敢这样了，现在惹事就意味着是恐怖组织，就可能被上名单，中国政府就可以放手地去打击，所以他们现在就在这样的一个大气候中所蛰伏。隐藏下来搞文化宣传活动，所以我们应该利用这个形势继续遏制其发展的势头。

4.朝鲜半岛问题

朝鲜半岛问题、高句丽问题现在主体上还是处在学术研究层面，没有成为国际之间的一个关系问题。国家官方也没有对这个问题表示什么态度，但是中央批准了一个东北边疆研究工程，2002年启动以来现在已经出了一系列成果。

所谓"高句丽"是历史上中国境内出现的一个少数民族政权，公元前37年建立，668年灭亡。建都实际就在吉林的吉安这一带，现在吉安也是高句丽古遗址的最重要的一个地方。但是从历史上讲，中国的历史比较复杂，"五方之民"的互动，有时候王朝的范围小一些。明朝也算统一，但周边还有很多政权林立，但跟中原文化、经济的关系非常密切。后来有相当部分的人都融散在中国土地上，像这样一些政权我们都把它划在中国历史疆域和少数民族建立的政权中，但是从五十年代金日成同志主导《朝鲜通史》的编写的时候开始，涉及了如何把朝鲜的历史追溯到远古的问题，涉及中国的历史部分和中国的疆域问题，韩国虽然政治上和朝鲜对立，但是民族情绪、民族主义、历史的荣耀两边分享。从五十年代开始，高句丽问题就开始成为朝鲜半岛两边历史研究中的一个很重要的做文章的地方。

这种文章做的结果涉及我们的主权问题，涉及我们的历史重新写的问题，我们的学界开始反应，可是这个反应鉴于中朝两国的唇亡齿寒的友好关系，基本上不让发表这方面的文章和做这方面的研究。这个状况

集安高句丽遗址

一直延续到八十年代。

高句丽的疆域并没有一个很固定的东西，可是现在韩国提供的蓝图，将中国的整个东北地区和华北地区的一部分，包括山西大同这一带全部划成历史上高句丽政权的领土。这个问题就涉及对我们领土的诉求了。

在渤海问题研究上也是如此，我们开始学术层面进行东北边疆工程的研究，这是一个应对，是一个要从理论学术上阐释中华的发展历史脉络，澄清高句丽问题。中央对这个问题也是非常关注。现在总体来说，还没有完全政治化。可是当韩国听说中国搞东北边疆工程以后，国内游行示威的反对声势很大。

朝鲜半岛问题现在是处在学术和半官方的争执中。但是朝鲜半岛的问题远不止是这些问题，如果说出现某种剧变的话，我们就面临很大的一个难民压力，所以朝鲜半岛问题是要特别注意的。

5.蒙古问题

蒙古问题主要涉及历史上蒙古独立过程中留下的一些问题。随着中国的强大，港澳的收回，有关收回蒙古的舆论也越来越多，都会增加蒙古的疑虑。蒙古对中国的排斥以及极端民族主义的发展也在动态当中。

苏联解体以后，蒙古像其他东欧国家一样，极端民族主义、排俄、排共、反华势力都纷纷出来，其中一个很大的思潮就是"三蒙统一"。

所谓"南蒙古复兴运动协调总会"是直接针对内蒙古的，它的主体力量筹划人也是从内蒙古出去的。此外还有"德王协会"，"世界青年蒙古族复兴运动会"等。

整体来说，对这几个热点的外部影响不能忽视，但是我们要充分地相信自己在解决民族问题方面已经取得的成就，不能够过高地判断境外势力的作用和能力，更不能以民族问题的危险性，来掩盖地方在改革开放的无所作为。

在边界地区还有民族跨界交互的社会问题上的影响问题。云南、广西这些问题都比较严重。

四、推进我国解决民族问题健康进程的几点思考

（一）高度重视民族问题

观察中国民族问题，解决处理中国民族问题的立足点是社会主义初级阶段。而且民族问题是一个长期性的东西，要充分认识民族问题的普遍性、长期性、国际性的特点。

（二）发展和完善民族区域自治制度

在制度建设上民族区域自治制度的制度优势不能放弃，要发展、完善、加强。

（三）发展是第一要务

发展还是要以人为本，要按新的发展观。发展是第一要务，发展会引起变化，但是变化不见得都是发展。变化中也包括了恶化。

葛剑雄

十三亿中国人的来历
——中国人口史概述

葛剑雄，祖籍浙江绍兴，1945年12月15日生于浙江湖州（原吴兴县）南浔镇。

1981年获复旦大学历史硕士学位。1983年获复旦大学历史学博士学位，1993年任博士生导师。曾担任中国历史地理研究所所长、历史地理研究中心主任、复旦大学图书馆馆长。

曾在美国、法国等多所高校任客座教授或做访问学者。先后出席在美国、英国、日本、法国、比利时、韩国、西班牙、澳大利亚、加拿大、德国、越南、新西兰等地召开的国际会议。

学术兼职：国际地圈生物圈中国委员会委员、教育部社会科学委员会委员、中国秦汉史研究会副会长、中国史学会理事、中国地理学会历史地理专业委员会主任、上海市历史学会副会长。

所著《统一与分裂：中国历史的启示》被中共中央委托中宣部、中央党校、中国社科院召开的"纪念党的十一届三中全会理论讨论会"评为论文奖，所著《中国移民史》（主编、第一二卷作者）于1998年获上海市社会科学优秀著作一等奖，1999年被中宣部评为"五个一工程入选作品奖"。

各位领导早上好，今天我要介绍一下我们国家的人口，也就是今天的十三亿中国人是怎样发展而来的？

一、人口的来源

关于中国人的来源，现在有两种说法：一种是传统的本土说，认为中国人是在我们的土地上逐步发展而来的；另一种说法是外来说，外来说产生比较早，早期的西方人就认为中国的人口不是在本土上产生的，而是从外边迁来的。最近一些年来，遗传基因研究的发展为外来说提供了新的证据。中国两个重要的遗传研究中心同时得出结论，根据基因分析，中国人应该是十万年左右前从非洲迁来的。他们的结论跟原来的本土说并不矛盾。他们认为元谋人、北京人是一两百万年以前或者几十万年以前的人，后来消失了，或者迁走了。今天的中国人主要是来自非洲。在国际上，外来说比较占上风，而在国内，仍然是本土说占上风。这个问题的真正解决还有待遗传基因研究本身的发展，以及我们自己的考古和古代史的研究。但是我个人认为，不管这个问题最后怎么解决，都丝毫不能影响我们国家五千年悠久的历史和文化。

今天的十三亿中国人主要是依靠自然增长，也就是本土人口出生和死亡累计而达到的。另外还有一个因素就是机械增长，即外地人口迁入和本地人口迁出的结果。中国人口的发展主要是自然增长的结果，尽管也有迁出迁入，但是这个总数跟本土庞大的人口相比往往可以忽略不计。不过他们在民族、文化、宗教这些方面的影响要超过人口数量本身。历史上整体迁入迁出的有两个民族，一个是乌孙，一个是月支。这两个民族，原来生活在河西走廊的西部，后来受到匈奴的压迫，就整体迁到了伊犁河谷，有的迁到了今天的阿富汗、中亚这一代。另外还有一些人口陆陆续续迁到外面，比如秦朝的时候，不断有人迁到日本和朝鲜，还有人迁到越南。到了近代，更多的人迁到欧洲、美洲、大洋洲，他们就是今天留在海外的华侨，这也就是海外华人的来历。更早的人口迁移活动现在已经无法考证，早期迁出去的人早已融合在当地的人口中间。比如相传徐福从山东迁到了日本，这件事并没有完全确定。可以肯定的是，在秦朝或秦朝以前已经有中国人迁到日本列岛。这些人到哪里去了呢？他们都融合在日本人中间了，去朝鲜、去越南的中国人基本上也是这样。第二类迁入的人口相对比较多。有很多民族，它们原来的主体部分在中国，有的是跨境的民族，但是它们现在作为一个民族已经不复存在了，基本上都融合到汉族里了。比如匈奴、鲜卑、昭武九姓、突厥、回鹘、高丽、契丹、女真等。

二、中国历代人口与户籍人口对比

不管怎样讲，我国人口的发展主要还是本土人口生息繁衍的结果。要了解中国历史上究竟有多少人，到目前为止还是一件非常困难的事情。我和我的同仁们研究人口史已经有二十余年，并且出版了六卷本的

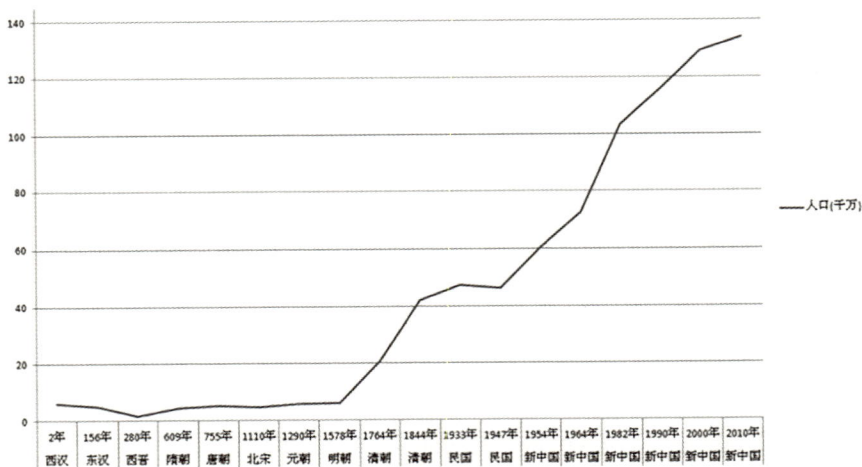

中国历代人口数量

《中国人口史》，但是我们也不敢说我们已经弄明白了中国历史上究竟有多少人。主要原因是我们国家尽管有积累的户口数字，但是这个人口数和实际人口差距非常大。我们今天进行人口普查的目的就是为了了解我们国家的实际人口，所以虽然有较小的误差，但是与实际人口相差很小。从最近的人口普查来看，我们已经将原来忽略的流动人口纳入到统计数字中。比如说上一次人口普查时就规定，在一个地方居住满半年的，就要在居住地登记，尽量避免人口的漏报。可是古代进行户籍登记的目的不是为了统计人口，而是为了赋税服役的需要。在这种情况下，统治者的精力肯定是放在承担赋税和劳役的人口上面。小孩子、妇女和六十岁以上的老人是不承担徭役的，所以就被忽略了。因此这种数字往往是不可靠的。在绝大多数情况下，户口人数跟我们今天推算出来的实际人口之间是有差距的，但是也有基本上接近的时候。比如说公元二年，也就是西汉末年，户口人数与实际人口基本上是差不多的。为什么呢？如果某一时期的法律规定几乎所有的人口都要承担赋税，那么这一时期调查的就几乎是全部人口。比如汉朝的时候曾规定小孩子七岁以上开始交人头税，妇女和老人也要交。汉武帝时还一度把赋税年龄提前到三岁，这样一来三岁以上的人口都需要调查。但是在一般的朝代，妇女、老人、小孩是不承担赋税的，那么这个时候调查的主要精力是成年男子，其他的人口数就不太可靠了。在这个过程中，我们发现不仅是贪官会隐瞒户口，清官也会隐瞒。清官隐瞒户口以后，还会受到老百姓和地方士绅的赞扬，有的还写进歌功颂德的碑刻里面。这是什么道理呢？差别就在于贪官隐瞒了以后，是把这一部分中饱私囊，而清官隐瞒户口是为了减轻百姓的负担。

这种情况到了清朝才发生较大的变化。康熙年间颁布了一项措施，叫作"盛世添丁，永不加赋"。规定从康熙五十一年开始，再增加的人口不收赋税，就是说从康熙五十一年以后，新增加的人口只登记数字，不再加税了。从这个时候开始，户口的功能开始演变了。到了雍正年间，又实行一项措施，就是"摊丁入亩"。以前的税收基本上是跟人口挂钩的，而"摊丁入亩"政策颁布以后，人口与税收不再挂钩了。当时政府颁布这项措施的依据有二：其一，政府主要收农业税，而农业税应该根据土地来收，以往根据人口收税的方法是不合理的；其二，当时有个说法，叫"天下有逃丁无逃地"，人可以逃掉，但土地逃不了。这样一来，中国实行了两千多年的以户籍为主的调查制度改变了。乾隆年间的保甲制度，加强了对人口地调查，所以乾隆中期时的户口数字跟实际人口数已经比较接近了。

到了宣统年间，清朝准备实行立宪、划分选区、进行选举，这时才正式下令进行人口普查。这是中国历史上第一次真正地以调查人口为目的所进行的普查。这次调查的结果到民国初年才统计出来，尽管跟现代的人口普查比起来还有很多疏漏，但是它是中国历史上第一次通过调查的办法得到的人口数字。这时中国的人口大概四亿多一点。可见历史上，一般都是实际人口要比户口数字多，有的时候甚至要多将近一倍。

这里还有一个比较大的隐漏，就是少数民族，特别是散居的少数民族，它们往往没有被纳入人口调查之中。宣统年间也是这样，甚至一直到1953年全国第一次人口普查的时候，西藏地区还没有办法进行像内地一样地逐级申报，逐人调查。当时西藏的人口采用的是西藏地方政府上报的数字，而当时西藏地方政府上报的数字是偏高的。所以后来有一些别有用心的人，利用这个数据来攻击我们，说共产党执政期间，西藏人口减少。

三、人口数量变化的特点

（一）增长缓慢

中国历史上有很长一段时间，人口的增长都是高出生率、高死亡率、低增长率，人口学上称之为高高低的增长模式。出现这种增长模式有以下一些原因。

初婚年龄是一个影响因素。中国的儒家经典认为，男三十女二十是最合适的婚龄。汉朝时还有人说，结婚太早会影响后代。到西汉惠帝时，也就是公元前二世纪初年，曾经颁发一项法律，规定妇女如果到了三十岁还不出嫁，就要五倍地增收人头税。但是从西汉以后，再也看不到限制晚婚的法律了，可见以后的婚龄逐步地提前了。历史上的法定婚龄最早的是男十四、女十三，但比较多的是男十六、女十四。可见中国过去的两千年间，婚龄是比较早的。

除了婚龄之外，我们还要考虑有偶率。有偶率是指成年人口中，能够结为夫妻的比例。中国有一个特殊情况，就是一部分男子有多个妻子。如果男女的有偶率要达到基本平衡的话，男女比例大约是106：100或107：100，如果没有人为干扰的话，各民族的男女比例基本上在这个范围之内。但中国往往要达到110：100，甚至120：100，就是说男性比女性要多。通常说皇帝后宫三千，实际上多则达到一万以上。这些被征进宫的宫女一辈子就只能够伺候皇帝一个人。各个国家比较起来中国的多妻是最厉害的，而且是最缺少法律限制的。明朝有一个亲王，他一共有100多个儿子长大成人，如果他还有100多个女儿，再考虑到婴幼儿死亡的话，他至少有250个子女出生，那么他要有多少妻子？《可兰经》里面虽然允许一个男人最多可以娶四个妻子，但是它也规定，当娶第二个妻子的时候，要征求第一个妻子的意见。而且《可兰经》还规定，所有的太太都处于平等的地位。由于一部分人有多个妻子，因此就造成大量的男子终身不娶。这种情况不仅限于皇帝和亲王中间，一般的官员和地主也会有这种情况。所以这就极大地影响到妇女的真正有偶率。

生育率也是影响人口的因素之一。从理论上来讲，一个妇女如果从26

古代一夫多妻制

岁开始生育，那么一生平均可以生养八个孩子。但实际上我们要考虑的是净生育率，就是她最后真正生育的数量。上面讲到，多妻会影响到有偶率。一直到宋朝以前，理论上讲每一个成年男子都有一段时间要承担兵役跟劳役。古代人的平均寿命比较低，孕妇产妇的死亡率比较高，婴幼儿的死亡率也比较高，高到什么程度呢？古代的我们没有准确的数字，但是1938年的一个统计数字显示，今天内蒙古南部呼和浩特一代的绥远地区，它的婴儿死亡率是千分之四百五十，就是每十个婴儿里面有四个半要死掉。当时全国平均婴儿死亡率是180多，超过1/10。为什么儒家经典里要子女要为父母守孝三年呢？是因为你吃过母亲三年的奶，甚至更长。在哺乳期内，女性就不会再怀孕，所以生育的间隔比我们现在要长。

家庭的规模也是一个很重要的数据。从秦朝到清朝，中国历来的标准家庭是五口之家。从人口学上分析，我们需要分析这个家庭是核心家庭还是复合家庭。所谓核心家庭是由一对夫妻和他们未成年的子女组成。复合家庭里面包括一个或几个核心家庭，比如说弟兄两家在一起，或者一对夫妻上面还有父母亲，甚至还有祖父母。中国历代讲得比较多的是复合家庭，而不是核心家庭。在我们的印象中，好像中国古代都是大家庭，子女众多，儿孙绕膝。事实上大多数家庭规模是很小的，如果把大家庭分解成为核心家庭的话，那么每家可能连五个人都不到。古人喜欢大排行，我们在念唐诗时会读到元十八，就是元家第十八个男孩子，这是怎么统计出来的呢？其实是大排行，同一个辈分的人放在一起排下来，所以表面看起来数字很多，其实分到每一家，不过一、两个。我们经常看到中国历史上有五世同堂，甚至几世不分家，其实社会所大力表彰的，正是这个社会的稀缺现象。事实上历代统治者都希望分家，以便于以户为中心来统计赋税，所以不要把中国家庭的规模看得过大。传统观念的影响是又一个因素。中国历来男尊女卑，这种观念表面上看来很重视家族的延续，实际上是不利于人口增长的。"不孝有三，无后为大"里的"后"指的是男性人口，不包括女性。如果能够供养得起更多的子女，当然可以无限的生下去，一直生到有男性人口为止，但是如果没有能力抚养更多的子女，那就只能采取残酷的办法——溺婴。生女孩子不仅是一个经济的问题，更加关系到家族的体面。如果生的都是女孩子，别人会认为是祖宗不积德。如果有几房子女相互竞争的话，生女儿也会处于不利的地位，所以溺婴的现象就非常严重。

一些禁忌迷信实际上也起到了适当控制人口增长的作用。如果小孩子的生日跟父亲或母亲相同是不吉利的。小孩子生下来如果有牙齿也是不吉利的。古代还采取自然淘汰的方法。比如汉朝班昭写的《女诫》里面提到，女孩子生下来后要搁三天，看她自己能不能活下来。这种习俗其实各个民族都有，近代有人到南美的原始部落里去调查，发现他们生下孩子先放在丛林里面，几天以后再去看是否被吃掉了或死了。其实这是在人类没有办法完全供养自己的后代时，采取的一种自然淘汰的方法。

宋代中国人口突破一亿以后，开始有了各种不自觉的节育手段。一种方法是堕胎。明朝的文学家归有光在祭他母亲的文章里面曾经讲到当时在江南一代用吞活田螺的方法堕胎。还有一种方法是守孝。如果严格守孝的话，祖父、祖母、父亲、母亲的丧期都要守孝三年。在守孝期间不许过性生活，当然更不许生孩子。中国古代的修养派别中，有一派坚决拒绝过性生活，这对人口的增长也有一定的影响。

宋朝以后特别强调守节，为什么宋朝以后守节那么重要，以前不讲呢？因为宋朝的人口已经突破一亿。明朝、清朝以后，人口越来越多，让寡妇守节对社会人口的控制是有好处的。从表面看来，无论是迷信、守孝、守节、修养，都是一种文化观念，但究其根本，都是客观上受到人口压力，又找不到正当的理由而采用的借口。

汉朝的时候，妇女改嫁是非常正常的，人们一点不觉得羞耻。汉朝很多皇帝的母亲都改嫁过。唐朝有一位公主嫁了三次。唐太宗曾经下过一道命令，规定天下寡妇在居丧期满以后统统改嫁，并且把它作为考核地方官的一个指标。为什么呢？因为唐朝初年人口比较少，要增加人口。所以表面上是一种观念，其实它背后是一个社会历史的现实。如果现实有这个需要，就会有人把它解释得比较合理。

一般来讲，赋役制度、赋税制度都是不利于人口增长的。但是有的统治者为了鼓励人口增长，也会采取一些优惠制度。再一个因素是刑罚制度。中国在清朝光绪年间实行司法改革以前，历来盛行身体刑、肉刑制度。无论是死刑或者杖刑，都会造成身体的伤残或者死亡。由于犯人主要是成年男性，那么当然就会相应的引起妇女生育率降低。

再一个因素是战争的影响。中国历史上几次人口进入谷底都是发生在战乱的情况下。长平之战活埋了四十万战俘，项羽也活埋了二十万秦国的强兵。为什么都采取活埋的方式呢？因为要拿刀杀20万人或者40万人谈何容易！可见战争的直接人口损失的确很大。但是在冷兵器时代，主要的损失还是间接损失。因为缺少粮食，战争打起来以后，原来的生产者变成了消费者，假如征十万人去当兵，他们大多数是农民，那么他们的农活谁来干呢？如果战争延长，这种间接的损失更大。战争需要大量的军粮。战场往往离真正生产粮食的地方距离很远，因此粮食需要运输。唐朝时，高仙芝带了十万大军在中亚作战，一直打到今天哈萨克斯坦的江布尔。那么军粮是从哪里运过去的呢？有的粮食甚至是从关东、太行以东运过去的。所以宋朝的沈括说，如果有十万人打仗的话，恐怕需要几十万人运粮食，运粮的人往往是战争人数的几倍。所以当秦始皇征集七十万人为他修陵墓时，要多少人为他们运输粮食啊。战场上经常出现杀俘虏的现象，我们不能简单地认为是哪个人太残酷，主要的原因是缺粮。

中国的天灾历来很多，因为中国的东部主要是季风气候，而季风气候是很不稳定的。与其他国家相比，中国的地理条件不算优越。比如，印度的面积虽然比我们小，但耕地面积比我们多得多，而且印度基本上三面靠海，一面被喜马拉雅山阻挡，北方的寒流过不去，南方的水气还可以沉浸在这一带。美国是两面临海，主要受到海洋气流的影响，所以比我们气候好。中国又是一个农业社会，几乎所有的灾害，包括水灾、旱灾、蝗灾、风灾、冻灾都给中国带来严重的损失。好在中国地域比较广阔，可以以丰补歉。一般而言，持续的旱灾造成的人口死亡最多。因为水灾有突然性，但是只要躲过了，基本上就没有事了。但是旱灾，特别是持续的旱灾影响最大。

旱灾，农作物无法生长

传统观念影响人们正确地认识传染病。在东汉的时候，人们已经知道传染病需要隔离。通常他们把得病的人抬到郊外，放下吃的喝的，然后给他磕个头就告别了。但是当时有些人，特别是一些官员坚守儒家信条，认为这样做不仁、不义、不孝，又下令把病人抬回去。据说再抬回去就好了，但我想这是偶然的，一般情况下，这种情况反而会造成更大的损失。又比如说东晋的时候，朝廷规定，家里有人得传染病，那么可以不上朝。但是有的大臣就说，拿了皇帝俸禄怎么能不上朝，一来上朝就传了很多人。还有一次非常严重的大疫发生在建安年间，也就是东汉末年。建安七子中有四人死于这场瘟疫。张仲景的家族是南阳的世代名医，在这次大疫中，他宗族两百多口有三分之一死于这场大疫。

所以这些因素加在一起就决定了，尽管出生率比较高，但是最后的死亡率也高，那么造成了人口长期的低增长率。

（二）"大起大落"的真相

中国历史上出现的所谓人口"大起大落"中的"大落"是什么意思呢？它是指短时间之内人口的急剧下降。比如秦汉之际、东汉末年至三国、两晋之际、唐末五代之际、金元之际、明清之际等等。两个朝代交接的时候往往是天灾人祸，各种不利因素集中起来，所以人口急剧下降。最严重的一次是金朝被蒙古人灭了，淮河以北地区人口下降将近80％。如果为人口的变化画一条曲线，我们会发现"大落"是很快的，而"大起"只能是慢慢增长上去。开国皇帝都想使人口迅速地增长上去，但是人口增长不是变戏法，它只能慢慢地增长，需要一定的时间才能够恢复到原来的水平。

中国人口的变化的确有明显的阶段性。总体来讲，人口倍增的时间缩短了，幅度增加了。从公元初一直到十三世纪初，中国人口由六千万增长到一亿二千万，共花了一千两百多年。但是到了清朝，中国人口就从一亿零两百万发展到将近两亿。1853年太平天国前夕，中国人口达到四亿三千万，又翻了一倍以上。1953年人口普查我国人口是5.8亿，十年后增加到10亿多。所以总的来讲，倍增的时间缩短了，幅度在增加。这是什么原因呢？就是中国人口的发展又实现了一个转变。

（三）人口增长的阶级、阶层、民族的不平衡

研究历史的人经常怕讲阶级，但其实阶级是客观存在的。不仅存在阶级，还存在不同的社会阶层。特殊的阶层会有一些政治、经济的特权。比如说历代有身份的官员，都可以免除劳役和兵役。明朝、清朝时就出现了一个现象，很多人自愿地投奔能够免役的家庭，成为他家里的附属人口，以换取逃避赋役。在刑罚上，有身份的人也有特殊待遇。只要是秀才，审讯的时候就不能用刑。官员需要先照会学校革除他的功名，然后才可以跟普通百姓一样对待。在多妻的家庭中，对于妇女来讲，她的生育率并不高，但对这个家庭和这个阶层来讲，它的出生率就大大高于普通人。比如说宋朝的时候，赵匡胤一方面防止产生分裂格局，另一方面优待官员。所以宋朝的官宦子弟一生下来，基本都可以拿一份俸禄。王朝初年的时候，官员的结构是比较合理的，但是到了后期，社会供养的人就会越来越多。

少数民族的生育率比较低，增长率也比较低，这与他们所处的地理环境有关。他们一般都生活在高寒、干旱的山区，一部分人是原本就在

这里生活，还有一部分人是因为汉族不断地扩大，不断地挤压，使他们从平原退到河谷，从河谷退到山区，从山区退到深山。地理环境差异造成了民族之间人口增长的不平衡。

生产方式对人口增长会产生一定的影响。通常来说农业民族的人口增长比较稳定，所以从理论上讲，中国只要有土地，那么人口就可以不断地增长。土地利用率一旦改变，人口马上飞速增长。明清时期，南方人口增长得如此之快就是因为红薯、玉米、土豆、花生这些来自美洲的新作物使粮食产量得到大大地增加。

宗教有时也会对人口发展产生一定影响。元朝时，蒙古族的人口比回族多得多，但是现在回族人口大大超过蒙古族。为什么呢？一个原因就是蒙古族后来皈依了藏传佛教、喇嘛教。大量的成年男子当了喇嘛，再加上蒙古族本身是游牧民族，因此人口增长有所减缓。

四、两次人口转变及其意义

中国近代发生了两次意义重大的人口转变。第一次是从高出生、高死亡、低增长转变为高出生、低死亡、高增长。转变的时间学术界有一些分歧，我认为是从19世纪末年到20世纪70年代，也就是从清朝末年开始一直到实行计划生育以前。这个转变是怎么完成呢？第一，医药公共卫生取得了一些进展。有些传染病，原来不能防治，现在可以防治了，有些病，原来不能医，现在可以医了。比如说发现奎宁可以治疟疾，雷米封可以治肺结核。第二，出现了新式接生方法，降低了产妇、孕妇的死亡率。第三，物质条件的改变降低了灾害发生时人口的死亡率。比如说山西近代发生过两次大的旱灾，第一次死亡人数非常多，第二次显著减少。为什么呢？其一，第二次山西大旱的时候，铁路修通了，这样可以向灾区运送救济粮，还可以将难民转移到其他的地方。其二，万国赈灾会，就是国际红十字会在华北设立总部，提供了很多援助。除此之外，还动员了全国对山西进行支援，这样使它死亡人口大大降低。中华人民共和国成立以后我国在基层公共卫生上面取得了巨大的进步，使农村里的很多疾病得到根治或预防。特别是婴儿和孕产妇的死亡率得到大大地降低。

中国近代虽然经历了八国联军入侵、军阀混战、国共内战、抗日战争和解放战争，几乎是战乱不断，中间还出现了长江大水、黄河决口和很多灾害，但是中国人口在这样的情况下，居然还在不断增加。1949年中华人民共和国成立以后，估计当时的人口是四万万八千万同胞，后来讲五万万中国人民。1953年人口普查的结果是5.8亿人。开始大家都怀疑这个数字有问题，后来确认了这个数字没有问题。为什么大家会怀疑呢？就是因为大家对这样的增长缺少思想准备，人们没有意识到一次转变基本上已经完成了。所以当时根本不注意计划生育，也不注意人口控制，还在继续鼓励生育。我们进一步推广公共卫生，社会更加稳定，当然人口就会增长更快。比如我们三年自然灾害时，曾经出现过人口负增长，但是稍微一恢复，人口马上又急剧地增长。所以应该讲，这一次转变是在这时候完成的。我们应该充分肯定这次转变，不要因为现在需要控制人口而去否定它。中国的老百姓，祖祖辈辈盼望的就是真正的子孙满堂，真正的人寿年丰，真正的几世同堂，但其实根本就没实现过。中国能够自力更生地供养十几亿人口，这在人类历史上本身就是一个值得肯定的成就。

中国的人口增长于是从高出生、高死亡、低增长变为低出生、低死亡、低增长。我们要看到这两个转变完成的时间比外国要短得多。西方国家在工业革命以前与中国原来的模式一样，也是高出生、高死亡、低增长，但是工业革命以后出现了一个转变，变成了高出生、低死亡、高增长，也出现了一个人口增长非常快的时期。然后随着社会的进步，社会保障的落实，医药的进步以及文化教育程度的提高，又过渡到低出生、低死亡、低增长，也就是所谓三低阶段。其他国家的转变是很缓慢的，但是我国这两个转变都在很快的时间里完成了。第二个转变的时间更短，用了几十年就完成了，也应该承认这种快速地转变产生了很多反作用。

实行计划生育后，一些传统的家庭伦理也受到了挑战。比如，幼儿园老师再跟小朋友说你们要像兄弟姐妹一样团结友爱，小朋友就会问老师"什么叫兄弟姐妹？"每个家庭只有一个孩子，兄弟姐妹的概念已经没有了。一个家庭只生一个孩子这种试验在全世界都没有先例，它到底对整个社会的稳定和发展起到怎样的作用，现在还说不清。

上海是转化最厉害的，人口已经连续十几年负增长。那么人口下降到底好不好呢？现在上海的外来人口越来越多，本地人口越来越少，劳动力的配置也出现了一些问题。因此上海在前年取消了对不生育子女夫妇的奖励，同时又宣布，如果夫妻双方都是独生子女的话，可以生两胎，而且中间不需要间隔。尽管这么刺激，上海的人口去年仍然是负增长。

五、人口思想与人口政策

关于人口思想、人口政策，我们有时候会有一些片面的看法。首先是关于马尔萨斯的《人口论》。马尔萨斯认为，物质生产只会成算数数字增长，而人口是成几何数字增长，两者之间的平衡只能够通过战争、瘟疫这些消极的办法来达到。马尔萨斯的人口论有一定的历史局限性。首先，由于宗教信仰的原因，基督教徒不能堕胎，当时还没有有效的避孕手段，西方大多数国家对生育没有更好的干预手段。第二，在那个时代，马尔萨斯不能够想象生产力会有如此之快的增长。所以在看到他的局限性的同时，也要看到这是历史造成的，而不能一味地说他的观点是反动的。

应该讲马尔萨斯的观点在当时还是适应社会的。被称为中国的"马尔萨斯"的洪亮吉或者汪士铎，他们提出的观点比马尔萨斯有过之而无不及。马尔萨斯与他们并不是一个时代的人，他们的观点也不可能相互影响。汪士铎提出人口的增长总是快于生产增长，但是他没有像马尔萨斯那样科学地论证。汪士铎处在一个战乱的年代，家庭也很不幸，所以他提出了人多是祸害的极端观点。他说"天地之力穷矣"，所以要限制人口。他的方法很残酷，就是鼓励妇女不改嫁，并且设立教养院，女孩子从小就送过去，一辈子不许结婚，还提出要大规模溺婴，特别是女婴。为什么洪亮吉、汪士铎和马尔萨斯没有过任何接触，但是却都提出以这种消极的、甚至残酷的方法来控制人口呢？因为社会产生这样的需要。

由于中国当时没有完整的人口调查数字，所以大家对中国历史人口怎么发展都不了解，即使是伟人也免不了在这个问题上犯错误。比如说孙中山就认为，中国之所以弱，是因为中国的人口增长比外国慢，所以他坚决主张鼓励生育，生得越多越好。梁启超比较理性，他认为中国人口不是数量少的问题，而是质量不高的问题，而且他认为早婚的后果更严重。可见梁启超跟孙中山在人口问题上的观点针锋相对。

后来，马寅初提出了《新人口论》，与马寅初观点相似的还包括吴景超、李景汉、乔启明、孙本文、潘光旦等人。可以说凡是受过西方教育的经济学家、人口学家几乎都主张要节制人口。因为他们的想法和方案是建立在更精确的、经过调查的人口数据之上，是比较理性的。乔启明就曾到江阴做过调查，潘光旦等人也是通过调查的例子进行分析，尽管他们对中国人口的历史了解得不是很系统，但他们对中国人口的现状掌握得比较全面。因此，国民政府社会部在1941年的时候成立了一个人口政策研究委员会，上面提到的那些学者基本上都参加了。他们之后在全国各地分区对人口进行调查。1945年5月，国民党第六次全国代表大会做了一个决议，在一定程度上改变了孙中山的想法，开始承认生育节制是合法的。但是那时正是抗战末期，接下去就出现了三年内战，所以

马寅初

这个决策根本就没有执行。但是应该承认，这些学者的思想已经被当时的执政党所接受，所以马寅初在1957年6月份提出《新人口论》其实不是偶然的，不是他个人的一时冲动，而是建立在这样一个对中国人口、对中国社会逐步认识的基础上的。当时有很多学者，其中包括一些民主人士也都赞成他的观点。但是由于后来对马寅初地错误批判，这些支持他的人几乎都成了右派，只有个别人得到保护。

实际上政府并不是一点都没有考虑他们的观点。国务院在1964年成立计划生育办公室，只是没有办法大张旗鼓地进行，可见对马寅初的批判主要是出于政治。由于这样的原因，中国错过了节制人口的最好时机。所以1978年全国人民代表提出要把降低人口增长作为目标，后来修改的新宪法也明确把计划生育定为基本国策，是有一个认识的过程的。

在这里还想跟各位探讨一个问题，这个问题我曾经在其他文章里讲过，就是如果毛主席不批评马寅初，让马寅初的《新人口论》交给全国人民代表大会讨论的话，通得过吗？我认为是通不过的。为什么？因为中国的老百姓经过了长期的战乱，好不容易现在有了一个比较安定的社会，能够多生几个孩子，如果没有强有力的说服力，他们是不能接受的，政府其实也不能接受。实际上到现在为止，农村里还有很多人不能接受，因为中国还没有建立起社会保障体系，人到老年后基本只能依靠家庭的供养。另外当时的科学研究还不够。马寅初等一些人口学家对中国人口到底怎样发展而来的，还没有来得及做深刻的研究。如果保持清朝人口的发展势头，或者说1853年以后中国仍然保持每年千分之五到千分之七的人口增长速度的话，那么到中华人民共和国成立之初，中国的人口不是五亿，而是超过十亿。

中国近代是依靠天灾人祸把早就要出现的高峰向后推迟的。整个学术界对人口问题都放松了警惕，像马寅初等有先知先觉的人是少数。所以我认为，虽然是毛主席对马寅初的批判才造成严重的损害，但是就算毛主席不批判，让大家自由讨论，《新人口论》也未必能够为社会所接受。实际上西方很多国家不是通过控制，而是通过社会的进步和大量的福利保障才逐步改变人们的观念的。有人做过调查，受过教育的人和没有受过教育的人，对自己的家庭规模也就是要生几个孩子的想法是有差异的。我们应该全面而理性地看待未来的人口政策，不要从一个极端走到另一个极端。而且中国地域广阔，历史上面各地的人口增长就是不平衡的，各个民族的发展也是不平衡的。那么今天我们就要充分注意到这种不平衡性，否则就不能解释为什么上海可以连续十几年出现人口负增长。应该承认，在计划生育上面，上海的政策一直比较温和，这就是它不同的发展基础，这样看待问题，也许对我们未来的规划更加有益。

问：请问葛教授对未来的人口政策有哪些建议？

葛剑雄：计划生育是基本国策，这个没有错，一直要坚持计划生育。但是不同的时期可以有不同的计划，我认为最好的办法应该是提倡一胎，容许两胎，杜绝三胎。如果每一对夫妻都生两个的话，理论上讲是均衡的。第二、我希望用更多的经济手段和社会手段来关注我们的人口。现在每年新增加的残障人大概有1600万，这里面有些是可以避免的，那么我们能不能用法律进行限制。在婴儿出生之前，如果已经确定是先天的残障，能不能禁止她生育。第三、现在农村里面缺少婚前的检查，有些病是查得出来的，婚前检查对提高人口的素质有着重要的作用。第四、对教育应该有更加有效的措施，比如现在的义务教育之所以不能推动，很重要的一个原因是流动人口跟经费不配套。深圳的户籍人口是200万，但是实际人口有1600万到2000万，每年深圳地方上的义务教育经费远远不能满足实际需求。而从河南、江西或安徽等迁入深圳的人，他们的义务教育经费还是留在原户籍地。其实有一个比较简单、可行方法，就是在每一个学龄儿童的身份证上打上他在哪里上学的信息，然后教育部把这份钱拨到那里，我相信现在的技术完全做得到。这样就可以保证国家的义务教育经费是随着学龄儿童的流动而流动。

另外我觉得我们现在不应该仅仅考虑控制人口的问题，还应该考虑什么样的人口数量和人口结构更合理的问题。一方面，人口少一点，整个生存环境会宽松一点。但是另一方面，如果人口太少，并且形成断层，这也是不利的。我们不仅要看到人口过多的不利一面，也要看到俄国、日本、德国、法国等国家现在正面临的人口急剧下降的一面。

毛泽东以前讲过"世界上只要有了人，什么人间奇迹都可以创造出来"，我想这是片面的。但是如果认为人生出来就是为了吃饭，这也是错误的。人除了两只手以外，还有一个脑袋。比如香港、新加坡，它的人口也很多，他们是怎样生活的？他们现在主要不是靠消耗能源，而是靠智力劳动来生活。印度原来向美国硅谷输出人才，还向其他国家输出医生，现在有些印度人，就在本地为美国打工。所以如果人口素质提高了，那么就可以用很少的资源，甚至不消耗本土资源而得到发展。我们应该更多地思考这些模式。现在一些省份对外主要输出打工人员，如果能够培养出大量的优秀护士、优秀的小学教师，输出到东部比较缺乏这一类人才的地方，在国内形成人才的交流与互补，也是很好的模式。如果我们的人口素质提高了，英语水平达到一定程度，还可以向国外输出人才。

厉 声
构建中国的和谐周边与和谐边疆

厉声，1949年8月生于北京。中共党员。1985年毕业于西北大学西北历史研究室，获硕士学位。1993—1997年任新疆大学历史系主任、教授。1997年11月调入中国社会科学院中国边疆史地研究中心，任中心副主任。2001—2012年任中国边疆史地研究中心主任。现受聘石河子大学"绿洲学者"；同时任中国社会科学院新疆发展研究中心理事长、研究员、博士生导师，获得国务院颁发的政府特殊津贴。兼任中国中俄关系史学会副会长、中国中外关系史学会副会长、武汉大学边界研究院兼职研究员，石河子大学、中国人民大学、南京大学、中央民族大学、吉林大学、新疆大学、云南大学、内蒙古师范大学特聘或兼职教授。

主要研究方向：中国疆域史、新疆地方历史、中亚近现代历史。目前主持获国家财政专项支持的"国家哲学社会科学基金"特别项目《新疆历史与现状系列研究综合项目》（项目专家委员会主任）；参与主持"国家哲学社会科学基金"特别项目《北部边疆历史与现状系列研究综合项目》；同时主持中国社会科学院重大课题《中国历代边事边政研究》《中朝图们江分界研究》。主持中央部委专项委托三项：中国与土耳其合作项目《新丝绸之路研究》《中国突厥语民族的历史与现状》《新疆"东突"恐怖主义的成因、特点与对策研究》。

一、中华民族与中国各民族

中国是一个多民族国家，从民族学的角度细分，这个多民族国家是由占人口达92%的汉民族以及其他55个少数民族构成的。费孝通教授1988年提出的"中华民族多元一体格局"的理论，为中华民族的源远流长奠定了学术理论上的基础。大致而言，"多元"是指：中华各民族各有其起源、形成、发展的历史，政治、经济、社会与文化也各具特点。"一体"是指：中华各民族的发展相互关联，相互补充，相互依存，中华民族在整体上有着不可分割的内在联系和共同的民族利益；各民族有着共同的历史经验及国家归属，相互依赖而不可分割，呈现出"多元中包含着一体性，一体中容纳着多元性"的格局。

现在世界上的国家大体分两类，第一类为单一"民族国家"。也可以说，一个民族就是一个国家，比如说法兰西民族即法国，德意志民族即德国等等。第二类为统一的多民族国家，很多国家都是多民族国家。

一般认为，"民族国家"的概念是在1648年《威斯特伐利亚和约》后确立的。西欧的"民族国家"（Nation State）一般是指：通过资产阶级民族主义运动推翻封建王权而形成的"民族国家"。

这里就有一个区分，在单一"民族国家"中，"民族"概念与国家具有重合与等同的意义。譬如，法兰西民族与法国可以是一个概念。但是，在统一多民族国家中，国家和民族之间就有了差异。相对来说，理解或者在未来的发展中如何处理好国家和民族之间的差异，是中华民族，也是世界上统一多民族国家发展中需要研究和思考的问题。

近代以来，西方列强有意识地宣传和推动西方的"民族"理念，用这种方式制造中华民族内部各民族之间的矛盾，最终实现其在边疆民族地区拓展自己利益的目的。

1939年，我国著名历史学家顾颉刚先生在民族危亡的关头，看到帝国主义以"民族"概念来分裂中国的危险，强调应以"中华"为单元来定义中国的"民族"。顾颉刚先生认为：印度，拥有许多在体质、语言、宗教等方面具有差异的群体，但是印度在发展的过程中，仍以"印度"为单元建立了一个"印度民族"。美国，是由来自不同地区的具有不同体质、语言、宗教等差异的移民群体组成，但是，仍建立了一个

顾颉刚

"美利坚民族"。以这些实例，顾颉刚先生提出来，中华民族应该成为一个民族的整体。

2008年12月26日《中国民族报》第7版刊登了该报记者赵志研的一篇评述："中华民族是一个？"重新刊载了1939年2月13日顾颉刚先生的《中华民族是一个》这篇文章，在这篇文章中，顾颉刚先生对"中华民族"和中国国内其他群体是否都应称之为"民族"提出了自己立场鲜明的观点。顾颉刚先生认为：

我们只有一个中华民族，而且久已有了这个中华民族！

我们要逐渐消除国内各种各族的界限，但我们仍尊重人民的信仰自由和各地原有的风俗习惯！

我们从今以后要绝对郑重使用"民族"二字，我们对内没有什么民族之分，对外只有一个中华民族！

目前，中国学术界也有相应的一些观点。2004年，北京大学教授马戎先生重新提出：建议强化"中华民族"的概念。中华民族是当今国际政治格局中的"民族国家"单元，中华各民族之间的差别主要是文化、血缘、历史记忆等方面的差别，应以中华民族为单元来面对和参与世界各国间的激烈竞争。

二、历史上中国与中华民族发展的环境和条件

古代中国边疆的发展变化有其特定的环境和条件，大致表现在六个方面：

（一）相对闭塞的自我发展地理环境

当时，夏代生活在今黄河和长江流域，四周基本是空的，地理环境相对封闭，这是中国最早，或者是中华民族最早的发源地。

夏代的版图，东部与东南部面临浩瀚的大海，出不去。远洋航海是唐代以后的事情，在此之前基本上是近海的交通。

北方相延至寒冷、荒无人烟的亚极地区域。沿现在的俄罗斯西伯利亚中部地区，我们取三个点，第一个点是西西伯利亚的秋明，这是俄罗斯很重要的一个点；第二个点是中西伯利亚地区的贝加尔湖；第三个点是东西伯利亚的雅库特。将这三个点连成一条直线，以北是亚极地气候，气候寒冷，不适宜人类生活。以1月份平均气温为例，西西伯利亚平原南部的秋明为−17度至−29度，中西伯利亚贝加尔高原为−17度至−29度，东北雅库特东部为−48度。大部分地区的冬季达7到9个月，植被为苔原带（以苔藓、地衣、多年生的草本及各种灌木为主），以及针叶林为主的泰加森林带。那么，古人是不愿意到这么寒冷的地方去的。

西北和西南也有自然环境的阻碍，西北为瀚海戈壁，再往西，是天山、帕米尔高原、喀喇昆仑山。西南为喜马拉雅山等崇山峻岭。

在远古时期，人类的活动不容易往外走，由此，在幅员辽阔的古代中华大地上形成了一个大致相对封闭的地理环境和人类社会自我发展空间。

（二）内向型的政治环境

从历代王朝（国家）的周边政治格局看，17世纪之前，即1600年以

前，古代中国周边没有能与之抗衡的政治力量，这种状况一直持续到明末清初。17世纪初，俄国越过乌拉尔山进入亚洲，此后，中国的周边环境渐渐地发生了变化。但是，从整个古代中国周边的情况来看，是一个内向型的政治环境。所以，历代王朝（国家）政治的驱动力与政治格局的发展主要是内向的，由此构成了古代中华整体的内聚型政治环境与社会形态，以及建立在此之上的中华民族的内聚力与向心力。

有一个例子可以作为对比。赫梯王国是公元前17世纪至公元前12世纪生活在小亚细亚中部（今属土耳其）的一个古国，当时使用的是楔形文字，即在泥板上用工具或者树枝刻一些符号，作为自己的文字。赫梯王国遗留下来的楔形文字文书中，有1000多份是在不同时期与周边签订的各种类型的条约，其疆域范围基本上是通过条约确立的。可见，在公元前17世纪到公元前12世纪，赫梯作为小亚细亚地区的一个王国，它和当时古代中国周边的政治环境完全不同，它的周边布满了大大小小的政治力量，必须和周边签订一些协议、条约。我举这个例子，就是要印证中国在17世纪以前，周边没有可抗衡的政治力量，这也是古代中国和中华民族能够在一个特定的环境里，顺利发展的一个很重要的周边政治格局。

（三）大一统的治国理念

大一统的治国理念属于意识形态方面，它对维系一个国家和民族的发展，具有相当重要的意义。大一统的理念始自于先秦，先秦诸子百家多倡导大一统理念。

孔子提出："君天下。"（《礼记·曲礼下》）"尊无二上。"（《礼记·坊记》）

孟子提出：天下"定于一"。（《孟子·梁惠王上》）

庄子定义："至大无外，谓之大一。"（《庄子·天下》）

荀子称："九合诸侯，一匡天下。"（《荀子·王霸》）

先秦时期的大一统理念确立后，便上升为历代王朝传承的权威性国家政治理念与国家治理方略。

（四）并存互补的社会经济形态

古代中国在相对闭塞的自我发展空间里，由于自然环境和条件的不同，形成了各有特点的社会经济形态。古代社会经济的主体形态有两个：一是以黄河、长江流域，岭南地区为主的中原农耕经济，或者叫泛中原农耕经济。定居，"辟土殖（植）谷曰农"（《汉书·食货志上》）。二是大兴安岭以西，经蒙古草原、越阿勒泰山、至西域准噶尔盆地北部的北方草原游牧经济。居无常处，随带牲畜，逐水草迁徙。

同时，还形成了一些次一级的经济形态，主要有：

东北的渔猎经济形态。即今天的大兴安岭以东，包括辽河以北，历史上河流比较多，而且都是丘陵地带，故以渔猎为主。

西南青藏高原地区的高原农牧经济。种青稞，也放养一些适宜高原的牲畜，譬如牦牛。

西北地区的绿洲农牧经济。西北地区有一渠水就有一片绿地，这片绿地上生活了一群人，就是一个社会经济形态，这种社会经济条件下形成了一种小国寡民的政治状况。"国"指的是城邦之国，即在一块绿洲上，建立起一个政权来管理自己。今天也是如此，小片的绿洲可能是一个村、一个乡，大片的绿洲可能是一个县，一个地区。所以，塔里木盆地周边的绿洲农耕经济应附属于中原农耕经济。

东南沿海地区的近海经济。主要是以捕鱼、海上短途运输等作为经济手段。

不同的社会经济形态在并存的发展中具有程度不等的互补性，导致了各文明板块之间在社会经济发展上的依存性与社会经济交往方面的必然性，这正是推动历史上中国的大一统与中华民族多元一体发展的基础。

（五）同源融合的民族关系

中华民族是同源和融合的。要么是同源，在发展的过程中间，逐步有了各自的特点；要么是在发展的过程中间，相互融合，形成了今天的中华民族。基本的类型是局部起源，相互融合。

从历史比较语言学的系属上讲，今天我国不同区域的语言是具有共同历史来源的。

从种族人类学讲，除新石器时期自西进入西域的土著居民外，中华民族与蒙古利亚（黄种）人种的起源、形成、发展密切关联。

从历史比较语言学和语言谱系分类法讲，分布在华夏大地北、南两大区域的阿尔泰、汉藏两大语系的族群，具有同源亲属与共性关系。语言是最典型和最能说明问题的案例。

依南北主要分为汉藏语系、阿尔泰语系两大语系：

汉藏语系（中原、西南、东南沿海地区）：

汉语族：汉族；

藏缅语族：藏族、彝族、哈尼族、纳西族、傈僳族、白族、土家族、拉祜族、景颇族、羌族等；

壮侗语族：壮族、布依族、傣族、佤族、黎族等；

苗瑶语族：苗族、瑶族等；

海岛语族：东南亚各民族及台湾高山族等。

阿尔泰语系（北方、西北、东北地区）：

蒙古语族：蒙古族、土族、东乡族、保安族、达斡尔族、裕固族（东部）等；

满—通古斯语族：满族、锡伯族、赫哲族、鄂温克族、鄂伦春族、朝鲜族等；

突厥语族：维吾尔族、哈萨克族、柯尔克孜族、乌孜别克族、塔塔尔族、撒拉族、裕固族（西北）、图瓦族等。

由此可以看出，中华民族只有汉藏语系和阿尔泰语系两个语系，而两个语系里边的语言都是有共性的，也就是说分别讲这两个语系的人，在社会发展中是有同源和融合关系的。

同源性的特点是：整体并存，协同发展。都能够从我们当代的民族语言里，或者人类群体的语言里边找到它历史的特点。

融合性的特点是：从分层相互融合、依照不同经济形态形成局部不同区位的板块，到逐步形成整体的统一多民族国家。

讲到分层融合以及区域的时候，我们还想引入一个概念就是板块。这个概念最早是由费孝通先生在20世纪80年代提出来的，他当时从中华民族发展的角度，将中华民族聚居地区归纳为六大区域和三大走廊的格局。

费孝通先生提出来的六大区域分别为：中原区、北部草原区、东北高山森林区、西南部青藏高原区、云贵高原区和沿海区。如果更严密一些，从社会经济板块的分层融合的角度，近期从版图研究界定的六大板块分别为：一是泛中原农耕文明的板块，即长江、黄河和岭南地区；二是草原文明板块；三是辽东渔猎农牧文明板块；四是高原农牧文明板块，包括青藏地区和云贵；五是近海文明板块；六是西域农牧文明板块。

可以看出，由于社会经济、自然条件的不同，形成了不同的社会经济和不同的经济形态，在不同的经济形态上形成了带有特点的社会文明。

（六）根深蒂固的封建宗法治国理念

封建治国理念主要是宗藩治国理念，中央或者说中原王朝是宗主，其他是藩部。宗藩治国理念来自于历史上的宗法治家的理念。宗法制度是人类，也是中国早期最主要的法律制度。从家族社会到宗族社会的发展中，宗法制度既是聚族而居的主从地缘政治及相应的法则，也是古代中国人类社会早期习惯法的核心。

在家族社会中，家族之长为一家之主，是家族共同体的主宰者；在宗族社会中，宗族之长为同宗族之主，是宗族共同体的主宰者。从宗法制度的法理上讲，作为家族或宗族共同体的主宰者，家长或宗主所拥有的宗法主宰权力是至高无上的。当国家形成了以后，宗法理念和君主的权力结合以后，形成了宗主权与分封诸侯之间的关系，于是形成了宗藩体制。

作为国家的所有者和最高主宰者，一方面，王者对国家拥有至高无上的主宰权力，此时的国家主权，则是君主之权；另一方面，王者承袭着传统的宗法理念，以天下宗主的身份，按照宗法法则的常规，将土地、人口等，以授权的方式封赐给臣子、诸侯，使其在封赐的区域之内拥有次级的主宰权力。

汉代以后，历代王朝多在边疆地区实施了册封朝贡的宗藩治理。

其中，主从隶属关系的法理要素即源自早期国家宗法理念与君主权力的结合。册封朝贡体制是与古代中国不同时期的国力和社会经济发展水平相适应的，在国力与国家边疆治理范围不相适应的状况下，国家统治者借用了历史上的"分封治国"。

主从隶属关系和册封朝贡体制，是中国历史上在宗法体制，或者根深蒂固的封建宗法体制的影响下形成的治国法理。为什么在这儿要提出来呢？因为现在国外有一些人认为，朝贡体制是一种贸易体制，不是中国管理周边地区的分封国家治理的体制。的确，明代以后，宗藩体制里有贸易的关系，当时的明、清两朝，对世界的理解是有偏差的，认为除了中国周边的藩部以外，只要不是中国统属的都应该是藩部。所以，当时是按藩属朝贡的形式接受西方的贸易，在这种背景下，有贸易的因素在里面，但宗藩治国仍是一个很重要的治国之策。

刚才讲的六个方面，是我们中国、中华民族和今天中国边疆形成的一些特定的环境，有相对闭塞的地理环境、内向型的政治环境、大一统的治国理念、不同经济形态的并存和互补以及根深蒂固的宗法治国的理念。正是有了这些特点，聚居在中华大地上的北半球、北温带、亚洲大陆东南部的这个群体，五千多年不断地在融合的过程中向前发展，形成了今天的中国和中华民族。

三、历史上中国与中国边疆民族发展的特点

基于上述特定环境和条件，中国历代王朝的发展和国家治理，呈现出以内在因素为主导的显著特点。

（一）中国历史疆域的发展和伸缩变化，一直是由历史上中国内部因素主导的

古代中华大地上形成了一个政治上相对封闭的自我发展空间，至17世纪初俄国越过乌拉尔山进入亚洲之前，周边没有能与历史上中国可抗衡的政治力量，不需要和外国打交道或签订任何条约。所以，秦汉至清初，中国历史疆域的发展和伸缩变化，一直是由中国内部的因素主导的。

自秦汉统一中国至18世纪中期，在中国相延两千年漫长的历史时期中，中国大一统的疆域范围及治理方式，都随着国势的消长在一个大政的范围内不断变化。总的来讲，中国内部统一、国势强盛时（如汉、唐、元、清），疆域的范围就大一些，治理的力度也强一些；反之，如果内部割据了，如三国鼎立时期，魏晋南北朝时期，五代十国时期等等，则疆域有收缩，治理也相对松弛。

（二）在中国历史发展的过程中，中原农耕经济文明与北方游牧与渔猎文明的互动、对立与统一关系，构成历史上统一多民族国家与多元一体中华民族发展的主要形式

争夺中原霸主、统一中国是要有条件的，必须具有实力，那么，历史上有能力的主要是北方和中原。东北渔猎经济很分散，西北的绿洲农耕经济也是分散的，直到明朝才形成一个整体，当时叫叶尔羌汗。在此之前，唐代时的吐蕃很强大，在其最强盛时期，曾两次深入长安，但很快就撤回去了，主要是统一中国的实力不够。至于东南沿海和泛中原农耕经济实际上是融为一体的，结合得很密切，所以，真正有能力和能够逐鹿中原统一中国的，历史上就是北方和中原。

从宏观上考察，自公元前221年秦统一中国（中原）以来，在华夏与中华民族发展的历史上，大的南北"逐鹿中原"有"四波"：

第一波：秦汉对匈奴

公元前221年，秦统一中原。公元前209年，匈奴统一了北方草原，号称与汉帝并立的"天所立匈奴大单于"，初步形成华夏大地南北对峙的格局。

斗争的结果是公元前51年（汉甘露三年），呼韩邪单于亲至中原汉朝都城长安觐见宣帝，南匈奴归附中原。

公元87年，北匈奴发生了内乱，所属58部、20余万部众南下投入中原东汉王朝。

公元91年（东汉永元三年），北匈奴单于率大部西迁，北方草原为汉之藩部南匈奴掌控。以中原汉朝为主导，历史上的中国第一次实现南、北大一统。也就是农耕和游牧两个主要的社会经济形态的统一，这是真正意义上的大统一。北匈奴在"逐鹿中原"的过程中处于下风，遂顺着欧亚草原带，经过阿勒泰山，迁到新疆西部，再往西，经过哈萨克草原、里海、咸海北岸的草原，最后到了多瑙河流域，就是今天的中欧平原，在那儿停下来以后，和当地的土著居民融合，形成了今天的匈牙利。

自公元前215年秦朝北伐匈奴至公元91年北匈奴大部西迁，第一波南北"逐鹿中原"的争雄持续了300余年，最后是中原农耕经济占了上风，北方草原游牧经济与之结合并形成统一体。

第二波：隋唐对突厥

突厥原为北方草原西部的部落名称，公元551年，建立了政权，称突厥汗国。

公元555年，突厥统一了整个北方草原，成为雄踞北方，准备"逐鹿中原"的一支重要力量。

公元581年（隋开皇元年），隋朝统一了中原。次年，突厥沙钵略可汗发兵40万南下，隋军以8路北上出塞，开启了华夏南北"逐鹿中原"的第二波。

隋朝存在的时间很短，紧接着是唐朝，唐朝先是平定了东突厥，随后在公元657年，平定了西突厥。一批失利的突厥人，顺着欧亚草原带，经过西域，经过今天新疆的北部，哈萨克草原北部，然后经过咸海、里海的草原北部，最后迁到小亚细亚，与当地的土著居民融合后，形成了今天的土耳其。

第二波突厥与隋唐北、南逐鹿之争，仍以中原唐朝为主导再次实现了华夏的大一统。自582年突厥沙钵略可汗发兵南下至唐平西突厥汗国，第二波南北"逐鹿中原"的争雄持续了75年。第二波又是中原农耕经济为主体的唐朝占了上风。

第三波：西夏、金和南宋对蒙古

这一次形势不同了，中原地区处于割据对峙的局面：西北有西夏，主要是以今天的宁夏为中心；华北地区有金；黄河以南有南宋，形成了西夏、金、南宋割据局面。而在北方，1206年，成吉思汗统一了蒙古草原。次年，成吉思汗便挥师南下，先是于1227年，破了西夏国。1234年，联合南宋灭了金国。1246年，使当时还游离在中原政权之外的青藏高原的吐蕃政权归顺了蒙古。所以，中原或者中央王朝直接统治西藏是从元朝开始的。随后又灭了据西南一隅的大理国。最后，于1279年灭了南宋，"既定海内"。

自1207年成吉思汗南下"逐鹿中原"至1279年南宋最终灭亡，第三波南北"逐鹿中原"的争雄持续了72年。

这一次的结果与前两次是相反的，不是中原的农耕经济占了上风，而是北方草原游牧经济的蒙古人占了上风，入主中原建立了元朝。

第四波：明朝对后金（满）、蒙古

1368年，明朝建立以后，当时元朝的蒙古势力虽然崩溃了，但是它退到漠北草原以后，一直和明朝处于对峙的过程中，史称北元。明朝建立后，200余年间与退往草原的北元势力争夺正统，成为第四波南北"逐鹿中原"争雄前期的重头戏。

16世纪末，位于明朝东北地区的女真人部兴起。1593年，努尔哈赤统一建州女真各部，继而统一东北女真各部。1616年，努尔哈赤称汗，定国号"金"，史称后金。

后金采取了一个非常明智的或者说具有战略性的措施，即直接和中原的明朝对峙。尽管明朝是弱朝，但后金仍然感到力量不足，于是联手蒙古。1614年，努尔哈赤启动了以"满蒙联姻"为主要内容的对蒙古势力的笼络和争取政策。此后，满、蒙的政治同盟逐渐发展。1619年，双方缔结了共同对抗明朝的盟书。1644年，清入主中原。其后又历经百余年的努力，最终于1759年统一中国版图。

努尔哈赤

自1618年努尔哈赤以"七大恨"誓师伐明，至1644年建立清朝，第四波南北"逐鹿中原"的争雄持续了26年。

如果从宏观上来看，中华民族和中国的统一和割据的发展曲线，结局是二比二。上述"四波"构成了中国历史上统一与割据交替攀升发展的局面：逐鹿中原，统合天下；割据并立，分而不离。统一是从分治到归一的共治；割据是从共治到局部的分治。每一次割据后的统一，都是对此前统一格局的发展和提升。

（三）在历史上国家和民族发展的政治理念方面，向心力不断增强

主要有两点，一是以黄河、长江流域为重心的古代中原地区的华夏文明与农耕社会经济，在整体上处于较为优势的发展地位，并逐步在古代中国政治格局的发展与中华民族的整合中形成核心。二是中国和中华民族在发展和互动的过程中，把各个地方的优势和优点集中起来以后，构成了国家和民族发展的向心力与内聚力。

（四）疆土是"封邦建国"的根本

先秦以来，"受民、受疆土"一直是历代封建王朝建立政权与实施统治的基础。历朝统治者都十分重视疆土的传承，历代新兴的大一统中央（中原）王朝或对应的周边强大政权，或以武攻、或以文治，都将继

承前朝的管辖疆域（或局部疆域）视为本朝之己任，进而从国家制度层面构成了中国历史疆域发展的规律。

举两个例子，第一个例子是《旧唐书》记载的：唐武德七年（624），鉴于隋朝三伐高句丽而不下，劳国伤民，高祖李渊有意放弃高句丽属国旧制，君臣举行廷议，结果一致认为：高句丽者"周为箕子之国，汉家玄菟郡耳！魏晋以前，近在提封之内，不可许以不臣"。最终决定还是要恢复前朝对高句丽属国的旧制。于是，唐朝东征，并最终平定高句丽，在平壤建立了安东都护府，恢复了对东北边疆的传统统治。

第二个例子是《清实录》记载：乾隆是非常有作为的皇帝，有"十大武功"，其中八大武功是统一边疆的。在1750年即将完全统一中国边疆之时，乾隆说："夫开边黩武，朕所不为；而祖宗所有疆域，不敢少亏尺寸。"由此也可以看出，历朝对疆土的重视，是中国历史和中国边疆历史发展非常重要的一个特点。

（五）从总体上讲，边疆地区与中国、中华各民族与中华民族，是局部与全局的关系

边疆地区和中国、中华各民族和中华民族是两个相互密切相关的概念，一个是边疆地区和中国，一个是中华各民族与中华民族。实际上是局部与全局的关系。包括：在互动和交往中，各民族相互继承、相互融合与被融合的关系；在逐鹿中原中，形成的统一与被统一的关系；在国家的历史疆域逐步确立和稳定的进程中，继承和发展了包容与被包容的关系；在国家权力的高度集中（中央集权）与历代不断强化边疆治理的过程中，继承和发展了管理（中央）与被管理（边疆地方）的关系。

（六）在古代中国，历代封建王朝是国家与民族发展的共有框架，在王朝的兴衰更替中，民族的整合相对滞后于国家的发展

在古代中国和历代封建王朝发展的过程中，国家和民族有一个共同的框架，这个框架就是封建王朝。但是，在王朝兴衰更替的过程中，民

族的整合却相对滞后于国家的发展。

中国历代王朝的兴衰更替持续到1911年，辛亥革命一声炮响，推翻了清朝的帝制，建立了"中华民国"。国家的发展从历史上传统的封建王朝步入到近现代的国家。但是，中华民族的整合，却处于一个滞后的过程。辛亥革命时，最早提出来的是"驱逐鞑虏，恢复中华"。之后提出来的是"五族共和"。最后，在20世纪30年代国难当头的时候，顾颉刚提出"中华民族是一个"，对外就是一个中华民族。所以，"中华民国"建立以后，国家内部的民族整合严重滞后，此时的中华民族依然处于统合的过程之中，最终导致了近现代中国统一多民族国家体制和多元一体中华民族的格局。

（七）"宗藩体制"是历代国家治理边疆的核心体制

"宗法制度"是古代中国传统的家族习惯法制度。早期国家建立后，演进成为治理国家的"分封制度"，从分封家族、分封诸侯，到分封诸王。

汉代以来，在"分封制度"的基础上，历代中央（中原）王朝（或对应的周边强大政权）将其发展为中央册封边远属国的"宗藩体制"，成为历代封建王朝治理国家边疆地区的传统体制。

在近代西方国际法确立之前，"宗藩体制"就是历代中原（中央）王朝有效管辖边疆地区、具有法理地位的古代中国"国家制度"。

为什么要强调这一点呢？西方认为中国的古代疆域都是自己单方面认定的，国际法规定，两国谈判以后签协议，签协议以后双方会勘的界线才正式成为边界。但是，17世纪之前，中国周边没有可抗衡的力量，所以，历史的传统就是中国自己来定位自己管辖的范围，只不过近代以后，周边情况才发生了变化。

（八）"因俗而治"的羁縻政策是历代治理边疆的基本政策

限于古代社会生产力和历史发展条件，在传统的"礼制"之下，历代大一统的中央（中原）王朝（或对应的周边强大政权）在边疆地区采取了程度不等的"羁縻"统辖与治理的政策，"蛮者（指古代中国南方或四方边远的部族、民族）听从其俗，羁縻其人耳，故云蛮"（《尚书·正义·郑玄注》）。其要旨是："约之以命，约定成俗。"（《荀子·正名》）

这种宽松的边疆治理的模式，维持和发展了中国两千多年的统一多民族国家的体制，形成了中国历史上统一多民族国家"合而不分""分而不离"的多元一体特点。

（九）步入近代，在境外周边纷纷沦为西方列强的殖民地过程中，中国也面临着侵略和宰割

近代中国周边的格局发生了翻天覆地的变化，列强环逼，传统的国家疆域领土主权横遭侵犯，大片边疆的土地被蚕食。与此同时，列强在中国边疆地区（主要是外蒙古、西藏、新疆）不断策动以"民族独立"为名的分裂，不断在边疆民族中培植少数上层的分离意识，埋下了当代我国局部边疆"分裂问题"的隐患。

（十）二战后，中国的边疆领土主权问题与民族关系进一步呈现复杂化

第一，二战以后，周边国家纷纷独立，建立了自己的民族和国家，在重构自己国家和民族的历史中，都在程度不等地淡化或抹去历史上与中国的传统关系。由此，在当代中国与某些周边国家的关系中，埋下了"历史问题"的隐患。

第二，二战以后，东西方冷战的格局和以美国为首的西方对中国的敌视和封堵政策，使不同地区中国的边疆领土问题与民族问题，以及民族关系问题进一步呈现了复杂化，包括海疆，实际上都是二战以后，在冷战格局背景下，以美国为首的西方对中国形成封堵以后，制造出来的一些边疆和海疆问题，如果没有这些大的因素，我们今天对

这些问题的解决要相对顺利一些。

四、当前我国边疆紧要问题

（一）海疆问题

1982年12月10日，《联合国海洋法公约》在牙买加签订，这是由联合国制定的第一部海洋法典。我国于1996年5月15日批准《联合国海洋法公约》，1998年6月26日公布《专属经济区和大陆架法》。至此，我国建立起与新海洋法制度接轨的一套相关法律制度。

《联合国海洋法公约》规定属于海洋的权利有四个档次，第一个档次是领海，延伸12海里；第二个档次是毗连区，延伸24海里；第三个档次是专属经济区，延伸200海里；第四个档次是大陆架，最多延伸350海里。

在《联合国海洋法公约》签署和生效前后，我国周边一些国家纷纷宣示各自的海洋管辖范围，形成我国与这些国家之间主张海域的大面积重叠和海上边界争议。

根据现代海洋法及我国在南海的断续线，我国可主张的管辖海域面积扩展至约300万平方公里。另一方面，我国的海上邻国也可主张200海里专属经济区和大陆架，且这些国家与我国大陆或岛屿之间的距离均有不足400海里的情况。

据粗略估算，我国与周边国家有争议的海域超过150多万平方公里。

1.海洋划界问题突出

在新的海洋法制度下，我国与8个海上邻国之间均存在专属经济区

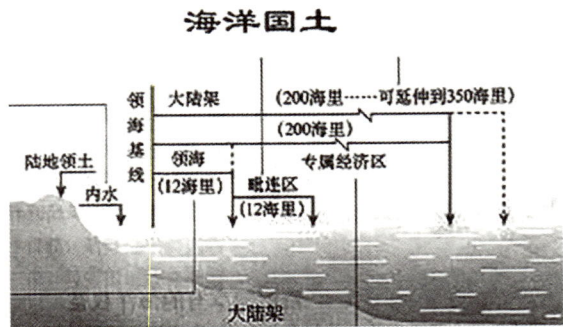

和大陆架划界问题。

东海周边：

朝鲜主张"海域半分原则"；

韩国、日本均主张"中间线"。

我国主张按照公平原则，即考虑一切有关因素，公平划界。在东海，我国主张根据公平原则和大陆架自然延伸原则，以冲绳海槽最大水深线划界。

据从地图上量取，我国与朝、韩、日争议海域分别约为1.4万平方公里、5.5万平方公里和22.5万平方公里。

我简单地讲一下东海钓鱼岛。日本对钓鱼岛的基本观点是：1885年以降，日本政府委托冲绳省当局等对尖阁群岛（钓鱼岛）进行了数次实地调查，其结果发现该岛不仅为无人岛，且没有任何迹象表明其受到当时清政府的统治。在慎重核实事实之后，1895年1月14日，日本内阁通过了在尖阁群岛（钓鱼岛）当地建立标桩的决议，并将该岛正式纳入日本国领土。

钓鱼岛

　　我们在和相关国家有争议的时候，一定要清楚对方的依据是什么。当然，按照历史的实际情况，日本的这一观点是不符合历史事实的。

　　南海周边：

　　我国标绘有断续线，线内海域面积196万平方公里。南海周边国家在南海主张的管辖海域范围不仅相互重叠，而且大面积侵入我国的南海断续线。据从地图上量取：

　　越南重叠约100万平方公里；

　　菲律宾重叠约44.6万平方公里；

　　马来西亚重叠约24.8万平方公里；

　　文莱海域重叠约4.7万平方公里；

　　印尼重叠约4.3万平方公里。

　　由于立场差异巨大，兼之与岛屿争端相互交织，我国与有关海上邻国之间的海域划界问题非常复杂。

　　目前，越南、菲律宾、马来西亚三国共占据43个岛礁，占南海岛礁数的84%（其中越南占29个岛礁；近日声称占33个岛礁）。

　　我国于1988年进驻永暑礁、渚碧礁、南薰礁、东门礁、赤瓜礁、华阳礁，1995年进驻美济礁，加上台湾控制的南沙群岛最大岛屿太平岛，共计8个，占南海岛礁数的16%。

　　菲律宾染指的黄岩岛位于中沙群岛。中沙和东沙是没有争议的，所以我们在黄岩岛是很有利的。

2.油气资源争夺加剧

　　我国沿海有较宽的大陆架，共有38个沉积盆地，具有生成油气的客观条件，海洋油气储量丰富，有着较大的开发潜力。

　　根据2004年我国有关部门的统计，我国可主张管辖的约300万平方公里的海域中，油气潜在资源总量约为400多亿吨。但其中约190亿吨的油气资源量在与周边邻国有争议的约150万平方公里海域中，占前述油气潜在资源总量的约46%。

　　朝鲜在20世纪70年代就开始在北黄海设立招标区，迄今钻井约15

口，其中部分有油气显示。

韩国在1970年对外公布"矿区线"，迄今在南黄海钻井共5口，但均未发现油气。

在东海北部，韩日在1974年设立"共同开发区"，开展油气资源的勘探活动，侵犯了我国对东海大陆架的主权权利，但迄今未发现油气田。

在南海诸岛，早在1968年，马来西亚即与西方石油公司合作开发南海石油资源。

越南在1971年联手日本开发南海的油气资源，此后越南的油气产量逐年增加，至2010年，其油气产值已经占到GDP的30%以上，成为越南国民经济的支柱产业。

2003年8月，在东海海域争议海区的西湖凹陷地区，我国中海油、中石化与世界知名的跨国能源化工集团签订了5个合同区的石油合同，5个合同区位于上海东南方向约500公里的东海大陆架上，涉及总面积2.2万平方公里。其中，平湖油气田已经于1998年成功投产。

（二）"东突"分裂主义

新疆"东突"分裂主义是旧中国遗留下来的分裂主义后患，在此基础上，20世纪90年代以后，受国际环境的影响，"东突"分裂主义开始以恐怖手段实现其政治诉求。近期，新疆"东突"分裂主义呈现出以下特点：

1.以分裂为目的的恐怖犯罪处于多发期内

一是"7·5事件"，现场有线索的作案嫌疑人在逃者达上百人。

二是"东突"恐怖势力仍在顶风作案，气焰嚣张。

叶城"2·28事件"。9名暴徒在光天化日之下，在短短的数分钟之内，砍倒了35人。

和田"6·29"劫机案。6名暴徒企图以带上飞机的炸药公开劫持飞机。境外"东突"组织也指使境内人员要用汽油炸弹袭击火车。暴恐分子接连策划实施袭击飞机、火车等交通工具，袭击警察等执法维稳力量。

和田"8·16"破坏飞机未遂案。粉碎该团伙（成员达29人）准备在和田市劫持飞机、抢夺警察枪支、焚烧巡逻警车等恐怖犯罪活动。

中国反恐部队

整体上来说，新疆的暴力恐怖活动，一直没有断过。但是，我们对涉恐制暴案件的侦破率是比较高的，严防严打，不断地进行清理，主动出击，95%制造恐怖案件的苗头，都在清理的过程中被制止了。2012年上半年，在和田和喀什清理出来的涉暴、涉恐，包括一些打着宗教旗号的非法组织宣讲圣战等案件超过170起，每一个被查获的窝点里都进行了程度不等的抵抗。

2.具有一定组织性的暴恐危安团伙占一定比重，要集中力量"干大事"

2012年初，伊犁哈萨克自治州公安机关破获"1·20"暴恐团伙。自2006年初始，该团伙在两县一市中发展，后扩散到八县一市，他们还制定了行动计划。至6月底，共查明此案涉及人员242人，已抓获150人，刑事拘留89人，报捕37人，其中涉及重点人24人（涉及外县市9人）。收缴一批宗教类反动宣传品和犯罪工具。8月21日，乌鲁木齐市打掉一个以阿不都赛买提·图尔逊为首的"穆斯林团结组织"，抓获的18名成员来自和田、巴州、阿克苏、喀什等地。该团伙宣称要组建伊斯兰组织。

3.恐怖分子低龄化

和田"8·15"案中持刀袭击4名汉族民工的暴恐分子，是年仅14岁的初二在校学生。

"8·16"企图破坏飞机未遂案的团伙成员也多为16岁至20岁左右

的青年。

4.互联网与意识形态上的斗争依然激烈

境外"东突"分子卡哈尔曼·霍加木拜尔迪写了一部约100万字的著作《维吾尔人》，全书以维吾尔自古是独立的、中原地区的汉族在历史上不断地对维吾尔族进行侵略、维吾尔人不断进行反抗殖民统治的斗争一直持续到今天等分裂主义思想意识为主线，任意编造、篡改新疆历史，这本书实际上已成为"东突"分裂主义的理论教科书。

5.市场经济下不同群体利益诉求的矛盾很难从根本上平衡

市场经济是竞争经济，不像过去计划经济实行"一平二调"，那么，竞争就会形成"优胜劣汰"；在边疆地区，涉及不同民族群体的时候，会表现出这个民族的多一些，那个民族的少一些。竞争使这些群体利益诉求的矛盾很难从根本上平衡。

（三）"藏独"分裂主义

当前，"藏独"分裂主义主要是以极端自虐的自焚方式向我政府示威。自2009年2月27日至今，已有近百名自焚者。而在加油站自焚，则带有恐怖主义苗头。所以，"西藏问题"在边疆问题里也是突出的。

另外，我们要严防出现"阿拉伯之春"式的"街头政治"与"非暴力化的暴力行为"，这是未来西藏反分裂与维护社会稳定工作的重要环节。"阿拉伯之春"运动并没有很系统的组织，但大多对西方的民主价值观比较认同，在这个基础上形成了推翻现政权的"街头政治"；据此，西方认为"阿拉伯之春"代表着未来西方价值观全球化

华人反"藏独"游行

（西化）的胜利和发展方向。由于"阿拉伯之春"的胜利，西方的"反恐第一"已让位于"民主优先"。

现在，西亚、北非的"阿拉伯之春"运动在西藏的发酵、传播还有一个过程，但当前国际与西藏面临的南亚周边形势预示着这一过程时间不会很长，这些都是潜在的危害因素。

（四）中印边界问题

中印边界长约1700公里（对外称2000公里），分为东、中、西三段，从未正式划定。双方间存在一条传统习惯线（即我国公开出版地图上的边界线）。1914年英国在中印边界东段炮制了非法的"麦克马洪线"。1959年，印度向我国提出了其主张线和领土要求。

中印边界问题是领土问题，中印边界争议区面积约12.5万平方公里，其中东段9万平方公里，中段2000多平方公里，西段3.2万平方公里。现在谈判的主要是东段，印度方面只有很小的让步，而且想要把9万多平方公里整个拿过去，在这种背景下，中印边界问题是一个比较复杂的问题。

（五）某些周边国家"偏见的历史观"

"偏见"最大的是蒙古国，蒙古国对自己国家与民族的历史是如何理解的呢？它认为，自1206年成吉思汗建立蒙古帝国以来，蒙古国家和民族的历史已延续了800余年。元代是蒙古人对中国的殖民统治；明代是蒙古国与中国的对峙；清代是中国人对蒙古人的殖民统治。1911年12月，蒙古人民发起了反抗中国的殖民统治的独立运动；1924年，在苏联的帮助下，蒙古人民推翻了中国的殖民统治，建立了独立的国家。

这就和蒙古历史的发展截然不同，其"偏见的历史观"不承认历史上蒙古民族是中华民族的一部分，不承认蒙古帝国建立的元朝是中国王朝发展序列中的一个统一王朝，这些都是对历史的一个片面的认识。当然这些问题，可以通过双方历史的共同研究来解决，很重要的一点还是需要具有"历史文化共享"的高度和胸怀。例如高句丽历史文化、成吉思汗历史文化、广西的铜鼓历史文化等，今天都具有与周边国家"历史文化共享"的意义；同时，对历史问题要从"宽"，要让历史尽可能地为今天构建中国的和谐周边与和谐边疆做出应有的贡献，而不是用历史问题为今天中国与周边国家的关系制造某些障碍。

朝鲜半岛也是一样。朝鲜和韩国认为，公元前2333年，檀君建立了古朝鲜，此后一直延续下来了；公元前4世纪末，箕子在朝鲜称王；公元前194年，燕人卫满建立了卫满朝鲜；公元前108年，汉朝征服古朝鲜；公元前37年，高句丽建国；公元668年，唐灭高句丽国；公元698年，高句丽移民在中国东北建立渤海国；公元918年，建高丽国；公元1356年，建李氏朝鲜。

实际上，公元918年高丽建立以前，朝鲜半岛的很多历史是和中国东北边疆的历史交织在一起的，那么，怎么来划分？对于周边一些国家的"历史偏见"，我们一是要分清历史是非，二是还要从今天我们与周边国家关系的大局来处理这些历史问题。

五、构建和谐周边

和平与发展仍然是当今世界发展的主流。

2006年8月召开的中央外事工作会议提出了"大国是关键""周边是首要"以及"妥善处理边界争端"等我国外交大政方针的重要方略，这是构建我国和谐周边关系的支柱。

（一）"大国是关键"的外交方针与构建和谐世界

1.借鉴历史经验

历史至今，中国都是世界上屈指可数的大国之一。但是近代以来，积贫积弱的中国却长期处于殖民大国和强国的宰割与瓜分中。二战胜利以后，有一个时期是中国在世界范围内和大国关系处得最好的。1943

年，中国第一次作为为数不多的几个发起国签署了《中、苏、美、英四国关于普遍安全的宣言》，直接参与了国际安全框架的构建，与大国共同提出建立一个普遍性国际组织的建议，成为联合国的创始国之一。1945年4月，在旧金山会议上，中国参与制定了《联合国宪章》，并与苏、美、英三国共同担任了联合国轮值主席、进而又成为联合国安全事务理事会5个常任理事国之一，开始以大国的身份参与处理国际事务。虽然此时中国仍然没有摆脱积贫积弱的状况，但国际地位空前提高，这一时期是自近代以来与大国关系最为融洽的时期。

胡政之在《联合国宪章》上签字

改革开放以后，中国快速发展，以自己的政治影响和经济实力再次向世界证明了应有的大国地位。在这种背景下，中央明确地将大国关系作为当前和今后一个时期中国外交的"关键"，其意义重大。对此，我们可以实事求是地研究二战结束后一个时期的中国与大国的关系，以及中国如何从一个半殖民地弱国一跃而跻身世界强国之列的历史，以资借鉴。

当然我们还可以看看日本，日本有个特点，就是追随强国，盛唐时，日本学习中国；近代"脱亚入欧"；一战前后追随英国，二战前后与德国结盟，冷战时期至今紧随美国。通过这种"与强者为伍"的外交传统，日本总是力图在国际竞争中保持国家利益的最大化。回顾日本的历史，在这个方面应该对我们有所启发，如何落实"大国是关键"，如何处理和大国的关系，如何通过"善于斗争"的方式使我们国家的利益最大化，这是最重要的。

2.区分国内政治与国际政治

国家政治包括对内的国内政治与对外的国际政治，这是一个统一体的两个方面。在落实"大国是关键"的外交方针和处理与大国的关系中，把握"内外有别"，处理好国内政治与国际政治之间的关系。

对内政治方面，要坚持政治信仰和价值观，坚持符合我国国情的各项体制、方针、政策，坚持应对目前形势和状况的各种战略、策略，内政是我们完全自为和自主的。但是，国家政治里面还有一块是涉外的国际政治，国际政治中的重要内容是处理"主体与客体的双边关系"，我们的目标是要努力创造一个长期良好的外部环境，从根本上维护我们国家的根本利益，所以处理好和大国的关系，注意内外有别，避免和缓解与大国之间不必要的矛盾和冲突，也需要我们加以研究。

3."兼顾"各方利益

当前，国家利益至上已成为国际政治和外交的普遍原则，在处理好与大国关系中，应注意"兼顾"各方利益。"兼顾"各方利益不是放弃或投降，而是如何能够在确保我国国家利益最大化的前提下，缩小我们对外、包括与大国之间关系方面的负面因素。实际上，各国都在力图使本国利益最大化，如何把握外交策略，"争重让轻"，有所为有所不为，在有效维护和不损害我国根本利益的前提下"兼顾"各方利益，是落实"大国是关键"外交总体方针的重要一环。

4.避免"树敌"意识

在落实"大国是关键"时，在很大程度上要避免"树敌"意识，在避免"树敌"意识中：

一是要变对抗为对话。世界各国都是在自己的历史和环境下发展起来的，中国又有自己的特点，特别是中华人民共和国成立以后，与国外的交流和接触，在一段时间是空白的，或是有对立的。在这种背景下，通过对话相互了解、相互理解、增信释疑，求同存异，是非常重要的。

二是既有斗争、又有竞争。斗争往往是不可调和矛盾的对抗，一方力求战胜另一方；竞争是为了本国的利益与他人争胜，处理得当，大多可达到程度不等的双赢。

三是要进一步改善中国的国际形象。既要保持以往坚持原则，敢于与霸权主义做不懈斗争的独立外交，又应善于斗争；善于斗争比敢于斗争的难度要大得多。

（二）"周边是首要"的外交方针与构建和谐世界

1.保全领土与"妥善处理边界争端"

与世界历史的发展相比，中国近代历史的开端晚了整整200年，而且是在先期发展起来的列强的炮口下，以半殖民地的形式出现在弱肉强食的世界近代历史上。在殖民列强的宰割下，自1840年以来的百余年间，中国被迫丧失了300多万平方公里的领土，相当于今天中国国土面积的三分之一。

新中国与周边的边界问题绝大多数是旧中国遗留下来的悬案，背景复杂，处理棘手。经过半个多世纪的努力，已解决了大部分。尚未解决的边界争端，包括中印边界问题、海疆问题，大多是"难啃的骨头"，在当前的国际大气候下也一时很难从根本上解决。所以，我理解当前提出的"妥善处理"应是以安排和应对为主，而不是急于解决。即一时难以解决的边界争端，不必急于解决，但也不能搁置，而是应以不间断的会谈或谈判妥善处理，等待最佳时机。

中俄（苏）边界争端的处理和最终解决是一个很好的范例。自1968年两国总理在北京机场就中苏边界问题举行首次会谈，至1995年中俄边界争端达成协议，前后不间断地谈判了27年，最终以大致平分争议区的原则，"双赢式"地解决了两国边界争端。今天看来，解决中俄（苏）边界争端的范例仍具有现实意义。

2.维护国家的领海主权

现在，海疆问题非常突出，"主权归我。搁置争议、共同开发"，是邓小平同志1984年针对南沙争端提出的思路，这曾经是我们经营海疆的一个总体的方针。1991年3月，时任外交部部长的钱其琛同志对此作了进一步阐述：南沙群岛的主权属于中国，这一点是非常明确的。在"二战"以后，当时的中国政府已接收了南沙群岛，我们的主张是在中国拥有南沙群岛主权的情况下，我们愿意和有关的国家商量来共同开发南沙。

此后，中国在南沙群岛"搁置争议、共同开发"的主张曾先后得到越南、菲律宾、马来西亚等国政府的回应，但具体实施起来却举步维艰。相关各国多不顾中国在南沙的主权现实，陆续在我南沙海域进行以石油开发为主的各种经济活动。

"搁置争议、共同开发"是我们当前和今后一个时期在南沙主权问题上一个过渡性的主张，因为现在条件不具备，我们没有办法在海疆领土主权上采取决然的措施，所以，一个过渡性的措施是主权归我，允许在争议区来共同开发，实际上在开发中经营主权。

主权是需要经营的。譬如，在中印边界的东段争议区"麦克马洪线"（1914年英国在中印边界东段非法炮制）以南，印度方面在1971年建立了阿鲁那恰尔邦，至今，已经移民100多万，并逐步建设起了各种现代化的设施，其他的一些城镇的设施也在逐步地完善。而我国在"麦克马洪线"以北的西藏地区的经营是有限的，像墨脱地区等等。我记得有一个材料说，一个边境乡里只剩三个人，其他人受市场经济的吸引，都到能挣钱的地方去了。经营看起来是经营经济，实际上是经营政治，是经营国家的主权；搁置经营、搁置开发就是搁置主权。在南海，实际上我们可采取更大一些的步骤，除继续坚持"搁置争议、共同开发"的主张外，应有准备、有步骤、有预案地尽快在当地的资源开发上扭转被动局面，针锋相对地加入目前各国对我南海海域资源的"共同开发"之中，并力争在总体开发形式上体现出以我为主导，同时在开发规模和效益上显示出我国的优势。

3.进一步"理顺"周边关系

中国与周边国家程度不同地存在一个进一步"理顺关系"的问题，如何看待和界定历史上与中国的关系，对于双方来说都有一个"理顺"

的问题。

历史上，中国与周边藩属关系和体制下，形成了许多相互交流、相互继承、我中有你、你中有我的同类、同质历史文化。二战以后独立的国家，在塑造自己民族和国家历史的过程中，不愿意认可历史上是中国的藩属。我们反对周边某些国家对这一类历史文化的垄断性和排他性的做法，相应也应允许今天周边国家与我们共享这一类历史文化。

另外，中华人民共和国成立以来，由于国际环境的变化和不同阶段中国外交整体的影响，中国与周边的关系也程度不同地存在着"不顺"。从中国外交讲：20世纪50年代是"一边倒"；60年代是"反帝反修"；70年代高举大旗，支援世界革命；80年代转向自主和平外交；今天提出以人为本，构建和谐世界。（习近平总书记又提出构建人类命运共同体。——编者注）

中国外交从20世纪50年代到90年代，40年的时间里有几个大的转折，当然这个转折也包括冷战格局、包括世界环境的变化。不同阶段的中国整体外交对周边关系产生了系列反应，相应，国际环境和周边区域、国家形势的不断变化也时时影响着周边与中国的关系，对于双方来说，都有一个"理顺关系"的问题。实际上，"理顺"就是要将涉及周边关系的一些历史问题，纳入到当前我国所提出的对周边外交政策：安邻、睦邻、富邻和与邻为善、与邻为伴外交方针的框架中。

4."安邻"是首要

我们除提出"大国是关键""周边是首要""妥善处理边界争端"以外，还提出安邻、睦邻、富邻、与邻为善、与邻为伴，这实际上是理顺和周边关系的非常重要的一些举措。在安邻、睦邻和富邻中，安邻是首要的。

近现代殖民主义和帝国主义时代，凡有"大国"崛起，必引发殖民利益的争夺激化和对旧有世界格局或秩序的冲击，进而发生世界性或区域性冲突甚至战争。当前中国的崛起正在改变着世界，相当于世界范围内的"推陈出新"，在某种意义上也可以看成是世界范围内的"改朝换代"。包括邻国在内，有相当一部分人仍用传统的历史眼光，简单地比照先前大国崛起的"历史经验"，对于中国的崛起，心存各种疑虑，甚至有恐惧感。所以，我们要消除周边国家以所谓的"历史经验"来看待中国崛起所产生的"疑虑与恐惧"。

中国不走称霸的路，需要消除周边国家的"疑虑与恐惧"。一是要通过我国的各种举措，真正落实与邻为善、与邻为伴的外交方针政策，使周边能感受和理解我国的睦邻善意。二是构建和谐周边关系并非一厢情愿所能做到的事，必须通过中国与周边国家互动和共同的努力才能实现。

邓小平同志提出的"韬光养晦"在当前仍有重要的实际意义。韬晦主要在于时时注意收敛锋芒，努力消除或化解各种有可能引起邻国不安的因素。对此，可以用换位思考的方式，反省我国在快速发展的特定时期，如何实施和实现"安邻""睦邻"。

5."富邻"应与我边疆发展同步

"富邻"的界定应是中国与周边在经济交往和发展中要保持互利，实现双赢。至于邻居是否能"富"，主要还是其内政问题。但是，关键是"富邻"需先富自己的边疆，富了边疆然后才能够惠及邻国。作为我国周边外交方针之一的"富邻"政策的意义应该是边界内外双重的，即在与边界外周边经济关系中保持互利和双赢的同时，要采取一些特殊的措施和政策，加快边界内我国边疆地区社会经济的发展。

在某种程度上"富邻"既是我国对周边国家的外交方针，也是对边疆地区的政策。对周边"富邻"外交政策的实施应与我国相应边疆、边境地区社会经济水平的提升同步谋划和落实，后者的提升应不慢于和不低于前者，我国边疆和边境地区的社会经济发展将会直接作用和影响到与周边国家的关系。

目前，以包括我国边疆省区在内的周边区域合作组织（如包括新疆在内的中亚"上海合作组织"；包括广西、云南在内的"东盟10+1组织"；包括东北三省在内的"东北亚经济合作组织"等），在构建"安

上海合作组织会议

邻""富邻""睦邻"的互利双赢周边关系中已发挥着重要作用。

6.发展国家综合实力与国防威慑实力，不断提升维护我国陆海疆领土主权的能力

在当前海疆维权斗争中，区分不同的斗争对象，注意斗争策略，主导局势，总体可控。

我们认为，考虑目前的情况，在经济开发上我们要针锋相对，例如越南当年在争议区里的开采石油问题，如果当时采取针锋相对的措施，你打井采油，我也打井采油，而且经营力度一定要高于对方，就是用各自经营来体现"共同开发"；用我们大力度的开发来体现"主权归我"，体现主权归我下的"共同开发"。这样针锋相对地去做，今天的形势可能要好得多。越南原来是一个贫油国，而现在其石油收入已经占到国民经济总产值的30%了。那么，在军事方面的应对，也应是针锋相对的。但是，总体上要把局势掌握在可控之内，眼前和长远都要能够照顾到。

六、构建和谐边疆的几点思考

（一）稳定是最大的民生

民心思定、民心思富。2009年"7·5事件"以后，从老百姓来说还是民心思定，民心思富。也就是说，我们要通过发展来争取民心。实际上，中央对西藏和新疆投入的力度非常大，在做一些治本的工作来改变社会存在，通过改变社会存在来影响到建立在这个基础上的当地的意识形态，当然分裂主义也是一种意识形态，我们要改变它，那么，这里面就包括发展是硬道理。

（二）充分认识民族与宗教问题的特殊性

十八大报告指出："促进政党关系、民族关系、宗教关系、阶层关系、海内外同胞关系的和谐，夺取中国特色社会主义新胜利。"实际上，民族关系、宗教关系是具有特殊性的"关系"，与其他关系不宜相提并论。民族和宗教工作是一项特殊的工作；民族问题与宗教问题都是思想意识形态问题，必须清醒地认识到其特殊性。一方面，思想意识形态问题无法"淡化"，也不能靠"打击""揭批"与"投钱"。要靠长期"治本性"的思想工作，不是一年、两年，应该是一代人、两代人的事情。在这个方面，尤其要看到民族和宗教问题的特殊性。另一方面，在民族与宗教方面的某些负面意识形态问题只能用正面意识形态的思想教育来逐步转变和解决，通过强化教育，转变和逐步消除产生负面意识形态的社会基础，进而从根本上扭转在民族与宗教问题上的错误认识。

（三）政治路线确定之后，干部是决定因素

在某种程度上，民族干部现在把握着民族发展与民族区域稳定的"钥匙"，这个提法可能有点高，我举三个新疆的例子。

第一，改革开放之初，谁也不知道分裂、恐怖和动乱是什么。但

是，发生了事情以后大家都不慌，心里都有底，这是因为有一批中华人民共和国成立以后培养起来的民族干部。1980年，喀什市（当时是县级市）1000多名维吾尔人到市政府门前要求建清真寺，当时的喀什市市长，维吾尔族，带着秘书出来了，他往台阶上一站，眼睛扫了一圈，底下人跑了三分之一。然后他问，你们有什么事？说吧。底下的维吾尔人七嘴八舌嚷嚷着"我们要建清真寺"等等。市长就说了一句："清真寺是你们想建就建的吗？都回去。"剩下三分之二的人马上就散了。确实是这样，国家宪法规定宗教信仰自由，但不是"宗教自由"，清真寺不是想建就建的，要有程序。但是，如果是一个汉族干部站出来这么说，可能下面的维吾尔人就接受不了，马上会激起群愤。我们用这个例子来印证民族干部的重要。

第二个例子是新疆维吾尔自治区的前副主席贾那布尔，哈萨克族人。1991年苏联解体，中亚各民族纷纷独立，建立自己的国家。哈萨克斯坦建国的时候，在新疆哈萨克族里引起了一些波动，当时，贾那布尔把哈萨克族县以上的干部集中起来说：境外的是世界的哈萨克民族，我们是中国的哈萨克族，是中华民族中间的一员，我们和他们有截然不同的区别，所以，我们要做好自己的事。民族领袖人物的几句话就平息了本民族在这一问题上的波动。

第三个例子是新疆维吾尔自治区的前副主席司马义·铁力瓦尔地。1999年和田打击库来西恐怖团伙时，抓了数百人（基本都是维吾尔族），当地的一些民族干部有疑虑。会上，司马义·铁力瓦尔地用维吾尔语讲：如果这些人没有从事恐怖活动，一个都不能抓；如果他们的恐怖罪证属实，一个都不能少。民族高层干部简单的几句话，在座民族干部的疑虑便大大化解了。

（四）关注市场经济机制下的弱势群体

应该说，边疆地区由于历史和现实的原因，发展是滞后的，在这种情况下，党和国家实行了很多的援疆、援藏的政策，但是，援疆、援藏我们首先要注重的是政治和社会效益，政治和社会效益与当地发展之间的衔接点一定要找好。

现在新疆没有脱贫的区域主要集中在南疆三地州，有超过100万人还处于贫困状态；有70万人是没有户口、没有学历，没有工作的"三无"人员，他们大都是年轻人。因此，我们的援疆工作一定要和本地结合起来，成为本地的一个增长性的项目。

再举一个实例：20世纪90年代中期，喀什泽普县建设了一个炼油厂，从内地去了一批技术工人，每月的薪金在数千元不等。而炼油厂在当地雇佣维吾尔人做门卫、搬运工等，每月的薪金在500元；同在一个厂子里，相差10多倍，当地民族群众对此很有看法。这种"援疆"的政治与社会效益大大打了折扣。

（五）恐怖是手段，分裂是目的

新疆"东突"所从事的分裂与恐怖犯罪活动、"藏独"所从事的分裂与策动"自焚"犯罪都有着内在的关系，那就是"恐怖是手段，分裂是目的"。例如，"东突"当前所从事的恐怖犯罪活动，很多都是打着宗教的旗号，用宗教"圣战"的理念去进行蛊惑煽动，但根子还是分裂主义的政治诉求。我们可以举出几个实例：

1990年，当时新疆喀什在破获恐怖案件的时候，有一个13岁的维吾尔男孩，汉语很好。在审问时他说：我们的祖辈没有本事，没有能够实现民族解放，我们这一代一定要继承我们祖辈的遗志，要把民族独立和民族解放运动进行到底，我们一定会取得胜利。

2009年，也是在喀什地区，一个20岁出头、参与恐怖犯罪的维吾尔青年人，汉语也很好。在审问时他说：我们所从事的民族解放运动一定会取得胜利，你们的毛泽东讲了，国家要独立，民族要解放，这是历史的规律，我们的民族一定会解放。

"民族解放""民族独立"意识下的分裂主义意识与诉求，始终在"东突"与"藏独"分裂分子的政治意识里是起主导作用的。对此我们必须有清醒的认识。

最后一个例子是不具有分裂思想的人，是如何对待极端宗教主义的。新疆阿克苏有一位维吾尔人，他想进天堂的意识很强烈，他在参加地下非法经文班的时候，阿訇对他说，必须杀5个汉人才能进天堂。他说，我不杀汉人。阿訇说，你不杀汉人也可以，剁了手指也可以进天堂。于是，他当场拿刀把自己的5个手指切了下来。他想进天堂的那种意识很强烈。但是，他不搞分裂，不搞圣战，不搞反汉、排汉。

从以上的例子我们可以看出来，意识形态问题在解决的过程中有它的特点，很多都是长期遗留下来的一些问题，不是靠一天、两天，一两次工作就能够解决的。因此，要仔细地分析涉及民族和宗教的方方面面问题，揭露"东突"分裂主义是如何利用民族和宗教问题达到其分裂主义政治目的的。

（六）民族的发展与民族问题的解决一定不能由他人"主观包办"（最终是包不住、包不了），而必须是以本民族为主自己解决

例如，乌兰夫是蒙古族，中华人民共和国成立以后，他在内蒙古做了一件大事，即喇嘛还俗，尽管当时有一些人有看法。但是，乌兰夫出面调动本民族内部的积极因素把这件事做成了。现在，同为藏传佛教地区，内蒙古和西藏的社会基础就截然不同。所以，民族的发展与民族问题的解决不能由他人"包办"，一定要由本民族为主或者为主导，应尊重与信任民族群众，善于启发和倾听民族的想法，善于征求和采纳民族的意见。时机不成熟的时候可以做工作，可以等待，宗教问题也是一样。

方　铁
中国西南边疆的形成及历史特点

　　方铁，1949年生于昆明市。1982年毕业于云南大学历史系，留校任教。自1986年起先后任西南边疆民族历史研究所副所长、所长；2000年主持筹建西南边疆少数民族研究中心（后获准为教育部人文社科重点研究基地），任两届主任。现任云南大学西南边疆少数民族研究中心教授、博士生导师，国家社科基金学科规划评审组专家，复旦大学民族研究中心特聘研究员，四川大学客座教授。

　　长期研究中国边疆史、民族史与边疆历史地理。曾主持并完成国家重大文化工程子项目"清史·典志·南方少数民族篇"、国家社科基金特别项目"历代治理西南边疆的理论与实践"、教育部社科规划项目"古代中国南北方民族关系比较研究"。主持国家社科基金项目"中国边疆治理传统战略研究"，云南省社科规划重点项目"南诏大理国兴起与灭亡的内外因素研究"。出版《西南通史》《方略与施治：历朝对西南边疆的经营》等多部著作，发表论文140余篇。

今天，两个小时之内要讲清楚西南边疆的发展历史，内容会比较多。主要分三部分：一是对一些概念的说明。因为有些内容的讲解采用了新的视角和方法，看法会与以往不同，因此有必要对使用的一些概念提前了解。二是按照时间顺序介绍西南边疆发展的历史。三是总结西南边疆形成的历史特点。

一、概念说明

（一）古代的西南边疆

很长一段时间内，古人对边疆的理解就是指华夏之外的地区，"边疆"一段时间包括邻国地域的一部分，因为彼时邻国和边疆地区还没有分开。古代的西南边疆包括今云南、广西、贵州三省与川西南，并且在较长的时期，越南在汉、唐两代曾归属中国版图，唐代末年才脱离；中南半岛的老挝、缅甸、泰国的北部也曾属于中国版图，明代中期脱离。

古代的西南边疆经历了逐渐形成的过程。简单来讲，它是一个地貌、气候和人文环境类似的地理单元和人文单元，因此形成了历史发展的一个整体。然而，之所以形成西南边疆，并不简单归结于自然因素，它还有着历史和政治方面的因素的作用。以宋、元为界，元代之前的西南边疆还在形成的过程中；到了元代，由于周边邻国和边疆地区已划分清楚，且元朝正式采用不同对策，而同一时期的越南北方独立出去、中南半岛北部也独立出去，成为邻国，此时西南边疆就正式形成，其作为边防的要地、对外的门户这一性质也比较明确。

所以说，一些朝代对西南边疆是有着不同的理解的，我们需从历史的角度来看待这个问题，而不能因为云南、广西靠近邻国就认为历来就是边疆。

（二）开发边疆的动力与主体

开发边疆的动力和主体是两个不同的概念，有区别。开发边疆的动力主要是中原王朝和边疆政权；实施开发的主体、具体的执行者是边疆的本地居民与外来移民。

封建社会的政治实体包括中原王朝、边疆王朝。而封建王朝皇权集中，帝王的话就是国家意志，虽有个人色彩，但蕴藏着至高无上的权威。因此，我们研究历代王朝经营边疆时会发现，越到前期，帝王的个人色彩越突出。因此，我们要看到帝王将相代表的封建统治阶级，他们是当时主要的操盘者，研究西南边疆的历史，就要了解他们的思想、方略及施治。只有这样，才能正确认识边疆地区的历史情况。

（三）中原王朝

中原王朝和边疆王朝或边疆政权的地位，就统治者而言，中原王朝起主导、关键的作用。

我们对中原王朝做这样一个界定：一是以农业为主要经济类型。二是以儒家文化为主要意识形态。儒家文化在政治上讲究统一，讲究个人服从国家。汉武帝时将儒家文化正式规定为国家意识形态，与少数民族文化区别开来。三是在地域上以黄河中下游或长江中下游为核心区域。宋代以前，中国的经济中心、政治中心在黄河中下游；宋代以后，转移至长江中下游。最后，除元朝、清朝外，中原其余王朝均由汉族建立。我们讲中国是一个统一多民族国家，由汉族和少数民族共同建设，这种说法非常正确，因为它不仅反映在国家的形成过程中，也反映在两个具有重要地位的、由少数民族建立的王朝，即元和清的作用方面。

关于中国文明，我个人以为有三个源头。一是农业文明，中原王朝的主要经济基础。二是草原文明即游牧文明。元代第一次真正实现游牧文明和农业文明的交融，奠定了统一国家的基础。三是山地文明。我认为它是介于农业文明和游牧文明之间的一种文明形态，它多山地，在经济形态上以农业或畜牧业为主，还有采集、狩猎和渔猎等，但发展程度有限。当然，关于山地文明，现在还只是一个概念，有待进一步的探讨和论证。

（四）中原王朝的夷狄观

古时没有现今的民族观念，比如现在我们所讲的民族识别、民族平等、民族共同发展等。在很长的历史时期，中原王朝把边疆民族及边疆以外的邻邦视为夷狄，认为非华夏文明即为夷狄。这种观念，直至元代才有所变化。

元代之前，中原王朝把夷狄简单分为两类：驯顺之夷和怪逆之夷，没有更细致的分别，也谈不上什么民族平等。到了后期，随着边疆民族与华夏界限逐渐地混同，认识更进一步，中原王朝就把边疆和邻国的夷狄分开了。边疆地区的少数民族不再被简单看成是驯顺之夷、怪逆之夷，而是被分为熟夷和生夷。熟夷就是被编进户口，已经纳税，成为百姓的；生夷是还未纳税，但通过努力有可能转变为熟夷的。这与之前对夷狄的鄙视和敌视相比，有了巨大的变化。

从元代开始，随着元、明、清三朝对边疆民族、对蛮夷态度的重要转变，到了清代，华夷一统观正式形成。清朝从后金发展而来。入关以前，后金已经接触到各种文化，甚至已了解到中原王朝的羁縻之治。由于较早地接触到儒家文化，因此入关后，后金进行了很多学习和改革，以中国传统文化的当然继承者自居，真正形成了华夷一统观。

（五）中原王朝的治边观与治边方略

所谓治边观，就是对治边的基本看法和思路，可以用两点概括：一是"守在四夷"观，一是重北轻南的治边传统。前者，认为治理边疆不需打出去争夺更多土地，只需守住四边疆土，搞好华夏之地的建设就好。这是一个相对保守、和平的策略。后者，由于受到北方游牧民族的强大压力，元代之前的历代王朝在治理边疆方面都把重点放在北方，实施驻军、屯田等各种策略以防北方民族南下。相比之下，对南方则有所忽略，因为当时还无税收之说，甚至认为边疆之地是石田，取之无用。对国家而言，南方属于高成本、低效益的区域，因此对其就不那么重视了。

所谓治边方略，就是历代王朝治理边疆的基本原则和战略，内容十分丰富，有两点最关键：一是朝贡制度，一是远交近攻。前者，是中原王朝基于对自己文化、制度、实力的充分自信，实行"厚往薄来"的原则，诱使四方蛮夷前来朝贡，承认中原王朝的权威；同时，把中原王朝的观念、制度传播出去，造成广泛的影响。这种做法，比起西方列强的掠夺、压迫和灭亡要好得多。后者，注重长远及全局利益。远方的，与之交好，通过朝贡制度发挥自身影响；近处的，通过驻军屯田等方式进行逐渐改造，这是治理边疆的一个很重要的经验。

（六）西南边疆的地理环境

1.地理区域

西南边疆的主体是云贵高原，其北面是四川盆地。此区域多民族、多山地，生态和人文环境的多样性较明显。

四川盆地的西面是青藏高原，平均海拔4000米以上，是一个相对独立的自然单元。青藏高原和云贵高原发生联系是在唐朝时期。当时吐蕃势力南下洱海地区，有部分吐蕃人到了今天的迪庆藏族自治州就再未回去。之后，青藏高原与云贵高原没有更多联系。

岭南就是五岭以南，湖南、江西、广东、广西的交界处有大山相隔叫作五岭。历史上的岭南还曾包括越南北方。因此，在越南北方脱离中国版图后，曾造成这一区域地缘政治关系的极大改变。

中南半岛，包括缅甸、老挝、泰国、越南、柬埔寨这些国家。它的一个基本特点是开发较晚。

南亚，也叫身毒或天竺，与西南边疆有交通往来，主要是贸易关系。

2.地区政权

古代西南边疆有过这样一些政权：

巴（治今重庆）、蜀（治今成都），由于地理相对封闭，和周围政权没有太大的联系。

滇，是奴隶制，中心在今天滇池附近，范围较小。

南越国，一个以广州为中心的割据政权。秦始皇征五岭后，派驻几十万军队镇守岭南地区。秦末，农民起义，当地守将赵佗割据自守，建立南越国，汉武帝时被灭。

对古代西南边疆而言，真正影响历史发展的是这两个政权：南诏国和大理国。分别存在了254年、317年。它们的区域范围和元代的云南行省基本一致。

3.区域中心

区域中心最重要的是成都，负责监管西南边疆。

番禺（今广州）。一个重要的海港，主导岭南地区的政治活动，与西南边疆有一些关系。

交州（今越南河内），元代称为"大罗城"。它在汉、唐两代隶属中国版图，是牵制中南半岛和云南的一个重要堡垒。

中庆（今昆明）。南诏国时设了拓东城作为陪都，直到元代设行省后才真正发展起来，将省治设在今天的昆明，而且一直延续至今。

大理。南诏国、大理国的都城，500多年都设在这里。

静江（今桂林）。岭南地区从唐代开始被分成广东、广西，而广西的治所最早是交由交州来管理，后来交州脱离中国版图，就把管理权放在了桂林。

邕州（今南宁），现是广西首府。由于交州出现问题，防卫工作需要加强，南宁就随之发展起来。

贵阳，出现较晚。明代中期，为保护从今北京经湖南到昆明的这条交通命脉，在湖南和昆明中间设了贵州省，省治在贵阳。

4.主要邻国

扶南（真腊，今柬埔寨），包括中南半岛大部分，是一个典型的佛教国家，经常受到周围国家的欺负，后来逐渐被越南、泰国和缅甸蚕食，只剩下一小块。

越南，汉、唐两代今越南北方叫作交州，属中国版图。唐代末年分裂出去后，也叫作交趾或安南。越南独立之始，只越南北方、河内盆地一小块儿。到明朝中期，消灭了越南中部和南部的一个古城即占城，形成今天越南"一条扁担挑着两个竹箩筐"的地理形势。占城人口主要是高棉人，因此越南人的语言系属特别复杂。

缅甸，最早的统一王朝——蒲甘王朝于北宋出现。由于它侵扰云南，元朝军队把它灭了，缅甸进入了长期的分裂割据时期。直到明朝中期，东吁王朝才再次统一缅甸。东吁王朝和云南争夺疆土，造成云南南部疆界的内收，致使中南半岛北部脱离明朝。到了清朝，缅甸已换代为雍籍牙王朝。乾隆征缅，与雍籍牙王朝不分胜负，以平局收场。

暹罗（今泰国），较早的统一王朝是大城，它的北部是八百媳妇国。何谓八百媳妇国？据说当地土司有800个媳妇，一个媳妇守一寨，故得名"八百媳妇国"。

身毒（天竺，今印度），其东北部阿萨姆地区一度与云南相近。新石器时代，阿萨姆地区的部分傣族和藏缅民族就是从中国迁移过去的。

（七）影响西南边疆形成的因素

首先是历朝经营西南边疆的思想、方略和措施。经营西南边疆是有具体的动机和考虑的，因此会有基本的方略，采取具体的措施来实施。接着，就要付诸行动，对西南边疆进行经营与开发。经过经营开发，西南边疆的地缘政治关系发生变化。所谓地缘政治关系就是指和地理因素相关的政治问题。因此西南边疆与邻国的关系就成为历朝必须考虑的问题，同时西南边疆居民的构成与社会状况也是需要密切关注的。

二、中国西南边疆发展历程

（一）先秦、秦汉、三国时期

1.先秦

先秦时云贵高原有滇、夜郎两个奴隶制古国。楚国与秦国作战失利，派将军庄蹻率军经夜郎入滇寻找退路。庄蹻降服了滇后，退路被秦国阻断，只能返回云南，"变服从其俗以长之"，即改变服饰，于滇称王。这就是《史记》中记载的第一代滇王。

在一统天下前50年，秦灭巴、蜀，积极经营四川盆地并建成富饶之地，这就相当于拥有了一个丰厚的粮仓，为秦朝统一全国奠定基础。然而，秦朝却没有正式经营云贵地区，未在云贵高原正式建立统治。

2.西汉

汉武帝三次经营西南夷[1]（包括云贵高原大部、今川西南与川西），起因是企望开通自今四川宜宾沿牂柯江（今北盘江）达今广州的用兵道路，以及自成都经西南夷、今印度达阿富汗的交通线。

第一条交通线，因为南越割据，西汉与南越之间早晚会有一战，故汉武帝派唐蒙出使南越。唐蒙在宴会上吃到一种食品枸酱，了解到它是产自四川，通过牂柯江运来。于是他意识到这是一条可从四川牂柯江经西南夷，水路直达番夷的交通线。若能开通，将来如有战事，可用此道出奇兵。禀报汉武帝后，汉武帝再派唐蒙来到西南夷，招降了很多部落，建立了牂柯郡。这是汉武帝第一次经营西南夷。

第二条交通线，是外交家张骞为游说大夏（今阿富汗北部）与西汉一同夹攻匈奴，出使至此地时发现的。此时大夏相对和平，商贸繁荣。张骞在市场闲逛时无意中发现了来自四川的蜀布和筇竹杖。进而他了解到从四川成都经西南夷、印度达阿富汗存在一条交通线。汉武帝是汗血马迷，而大夏盛产汗血宝马，于是汉武帝就派兵前去寻找，最终开通了这条路线，也把南越给平定了。

西汉平定南越后，积极经营西南夷，降服夜郎、滇等地方势力，在西南夷设七郡，诸郡大都位于交通线所经地

张骞像

区。另外，西汉的另一方略就是由四川盆地统辖西南夷。西汉在全国设十三刺史部，益州刺史部（治今成都）管辖蜀地诸郡（包括西南夷）。

3.东汉

东汉存在196年，在西南夷做了三件事。第一，延续西汉的做法，由四川盆地继续统辖西南夷，重视成都至西南夷的道路以及经西南夷至今印度的道路。第二，东汉招降哀牢部落，在今保山设永昌郡，开通从滇池达交州的道路。第三，两汉从四川盆地迁来移民，驻扎在所设郡县进行耕种，逐渐成为云贵地区居民的一部分。

4.蜀汉

蜀汉存在43年，以四川盆地为基地，用兵南中（云贵高原大部与今川西南），平定当地叛乱，以后统治此地38年，对西南边疆的历史有着重要影响。

蜀汉视南中为其后院，非常重视它的稳定。蜀汉与孙吴争夺交州，攻孙吴失败，西南夷的大姓和夷帅（蛮夷首领）反叛，诸葛亮率军亲征，平定后团结拥蜀大姓，警惕夷帅势力。为北伐中原，蜀汉在南中征集兵丁与军事物资。

两汉以西南夷为西南边疆，蜀汉的南中不包括今川西。行政中心先后在滇池流域与今曲靖。今广西时属岭南，未进入西南边疆的范围。

（二）两晋、南朝、隋时期

1.两晋

西晋统治了52年，在云贵高原大部分地区设宁州（治今晋宁）。今川西南、滇东北和黔西归益州（治今成都）管辖。西晋改变蜀汉依靠大姓治理南中的政策，在宁州实行镇压为主的军事统治。它残暴对待边疆民族，粗暴对待大姓，导致大姓分化并相互兼并，最后爨氏大姓一枝独秀。西晋时益州兼辖宁州，朝廷一度将宁州与益州同列，不久改回。

东晋时，对宁州的控制削弱。爨氏大姓和其余大姓居住的聚集地，以及云贵高原东部遭战乱严重破坏，一度甚至进入到一种原始状态，直到元代才出现第二次的繁荣。

2.南朝

南朝的宋、齐、梁、陈任命的宁州刺史，大都未赴任。此时，爨氏大姓掌握了宁州控制权，但它仍奉中原王朝为正朔，每年进贡数十匹马。其统治中心在今曲靖，统治时长达377年，期间无移民再进入西南边疆。随着时间推移，汉晋时迁入宁州的蜀地移民与僰人等土著融合，形成新的居民群体白蛮，即白族。

3.隋朝

隋朝统治云南有几个特点值得注意。它首先在昆明设立昆州，在今曲靖设立南宁州总管府。这些地方均是爨氏大姓的根据地。不久，爨氏大姓首领爨玩反叛，隋朝三次派兵征讨，讨伐的区域包括洱海流域、滇池流域与今曲靖，说明上述区域被爨氏大姓控制。隋朝诛杀爨玩后，对西南边疆也没了兴趣。由于隋朝只存在38年，它并不理解前代对西南边疆的施治是为了利用交通线推行朝贡制度，因此，隋朝放弃了对宁州的经营。

（三）唐朝、南诏时期

1.唐前期的经营

唐朝享国290年，唐前期有效统治云南等地133年。贞元年间唐朝设十道，开元年间增至十五道，作为监理全国的大行政区，云南等地属剑南道（治今成都）管辖。

天宝九年（750）以前，唐朝经营云南等地的方略与两汉略同，重点经营自成都经云南达今印度的道路，以及由成都过云南达交州（安南）的交通线。

安南达今滇中的道路与今滇中至天竺的道路相连，成为唐朝通外夷七要道中的安南通天竺道。与两汉不同者，一是唐朝在云南等地（重点是上述道路沿线）设置众多羁縻州，二是在施治地区设若干都督府，管辖其地的羁縻州。其中较重要的是姚州都督府（治今云南姚安）与安南都护府（治今越南河内）。前者负责达今印度道路的安全并监管南诏，后者位于今滇中达交州陆路的东端，与姚州都督府形成犄角捍卫之势。

唐太宗主政期间，提出了这样的概念，"四海如一家，封域之内皆朕赤子"，有积极的意义，但因盲目拓边及广泛封赏，又未能在边疆获取资源，国家财力大量消耗；到了玄宗后期，朝政腐败，随意改变"边帅皆用忠厚名臣，不久任、不遥领、不兼统"的制度，边疆暗藏严重的危机。

2.南诏兴起前后

7世纪初，松赞干布统一青藏高原，吐蕃（中心在今拉萨）势力进入洱海地区。唐朝起初出兵遏制，但唐军撤回后吐蕃卷土重来。唐朝扶持南诏组织抗御吐蕃。在平定东部爨氏反叛后，南诏把东部爨氏20余万户迁至今滇西，以都城羊苴咩城（在今大理）为政治中心。天宝九年，南诏攻下姚州都督府治所姚州。唐朝三次征讨，均被南诏联合吐蕃打败。安史之乱爆发后，南诏割据云南等地，唐朝丧失百余年经营的成果。

南诏与吐蕃约为兄弟之国，联合扫荡嶲州都督府（治今西昌），势力抵大渡河南岸。吐蕃攻下大震关（在今陕西陇县），尽取河西、陇右之地。吐蕃又攻陷今松潘、理县等地，紧急军情屡报长安。贞元十年（794），南诏不堪吐蕃欺压投向唐朝，唐朝遣使册封，实则承认南诏既有的统治范围。唐朝与南诏的关系几起几落。

3.南诏的性质与贡献

总体而言，南诏是唐朝统治下的藩属政权或西南边疆的局部政权，并非是与唐朝鼎立的国家。

南诏与唐朝的经济文化交往密切。双方关系融洽时，南诏通过朝贡等途径得到唐朝赏赐；若兵戎相见，南诏则通过掠夺获取唐地的人口、财物与生产技术。

唐朝三次征讨丧师数十万人，被俘将士落籍云南，南诏的主体居民白蛮发展壮大，社会经济发展较快，洱海、滇池两大农业地区相连。南诏积极开拓南部边地，兵锋远达中南半岛南部。南诏征集南部边地的居民入伍，在征服区域设置城堡，产生了深远影响。

（四）宋朝、大理国时期

1.两宋的西南边疆治策

两宋与辽、西夏、金、蒙古等政权相鼎立。在立国的320年间，两宋承受北方游牧政权的巨大压力。南诏给唐朝造成麻烦，也使两宋印象深刻。两宋始终实行守内虚外、重北轻南的应对之策，尽量疏远大理国，与其划大渡河为界。南宋甚至视大理国为外邦，与安南、真腊等国同列。因此，两宋与大理国只有有限的经济文化交流。因作战需大量战马，两宋不得已向大理国购买。

北宋在黎州（今四川汉源）、雅州（今四川雅安）等地设置博易场交易马匹。南宋购马达到较大的规模，横山寨（在今广西田东）博易场每年交易的马匹达1500匹，所购马匹经邕州运抵静江，再转运南宋前线。

2.大理国的性质与经营特点

大理国对与两宋交往有很高的积极性，一再入贡表示臣服。原因一是大理国从南诏的奴隶社会过渡到早期封建社会，无须发动战争掠夺奴隶。二是南诏大量吸收内地的人口和经济文化因素，产生的影响在大理国时充分显现。

大理国非常尊崇中原文化，之前被南诏俘虏进入宫廷的汉人，其后裔至大理国仍为世袭贵族，知识分子仍然读"四书""五经"。有例为证：北宋缺马，招募一位成都商人杨佐前往大理国购马。回来后，他写了一篇文章《云南买马记》，其中记载：到大理国后，他受到特别热情而客气的招待，请他吃饭、喝酒的都是满口汉话的年轻后生。他觉得奇怪，问询后得知，这些年轻人都是之前被俘将士的后代，但现在都被当作贵族看待，甚至还在朝中任要职。由此可见大理国对中原文化的尊崇。但是，由于两宋长期疏远大理国，在云南地区也产生了消极影响。

大理国士人虽然研读"四书""五经"等儒家经典，却不知尊拜孔子，而祀王羲之为先师。

南诏国、大理国统治的范围，包括今云南、川西南、贵州西部与中南半岛北部。大理国时，今云、贵、川相连地带的彝族先民建立三十七部的部落联盟。大理国与三十七部盟誓，就像唐朝和吐蕃搞的盟誓一样。我们是兄弟关系，不再打仗，但是如果你要挑起战事，我照样对付你。大理国和三十七部还是发生过战争。

南部边地的今傣族先民，以今景洪为中心建景龙金殿国，辖地包括中南半岛北部。这也被大理国统治了。于是，大理国仿照中原王朝的做法将虎头金印赐予其国首领叭真，对其进行羁縻。这表明，大理国受到中原王朝的影响，不仅在社会上进入了早期封建社会，在施治上也模仿中原王朝的做法。

3.宋代的交州与广西

五代时期，交趾的权贵曲氏割据了此地。宋朝承认为安南国，自此脱离中原王朝的管辖。

安南经常掳掠岭南西部。皇祐年间，北宋所设广源州（治今越南高平省广渊）的壮族首领依智高因受不了安南的欺负，在向宋朝求援无果的情况下，发动了反抗安南国的大规模起事。虽起事后被镇压，但暴露了北宋对岭南西部统治的薄弱以及安南欺压广源州居民等问题。于是宋朝加强了对岭南西部的统治，邕州的地位随之提升，广西进入西南边疆的范围，与云南联系加强，成为宋朝的边防前线。

（五）蒙、元时期

成吉思汗建立蒙古汗国后，又杀出了蒙古草原，最远打到莫斯科城下，占领了中亚、南亚以及欧洲的很多地区。之后，在中亚和欧洲地区建立四个汗国：察合台汗国、钦察汗国、窝阔台汗国、伊利汗国。到了成吉思汗的儿子蒙哥汗这一代，由于统治范围太大，蒙哥汗就任命其弟忽必烈分兵经营中原。后来，忽必烈在中原建立了元朝，都城设在大都

（今北京）。因此，蒙古汗国与元朝实际上是两个阶段，故称之为蒙、元时期。

1.蒙古汗国与元朝

西北边疆以外的地区为四大汗国所有，忽必烈将拓展重点放在了西南。南宋后期，忽必烈率骑兵自西北绕道进攻大理国，汲取兵力夹攻南宋。在蒙古最早占领云南时，曾设立了与北方相同的万户府，用军队形式进行管理。然而，云南一直动乱，镇守此地的忽必烈的儿子忽哥赤甚至在内讧中被杀死，而此时对南宋的战争进入关键阶段，故云南不能乱。忽必烈思虑再三，决定把他最宠信的一位大臣赛典赤·瞻思丁派往云南建立行省。

赛典赤·瞻思丁，穆罕默德的直接后裔，色目人。他到云南后，通过调研，发现军队管制的办法行不通，还是要恢复民政。于是，他在建立行省的时候，就用路、府、州、县代替了原来的万户府。后来，随着广西土官投降的人数增多，瞻思丁发现南宋施行的土官办法不错，也采用试行，取得明显效果，于是这个方法就推广开来，开创了南方的土官时代。

与前代治边的重北轻南倾向不同，元代统治者少有"内华夏、外夷狄"的观念，同时，北部草原是他们的老家。因此，蒙、元视云南等地为向外拓展的基地，在云南等地推行类似内地的政策，这一做法促进了云南地区的发展，使得云南真正进入认真经营开发的时代。从忽必烈攻灭大理国至云南被明军平定，蒙、元经营云南等地128年，多于元朝享国32年。

2.地缘政治格局改变

元朝北面及中亚地区和欧洲地区察合台汗国、钦察汗国、窝阔台汗国、伊利汗国。再拓展领域，只有攻打中南半岛。这样一来，就造成了西南边疆地缘政治格局的重大改变。

至元十一年（1274），元朝建云南行省，范围沿袭南诏国、大理国的辖地。云南行省由中央政府直辖，其政治和战略地位进一步提升，改变了蜀地羁管云南等地的格局。赛典赤·瞻思丁把云南地区的行政中心从今大理移到昆明，因为昆明更靠近中原，至明清依然袭用。随后，元朝拓建由省治中庆经今贵阳、岳阳至京城的驿道，加强了云南与长江中下游的直接联系。另外，云南行省还修整了通往今四川、贵州、广西与缅甸、越南等地的道路并设驿站。

至元十三年（1276），元朝建湖广行省，以新得广西之地隶之。有九个行省的驿站数目见于记载，湖广行省名列第三。广西的重要驿路是由今南宁经桂林、荆州抵内地的路线。大罗城（在今越南河内）达今南宁的驿道，成为元朝联系安南的要道。云南脱离了四川盆地羁管，广西也不再隶属岭南，以云南、广西为主体的西南边疆正式形成。而贵州因有多条驿路经过，成为云南、湖广、四川诸省争夺之地。

元世祖忽必烈

3.元朝的经营与开发

元朝在云南行省、湖广行省广置官署。在农业地区遍设军民屯田，进行矿藏开采，发展商业贸易，征收农业赋税，开办各级官学。

大量蒙古人、色目人以官吏、将士的身份移居西南边疆，增加了新的民族成分，改变了其地居民的结构与分布格局。最重要的是元朝实行土官制度，特点是朝廷信任边疆蛮夷，将其纳入国家官吏体系，因此得到边疆蛮夷的支持。

实行土官制度后，对边疆民族进行大量分封，给了他们很多优惠政策。比如，可以免费利用驿站到北京觐见，能得到很多赏赐和礼物，这在当时成了一种习尚。最终的结果是令驿站受不了，因为前往京城觐见的人太多了，必须进行限制。故忽必烈颁旨："云南蛮夷进见，非初附者，所进马不给草料。"意思是说，云南边疆民族来觐见，如果不是第一次，那么所带马匹就不要供给草料了。土官制度存在着缺失——缺少规范及失之过宽；同时也能看出忽必烈对边疆民族的看重与宽容。

4.用兵中南半岛

缅甸蒲甘王朝进攻干崖（今云南盈江），元军回击并攻下蒲甘城（在今缅甸北部），控制经缅甸达印度及安达曼海的交通线。这次战争应该说是师出有名，属于自卫。

与安南的战争也有原因。元朝与安南一开始就建立了宗藩关系。安南的君王就应该到北京朝贡，北京派去的掌印官达鲁花赤到安南，安南还应象征性地进献礼物以示敬意。但是，几代安南的君王都不去觐见。出于这个原因，忽必烈出兵，两次攻打安南，三次攻打占城。平定后，设立占城行省，但由于无法巩固，后因起事被赶出。

元朝中期，曾计划进攻八百媳妇国（在今泰国北部）。结果在途经贵州时，由于横征暴敛，引起边疆民族的反抗，军队溃散了，征讨未能实现。

（六）明代

1.治边的方略与措施

明代存在277年，是汉族建立的统一王朝。同时，它又回到了汉、唐的怪圈，遇到北方民族的压力。元朝灭亡后，皇帝逃回蒙古草原，称为北元。后发展为鞑靼、瓦剌，势力活跃，不断南下，致使明朝把大部分精力、治边的重点放在了北方。英宗皇帝甚至率兵亲征，却被瓦剌打败、俘虏，这就是历史上有名的"土木堡之变"。

开国皇帝朱元璋虽文化程度不高，但他在行伍混打几十年，是一位非常有经验的政治家。他认为北方虽需要重视，但西南边疆险而远，其民强悍易反，也是不可忽视的。于是，在西南边疆派驻大量军队。驻云南的将士及家眷有七八十万人，相当于云南总人口的四分之一；驻贵州的有43万人，广西的驻军有约20万人，也基本相当于当地人口的四分之一，形成大规模的军事移民浪潮。同时，朝廷还征发一些百姓到西南边疆垦殖。人口的大量移入，导致驻军地区经济文化、农业等迅速发展。

为了更好地统治西南边疆，朱元璋还想了一个办法，将自己最亲信的人派驻过去，世代镇守。其养子沐英就被任命为云南总兵官，后来形成了沐氏家族。云南省统辖今云南大部与中南半岛北部，今西昌地区与滇东北归四川省管辖。朱元璋还封侄子朱守谦为靖江王，驻今桂林。洪武九年（1376），明朝改广西行省为广西布政司，省治桂林，管

明太祖朱元璋

辖地域与今广西相近。永乐十五年（1417）明朝建贵州省，省治贵阳，统辖除今遵义、瓮安以外的贵州其他地区。贵州之所以立省并被重视保护，与云南经贵州入湖南的驿路有关。

2.卫所、土司制度并行

明朝为统治西南边疆，除了派驻亲信、军民世代镇守外，还采用了卫所和土司制度并行的方法。

各地驻军编入卫所，就地屯田自给。明人说云南（今昆明）、临安（今建水）、大理、鹤庆、楚雄五府为富饶腹地，其余地区则瘠薄多警。以今河池、忻城、上林、南宁划线，广西可分为东、西两个区域，东部是卫所集中、经济较发达的地区，西部是实行土司制度、社会发展滞后的区域。贵州所设卫所多在经贵阳入湖南驿路的沿线，由于卫所较少，汉族移民与当地民族无法融合沟通，遂逐渐在当地形成屯堡。

明朝时期，卫所以外的地区多实行土司制度。土司制度施行的范围较元代更广，制度规定也更严密。

卫所、土司制度并行这一做法，虽有助于卫所地区内地化及新汉族群体的形成，形成了士绅、市民为主的阶层，然而，卫所、土司两地的差距却有所扩大。明代后期，由于土司地区发展滞后、管理低效混乱，

一些土司割据争雄。土司地区还曾流传一句话："朝廷珍惜一张纸，丢失江山两千里。"讲的是土司的继承问题。老土司去世，小土司的继承需要朝廷的委任状。但申请报上去，却许久没有下文，有觊觎土司位置的人就开始闹腾，以致酿成大乱。因此，研究古代边疆的治理，吏治问题的研究也不可忽略。土司继承问题，就是一个操作上的问题，操作不当，结果就造成土司地区的混乱，甚至有些区域的丢失。

3.与缅甸、越南的关系

正统六年（1441），王骥三征麓川（中心在今瑞丽）割据势力，用时长达八年，动用五六十万军队，把麓川土司势力赶到伊洛瓦底江以西，维护了西南边疆领土。

三征麓川虽保持了西南疆土的安全，但也留下了后患。因为征途中，军队所过之处都造成了严重破坏。另外，明朝将领挑拨西南边疆土司之间的关系，以致军队撤回后，当地陷入四五十年的动荡之中，从未安定。到了万历年间，缅甸东吁王朝兴起，多次进攻云南南部土司地区。而明朝国力已衰，无力前去平叛动乱，只能采用其他方法。万历二十二年（1594），云南巡抚陈用宾就在今德宏地区修筑八关，重点防守，八关以外则无暇顾及。于是，八关以外，即中南半岛北部的土司地区被东吁王朝吞并。

再看一下越南的情况。永乐年间，越南多次侵扰云南、广西等地的边境。永乐四年（1406），明朝出兵征讨大越国（安南，今越南）。次年设交趾布政使司，驻今越南河内，但没有巩固。宣德二年（1427）大越国再次独立，交趾布政使司废。

（七）清代

1.治边的方略与措施

清朝统治者来自北部边疆，较少"内华夏、外蛮夷"的观念，治国亦有全局观，形成华夷一统观。

清朝入关后，平定了三藩之乱：云南平西王吴三桂、广西平南王尚可喜、福建靖南王耿精忠称三藩，历时18年。平定后，清朝开始了对云南西南边疆真正意义上的治理。第一件事就是大规模进行改土归流。

三藩之乱暴露出土司制度存在的问题，于是朝廷废除大部分土司，用朝廷任命的流官代替。这样一来，过去由于土司割据而阻碍清朝对边疆开发和人口进入的问题就基本解决了。

改土归流的实施，由云贵总督鄂尔泰主持。他很有政治头脑，曾就此事与雍正皇帝反复磋商，其改流的目的、策略等可从保存下来的奏折中看到。他们对改流过程中尽量减少损失、改流后的妥善安置问题都有着很多考虑和安排。改流的重点地区，一是新辟苗疆，即贵州东部清水江地区；二是今东川、昭通、镇雄，此区域于汉晋时期比较发达，有很多四川移民，但战乱中遭到严重破坏，虽然元代于此处屯田有所恢复，但明朝却将此地区划给四川，作为土司地区管理，一度令其又回到落后状态，直到清朝才彻底解决这个问题；三是思茅、车里，这个区域靠近缅甸、越南，要防微杜渐，因此在此也进行改土归流。

2.完成重大改革，加快经济文化发展

因内地农业地区人口激增，朝廷又进行了改土归流举措，大量流民赴边疆地区谋食。清廷对此持默许态度，地方官府则贷给种仔与耕牛，招徕流民前来垦殖。玉米、洋芋等耐粗放种植作物传入，为流民移居边疆僻地创造了条件。

但是，这些流民到了边疆后，与明朝时期以军队性质过去的卫所将士有很大不同。他们没有组织、没有资源、没有人脉，当地的坝子、盆地等相对繁荣的地域是进不去的，因为里面已经人满为患。没有办法，这些贫穷的流民只能往无人的边疆、山区里迁移，就到了布满瘴气的夷方。而那些实在着急的没有办法的流民，则去了矿场当砂丁。当时就流传了这样一句话，"穷走夷方急走厂"，这些矿工就是"急走厂"。

矿工在当时是很需要的。那时全国商品经济比较发达，需要大量的铜铸造钱币，滇铜的开采量很大，乾隆间云南年产铜一千二三百万斤，大部分运入京师与江南诸省供铸币之用，以供应全国，因此就有了"滇铜遍天下"的说法。

在驻军方面，清朝一改明代卫所统一驻扎的办法，清军以关、哨、汛、塘的形式驻防各地，分布广泛形如蛛网，以保障边疆的社会秩序。

办学方面，朝廷积极发展学校教育。官学经费由当地财政开支，允许社会力量兴办私学。开办学校的种类、数量及成效均超明代，学校有府学、县学、书院、义学、私塾等多种。对少数民族考生，实行在名额、录取、待遇等方面照顾的政策。既废科举，官府在各地设新学堂，一些地方新学与私塾并存。清朝积极发展教育，有增强边民的文化素质、培养其国家意识与爱国观念的考虑。

3.确定人口、城市、省界的格局

清朝的另一个重大贡献是确定西南边疆的人口、城市和省界的基本格局。清中叶后，因流民大量迁入，西南边疆人口剧增。大量流民移居边疆僻地，改变了过去主要分布盆地的不合理情况。到清代后期，就形成了各族广泛杂居、人口分布较合理的格局。这样就出现了一些重点城市：云南有昆明、大理、建水、曲靖、保山；广西有桂林、柳州、梧州、南宁；贵州有贵阳、遵义、安顺。

清朝还将西昌地区划给四川，将会泽、东川、昭通、镇雄从四川划归云南。这样一来，历代造反最厉害的、最难治理的彝族聚集区，就被四川、云南和贵州三省分管。现在西南边疆的彝族这么稳定，与清朝的这一举措不无关系。

4.新的社会问题

改流后土司地区的社会矛盾，从明代后期土司与中原王朝的矛盾，转变为社会下层同朝廷与官府的矛盾。外来移民与本地居民争夺土地严重，各地还出现了欺负夷人的"汉奸"，清廷对此严密防范并从严惩处。

尽管严加管理，但大规模的造反还是爆发了。咸丰六年（1856），大理爆发缘起争夺银矿开采权的杜文秀大起义。起义军建立反清政权，占领云南部分地区，围攻省城昆明一年有余，同治十二年（1873）起义失败。后期滇铜与黔铅衰落，大批矿工失业。

滇铜、黔铅的大量开采消耗了森林资源，破坏了生态环境。另外，云贵地区流行种植鸦片，挤压农田种植面积，也造成严重的社会问题。

5.与缅甸、越南的关系

乾隆十七年（1752）缅甸雍籍牙王朝建立，向云南南部扩张。乾隆发动三次征讨，四年的战争遏制了雍籍牙王朝的扩张，中缅边界大致维持明万历以来的状况。缅甸成为清朝的藩属国，直到1885年英国发动第三次侵缅战争占领缅甸。

清朝初期与越南的关系大致平稳。嘉庆九年（1804），清朝与越南阮朝确立宗藩关系。在越南抗击法国侵略的斗争中，清朝给予有效的支持。因越南的内政、外交被法国控制，光绪十一年（1885）中法签订《越南条约》，清朝承认越南受法国保护，终止与阮朝的宗藩关系。

三、西南边疆形成的历史特点

（一）以元代为界，地缘政治格局发生重大改变

元代以前，历朝开拓西南边疆的缘由，主要是保护经过云南地区通往今缅甸和印度的交通线，与推广朝贡制度有关。为保护交通线，历朝在西南边疆设立治所、驻军及移民，并交由四川盆地进行羁管，没有形成单独的行政区，对其他地区无太大的影响。

元代建立云南行省后，情况发生了很大变化。到了明代，广西布政司和贵州布政司的建立，正式确定了西南边疆的基本格局。一方面是对外开放的门户，另一方面是面向缅甸、越南这些邻邦的国防要地。到清代正式划定省界，解决了一些多年没有解决的管理上的问题。

在这里，我简单谈一下西南丝路与海上丝路的复杂关系。历史上的丝绸之路和现今国家的"一带一路"战略是有联系、有历史基础的。历史上的丝路不仅北方有，南方也有，而且南方丝路和海上丝路还有着连

运共赢的关系，比如"安南通天竺道"。宋代以前受航海技术不成熟的限制，中外商船从广州、福建出发，要到今越南登陆以避季风，然后走陆路到达今印度。到明代，由于越南独立，中外商船就绕过中南半岛，再从马六甲海峡通过。在这样的情况下，海上丝路与西南丝路是联系在一起的。

（二）西南边疆长期处于中原王朝可控的范围

两汉时今云南、广西进入中原王朝版图。宋代以后今越南北部、缅甸北部等先后脱离中原王朝的版图，但西南边疆整体上从未脱离中原王朝管控的范围。历朝对西南边疆的经营，大致经历逐渐深化、从量化到质变的演变过程。

在东晋、南朝统治的377年间，爨氏大姓掌握对宁州的控制权，仍奉中原王朝为正朔。南诏割据254年，是唐朝统治下的藩属政权或西南边疆的局部政权。大理国存在317年，被宋朝疏远甚至视为外邦，仍多次入贡表示臣服，与宋朝未发生过战争。宋朝重视对广西的经营。元、明、清时期，西南边疆未出现严重的地方割据。

（三）从羁縻之治到土司制度的改变

羁縻之治就是较宽松地控制边疆地区；土司制度则把西南边疆的地方首领纳入国家官吏体系内进行管理。这是历朝经营边疆非常重要的一项举措。

蒙、元以前，中原王朝对广义夷狄实行羁縻之治。蒙、元在云南实行土官制度并获成功，在西南边疆普遍推行。元朝与安南、缅甸等国建立新型藩属关系，土官制度仅施用于边疆地区。明朝将土官制度发展为土司制度，在南方类型的蛮夷地区推广。蒙、元以后实行土司制度，说明中原王朝统治蛮夷注重因地制宜，并形成制度多样化的趋势。

在土司制度下中原王朝的统治明显深入，蛮夷首领担任国家官吏并可世袭，朝廷开办各类学校发展教育，社会经济持续发展，有利于多元一体格局的形成，西南边疆与内地实现牢固结合。

（四）有效经营与认真开发始于蒙、元时期

蒙、元时期对西南边疆进行有效经营与认真开发。元、明、清三朝经营和开发西南边疆，具有持续演进与逐渐深化的特点，三朝经营的重点存在差异。

蒙、元时期重视云南行省，注重发展交通并广泛施治，施行土官制度获取蛮夷的支持，以配合夹攻南宋和征讨中南半岛诸国。明朝增设广西布政司和贵州布政司，重视经营卫所地区，确保云南入湖广驿路、桂林至南宁驿路的安全。清朝视西南边疆为安置流民的空间，重视经营边疆和僻地，积极发展有色金属采冶业。在边疆资源的开发与利益分配方面，明清两朝面临新的问题与挑战。

（五）民族关系具有渐进融合的特点

西南边疆民族关系较和谐，各民族相互杂居乃至融合，形成你中有我、我中有你的紧密联系。

云南民族关系的渐进融合，我认为有以下原因：受复杂的自然环境、居民生产生活方式多样性的影响，民族的种类较多，内部支系较复杂，普遍存在相互区别又相互依存、互补互助的关系。西南边疆与内地大致保持密切联系，未受域外势力的严重干扰与影响。边疆各族崇敬内地的经济文化，并深受其影响。西南边疆的汉族与少数民族存在相互吸收和交融的关系，并在整体民族关系中起到主导作用。

另外，西南边疆宗教的类别齐全，各宗教相安共处，少见宗教狂热与宗教争端。形成宗教信仰相安共处，居民信仰懵懂、感情温和的特点，其基础是民族关系较为和谐，同时与西南边疆偏远闭塞、民族文化复杂多元等有关。

（六）邦交关系经历蛮夷至邻国的变化

广义蛮夷分化为边疆民族与邻国，经历了长期发展演变的过程。

西南边疆的本地民族（包括跨境民族），曾长期生活在中原王朝的统治与影响之下，一段时期还包括中南半岛北部的掸族、老族、缅族、傣族。

另外，元代以前中原王朝、地方政权对中南半岛的经营，具有早期开发的性质。元、明、清时期中南半岛形成较稳定政权。明清两朝对中南半岛用兵，大致出于自卫需要。中南半岛诸国与元、明、清建立新型藩属关系，与元代以前的藩属关系有别，详情有待研究。

（七）西南边疆的战略地位逐渐凸现

南诏割据并与吐蕃联合，对唐朝构成很大威胁。

宋朝划大渡河为界与大理国分治，承认安南独立，其复杂影响有待研究。

蒙、元经营西南边疆尤其建云南行省，产生重要而深远的影响，也是亚洲史与中国西南边疆史上重要的转折点。

明朝实现卫所地区内地化，三征麓川获胜，对构建统一多民族国家做出贡献。云南南部疆界被迫内收，凸现邻邦因素之重要。

清代西南边疆参与全国的政治生活与经济生活。朝廷重视与缅甸、越南的关系，表明西南边疆的战略地位日趋重要。

在保障西南疆域安全与沟通对外交往方面，西南边疆发挥了重要作用，元、明、清时期尤为明显。

（八）西南边疆的历史发展过程完整、典型

西南边疆纳入中原王朝版图后，经历2000余年的复杂演变，发展过程完整，类型较典型，具有宝贵的研究价值，具体体现在：

中国历史疆域的形成，以西南边疆最为典型。它没有脱离中原王朝的版图，经历了从渐变到突变、从量化到质化的演变过程。中国多元一体的民族关系格局，汉族和少数民族你中有我、我中有你的关系，以云南最为典型。

中国与邻国关系的演变。从一个广义蛮夷演变为边疆和邻国的分开，从早期的藩属关系发展到后来较为规范的藩属关系，这些很值得研究。

中央与地方的关系。比如：明清两代在云南大量开发矿产，无偿调拨给内地。要如何处理内在的一些问题呢？这也是一个值得研究的问题。

统一政权对边疆的经营与开发，历史上有很多做法，值得研究。

元、明、清治理西南边疆，不论吏治还是管理制度、民族政策上都比较成功，其中有很多经验教训值得借鉴。

因此，我们可以以西南边疆为例做如下研究：历朝的地缘政治观及其战略应用，历朝治边的文化软实力战略，历朝治边的博弈观及其战略应用，历朝治边的造势用势战略，影响历朝治边的国家制度因素等。

注释：

[1] 这里所说的西南夷乃司马迁在《史记·西南夷列传》中对它的叫法。

姚大力
内陆亚洲与中国历史

姚大力，1949年生于上海。复旦大学历史地理研究所教授、清华大学国学研究院特聘兼职教授。先后毕业于昆明师范学院史地系、南京大学研究生院，获中国社会科学院历史学博士学位。1987年至1991年任南京大学历史学系系主任。1993年至1995年、2005年至2006年分别在哈佛大学、庆应大学做访问学者。

主要研究方向为元朝史、中国边疆史地。曾先后发表论文及学术评论百余篇，部分结集为《北方民族史十论》《蒙元制度与政治文化》《读史的智慧》《追寻"我们"的根源：传统中国的民族与国家认同》等书出版。

一、何谓"内陆亚洲"

首先，我们来谈一谈内陆亚洲的地理环境。一般地理书对亚洲内部各区域的界定，是在国界线的基础上来划分的。《辞海》将亚洲四十八国分为东亚、东南亚、南亚、西亚和中亚五个片区。这里未言及面积辽阔的北亚，因为它属于被列入"欧洲国家"的俄罗斯。另一种常见分法是将亚洲分为东亚、东南亚、南亚、西亚、中亚和北亚六个片区（见图1）。此划分系统纳入了俄罗斯的亚洲部分（即北亚），但土耳其又被划出西亚范围，因为它被列为"欧洲国家"。

另外还可以有一种不以国界线为依据的划分方法。"内陆亚洲"（简称"内亚"）大概就是这样一个跨越现代国家边界线的区域。大体说起来，它包括了中国的新疆、青藏和内蒙古，以及中亚五国、蒙古国和俄属亚洲的南部地区。这个跨国界区域的基本特征，是由那里的地理环境、生活于其中的各人群及其社会经济与文化的特定组合关系所决定的。历史地看，国家的疆界经常处于变动之中。然而，无论怎么变，它都很难与不同族群，或不同文化、语言、经济形态及宗教分布等各种边界线相互重合。这是我们不能不接受的一个事实。

内陆亚洲（Inner Asia）经常被当作中亚（Central Asia）的同义词来使用。在某种意义

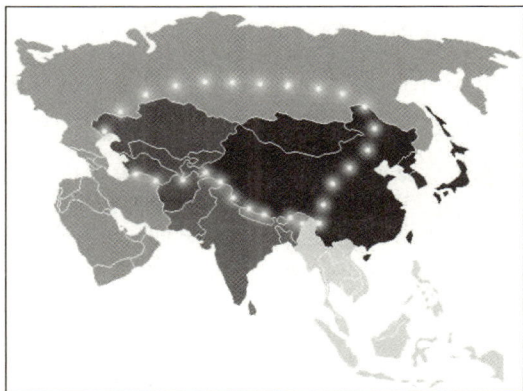

图1　内亚在亚洲各区域之中

上，中亚和内亚确实可以用来指代同一个地区。但若一定要问二者有什么区别，那么我认为内亚的西半部，主要是突厥语和突厥语人群的文化辐射地区；而中亚则包含得更广一些，包括比如今天的伊朗、阿富汗，甚至包括印度、巴基斯坦的西北地区等。亘古以来，中亚就有两种互相对立的人群，即依兰人与图兰人（ īrān wa Tūrān）； īrān是指伊朗语系统的绿洲农业人群，Tūrān则从最初被 īrān人用指同属伊朗语系统的游牧人群，到后来专指游牧的，以及在被他们征服的绿洲社会内本土化的突厥人。所以，尽管内亚和中亚这两个概念在学术文献中有时可以混用，但相比于内亚史，中亚史包括了更多的伊朗语人群和突厥语人群之间的一种张力。

我们知道，地理学以乌拉尔山为界，把亚洲和欧洲区分开来。从理论上说，内亚的西界应止于乌拉尔山。但是，这条山脉完全不构成阻隔东、西的自然屏障。于是，与内亚相似的地理空间实际上还越过乌拉尔山向西伸展。内亚的概念也就向西展开，构成为"内陆欧亚"（Inner Eurasia）；而中亚也按同样的道理向西伸展，变作"中央欧亚"（Central Eurasia）。这两对名称（内亚/内陆欧亚、中亚/中央欧亚），往往也被当作可以互相置换的等义语词使用。

除去雅鲁藏布江流域和西藏山南地区尚能透过喜马拉雅山的诸多峡谷获得季风带来的印度洋水汽外，极度干燥少雨的大陆性气候是内亚或内陆欧亚地区自然环境的最显著特点。那里除流向北冰洋的几条大河，几乎没有通往外海的河流（处于整个区域南部和东部边缘的雅鲁藏布江和黑龙江是例外）。人类在内亚有两种最主要的生存方式，即游牧和绿洲农业。从蒙古草原向西经由阿尔泰山南坡和天山北坡的草地，到哈萨克斯坦草原，再西接南俄草原，接连不断地绵延近一万公里的欧亚草原带，是游牧人群驰骋纵横的广阔舞台。

在草原带之南，从事农耕的绿洲主要点缀在一望无际的黄色沙碛之上。但绿洲的背景也可以转换为暗褐色的高原山地，诸如阿富汗的高原山地"绿洲"，乃至雅鲁藏布江的河谷"绿洲"，以及山南的峡谷"绿洲"。因此，著名中亚史专家福拉埃写道："从近东的伊朗直到中国甘肃省的历史，基本上是一部大大小小的绿洲的历史。甚至像费尔干纳和伊犁河谷这样的盆地，也可以被描述为特别巨大的绿洲，尽管二者的边界都由山脉、而不是荒漠所构成。……无论如何，生活在一个绿洲里的感觉对所有的人都是一样的。可耕地的开辟基本是灌溉的结果。从发育于冰川的河水引流的沟渠，使中亚的大量人口能依赖一直逼近到周围高山和沙漠之边的农耕而生存下来，并且取得繁荣。"甚至在草原上也有一些条件适宜的可从事农业和商业的定居点，构成所谓草原绿洲。

从历史上看，内亚的西半部分（就族群、语言、文化和宗教信仰的角度而言，其中也包括中国新疆）所经历的族群与文化变迁，其程度之剧烈要远远超出内亚东部的情形。

对于中国人认识自己的国家，将"内亚"，尤其是东部内亚，从整体上看作是积极参与中国历史进程的一个有重要作为的单元，具有非常深刻的意义。因为它将我们在感知和理解"中国性"时经常被忽略的一个问题突显出来了：所谓"中国性"，不止意味着汉文明的各主要特性，而且还包含了由藏文明、维吾尔文明、蒙古文明等等组成的"内亚"特性在其中。这正是我今日讲演最想强调的。

二、人群与文化变迁

内陆欧亚西半部在历史上曾经历过一次巨大的人口与文化变迁。除盘踞在帕米尔群山各"袋形"地区的塔吉克人以外，分布在它西半部的主体人口在这个过程中由印欧语人群几乎全部转变为突厥语人群。

印欧语祖先人群的起源地，一般认为位于南俄草原东至哈萨克草原、西西伯利亚和俄罗斯所属阿尔泰一带。虽然对这一问题，意见还不能完全统一，但目前认可此看法的人最多。公元前800年至前300年，在欧亚草原带西部出现了迄今所知最早的游牧人群及其帝国，即斯基泰帝国。他们的墓葬及其他考古遗址，极为集中地分布于黑海北

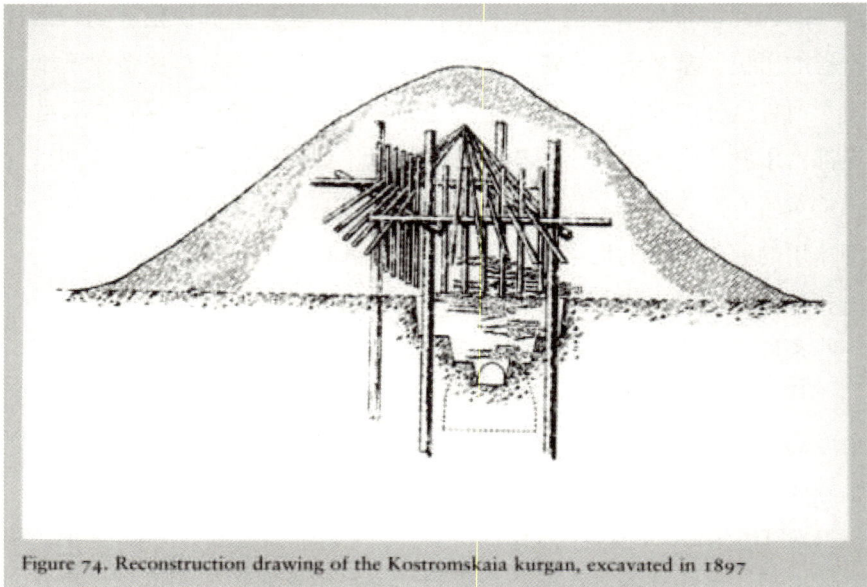

Figure 74. Reconstruction drawing of the Kostromskaia kurgan, excavated in 1897

图2　斯基泰大墓（"库尔干"）

部的南俄草原上。这种墓葬在考古学界被称为"库尔干"（见图2）。库尔干是一个突厥语词，最初是指从地面耸起的堡垒，后来也可以转指堆起来的山包。

　　游牧人群的移动性，决定了斯基泰人的财富积累只能以贵金属和很精致小型的艺术品为主要对象。他们所追求的这种昂贵的贵金属器皿有着希腊文化的痕迹。而在这些物品上所刻画的图像，也十分明确地显示出斯基泰人高鼻深目的面貌。他们中的基干部分，无疑属于印欧语人群，其语言应属印欧语系中印度-伊朗语族的东伊朗语支。

　　原始印欧语从它的起源地向外扩张的历史，大概可以分两个阶段（见图3）。第一阶段，即公元前约4000年至前3000年，它先后向西和向东扩散，其结果最终在小亚、中国的塔里木盆地东部以及西欧分别演化成"安纳托利亚语"、著名的"吐火罗语"，以及后来归属于"凯尔特语""希腊语""拉丁语""日耳曼语"（见图4）等等的"西支"

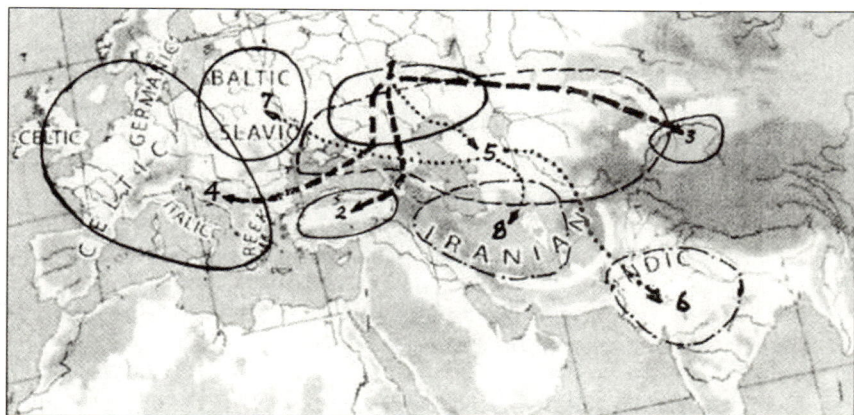

图3　印欧语人群的迁徙

第一阶段：1.原始印欧语分布区→2.安纳托利亚语分布区→3.吐火罗语分布区→4.西
欧诸语族分布区

第二阶段：1.原始印欧语分布区→5.印度–伊朗共同语分布区（→东伊朗语族）

5.印度–伊朗语分布区→6.印度语族分布区7.斯拉夫–波罗的海语族分布区

8.伊朗语族分布区

印欧语系诸语族。第二个阶段，即公元前约2500年以往，南俄草原上的印欧语"母体"人群逐渐南移，并在此稍后分别迁入伊朗–阿富汗地区、印巴次大陆，以及东部欧洲。他们的语言在上述各地区分别演化成印度–伊朗语族的"伊朗语"支族和"印度语"支族，以及斯拉夫—波罗的海诸语。在今日印欧语里，与梵文最接近的语言竟是立陶宛语。这个事实与吐火罗语和西欧诸语、而不是和印度–伊朗诸语言拥有更多

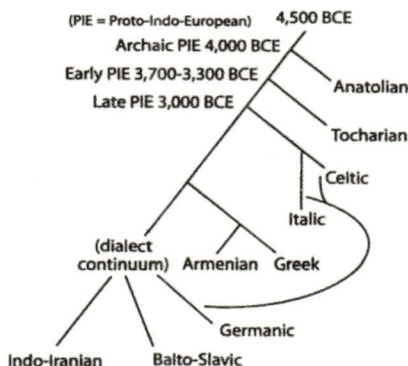

Figure 3.2 The best branching diagram according to the Ringe–Warnow–Taylor (2002) cladistic method, with the minimal separation dates suggested in this chapter. Germanic shows a mixture of archaic and derived traits that make its place uncertain; it could have branched off at about the same time as the root of Italic and Celtic, although here it is shown branching later because it also shared many traits with Pre-Baltic and Pre-Slavic.

图4　印欧语系的分化

相类似的特征，同样使人有些难以想象。但若考虑到梵文和立陶宛语、吐火罗语和西欧诸语先后渊源于同一个说原始共同语的人群，上述两组语言之间的相似性，也就没有什么值得奇怪的了。留在南迁和西迁各人群的"后方"（即南俄-哈萨克草原及阿尔泰山区）、没有迁出原居地的人群所说的语言，后来被归为印度-伊朗语的"东伊朗语"支族。东伊朗语人群在中国一直分布到河西走廊一带。大月氏人、和田塞人等说的，都是东伊朗语。汉文中的"敦煌""朔方"等地名，很有可能都是用汉字记录其语音的东伊朗语词。

　　尽管狭义的斯基泰人是指黑海北岸最早建立游牧帝国的那个人群，用斯基泰这个名称所指称的，其实远不止这一地区的人们。希腊人用它来称呼位于他们之西、直到临近中国新疆之地的欧亚草原上的全部游牧人。在其南方，古代伊朗人称其北面的游牧邻居为萨迦（Saka）人。而位于东方的中国人则把自己的西邻叫作"塞"人。"塞"的古音读为sek。无论是Saka或者sek，其实都是"斯基泰"（Scythay）一名在不同语言里的音译（见图5）。不仅如此，隋唐时代名震天下的胡商"粟

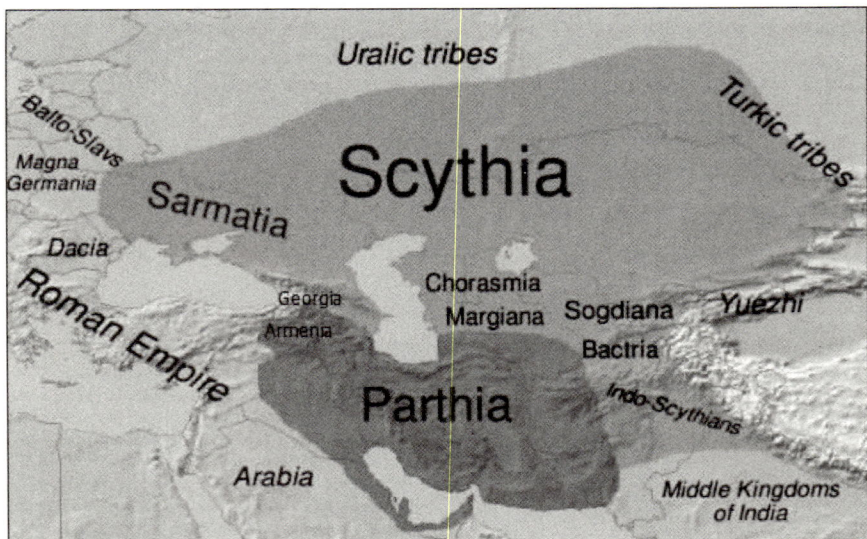

图5　斯基泰人与他们的毗邻诸民族

特"人（Sogdians），其族称也是"斯基泰"之名的变体而已。

讨论出现在不同民族语文史料中的这些名称之间的相互关系，需要一种称为"审音勘同"的中国传统学问。比如司马相如在他的赋里提到，从西面传来一种叫"角端"的动物。根据中国古人的对它具体形状的描写，可知角端即犀牛。那为什么汉语文献要把它的名称记录为角端呢？其实，"角端"是用汉字来记录的波斯语词（keregdān，译言犀牛）的发音。上古汉语中存在"复声母"现象，"角"的发音大体接近kljok，"端"的发音与duan相近。东汉时期的犀牛铜像进一步表明，来自当时印欧语人群所在地的犀牛，是连同它的印欧语名称一起传入中国的。

斯基泰人与他们的毗邻诸人群大都是说印欧语的。那么内亚西部的民族与语言分布，又是如何被改造成如同我们今日在该地区所看到的那种基本格局的呢？

从公元5世纪开始，先后发生的三大潮流，逐渐改变了印欧语人群在这个地区的支配优势。它们是：5至10世纪自东向西的突厥化运动，7至15世纪自西向东的伊斯兰化运动，以及16世纪之后自西向东的俄罗斯化运动。

1.自东向西的突厥化运动

下图反映的是在更大的地理背景之中自东向西的突厥化运动（见图6）。突厥人群是从蒙古草原向西扩张的。大体跟隋唐同时代，古代突厥人在蒙古草原上建立起强大的游牧汗国，就像在它之前的匈奴帝国同样，一旦发达起来就要往西面扩张。由此，古代突厥帝国很快分裂为东突厥和西突厥。东突厥建立过第一和第二两个汗国。西突厥的势力不仅覆盖了几乎整个西部内陆亚洲的草原，而且还进入绿洲地区。接着，晚于突厥汗国100至200年左右的伽兹尼突厥王朝移到了阿富汗南部、印度，甚至伊朗的一部分地区。再往后，就是非常著名的塞尔柱帝国。它已经到达阿拉伯半岛，将整个土耳其纳入版图。可以说，土耳其人的突厥化跟塞尔柱帝国有着莫大的关系。还有就是奥斯曼土耳其帝国，整个

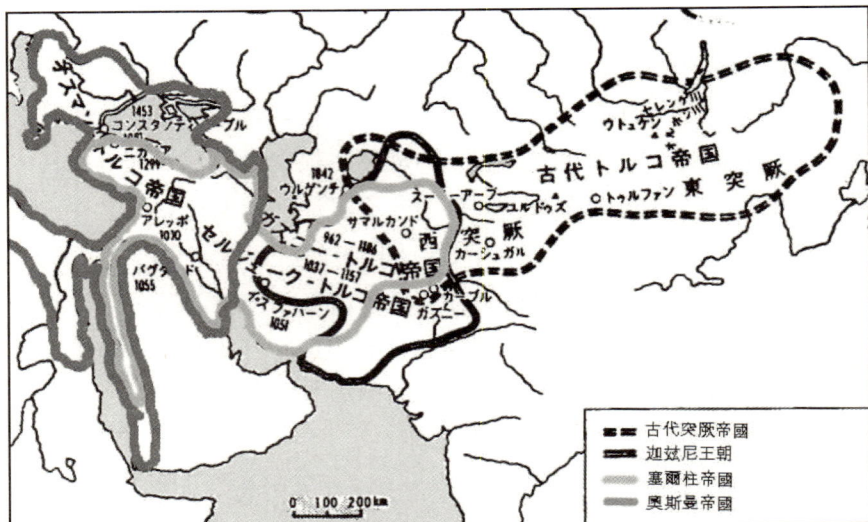

图6　突厥人群的向西扩张

到了希腊半岛、西班牙，一直西进到非洲西北部的所谓马格里布地区。

　　随着这几个突厥国家的诞生和发展，我们可以看到突厥化的过程是怎样一步一步地向西面扩张的。内亚突厥化运动的历史后果，就是它的西半部（以及此外的土耳其）由一个东伊朗语人群的世界，转变为突厥语人群的世界。从10世纪起，阿拉伯语文献就开始用"突厥斯坦"（即突厥人或突厥文化流行的地方）来冠名从中国新疆西至里海东南岸沙碛地区的这一地块，表明它的突厥化过程已大体完成。

　　2.自西向东的伊斯兰化运动

　　众所周知，它是随着阿拉伯帝国的版图膨胀而展开的。扩张后的阿拉伯边界，一直到达费尔干纳盆地东端，已非常接近中国的新疆。此一运动与自东向西的突厥化运动结合在一起，最终导致内亚西部地区变成为突厥人的伊斯兰世界。随着伊斯兰信仰的向东传播，当地人先后从五花八门的宗教信仰改宗伊斯兰教，构成阿拉伯东侵之外自西向东的伊斯兰化运动的又一重要内容。中国南疆的维吾尔族（即9世纪中叶从蒙古高原迁往塔里木盆地和河西走廊各绿洲的唐代"回鹘"人）

差不多是其中改宗最晚的人群。维吾尔人全部皈依伊斯兰教，大约晚至16或17世纪。

3.自西向东的俄罗斯化运动

最后是从16世纪开始的内陆欧亚的俄罗斯化运动。俄罗斯向东扩张的历史，大约可以分为三个阶段。

第一个阶段即16世纪中叶并灭蒙古金帐汗国三个继承王国之中的两个，即喀山及阿斯塔拉罕两个汗国时期。这样它的领土便东抵乌拉尔河中游。

第二个阶段始于1579年俄国东进西西伯利亚。在此后70年内，俄国势力实际是以征取貂皮为其原初驱动力，打通西伯利亚针叶林带，直至鄂霍茨克海。这个扩张很难讲是出于俄罗斯政府的主动策划。它主要是那些冒险家为了寻找貂皮等森林产品而开辟的"貂皮之路"。而后它又自北面全线南压，与清朝的北部疆土相接，先后于1689年和1727年与清代中国签署《尼布楚界约》和《恰克图界约》。至此，位于俄属西伯利亚以南的"东部边疆"和"远东"版图由此奠定。在西线，约半世纪之后的1783年，俄国又并吞克里米亚汗国，"俄罗斯核心地区"最后形成。

第三个阶段是1870年代及其之后，俄国并吞浩汗国，并将希瓦、布哈拉汗国纳为保护国，最终形成后来苏联的"中亚五加盟共和国"版图。

从当代俄罗斯的版图结构中，我们依然很容易分辨出遗留在其中的俄国向东扩张三个阶段的轨迹（见图7）。

近现代俄罗斯领土的扩张过程，给内陆亚洲留下了两笔很重要的遗产。一是俄语和俄国文化在内亚的主导性影响力。现在哈萨克斯坦、吉尔吉斯斯坦等"五斯坦"的国民都是双语人群，他们既有本民族自己的语言，同时俄文也都非常好。俄文成为在这一地区跨民族交往时的lingua franca（族际交流共同语）。这就是俄国人留下的一个遗产。同样，蒙古国也是一样。蒙古国的官方书面蒙古语是用俄文的西里尔字母

图7 俄罗斯的"核心""西伯利亚""东部边疆"与"远东"诸地区

来书写的。冷战结束后，蒙古国曾一度想要用原来的蒙古字母来替代西里尔字母，但却失败了，因为民众已经习惯了俄文式的书写方式。这就是俄国人的影响。二是俄罗斯主导下的"欧亚经济联盟"组织，反映了内亚俄罗斯化运动一直影响到今日的重大历史后果。

三、"中国的亚洲内陆边疆"

1935年，中国地理学家胡焕庸提出一条以"胡焕庸线"（或"黑河–腾冲线"，也叫"瑷珲–腾越"线）著称的"中国人口密度对比线"。这条线将当代中国地理空间切成大致相等的东、西两部分，而生活在这两个地区的人口比例则为90%：10%。实际上，这条线背后的意义要远多于两部分国土之间人口密度的对比。它的走向，与300至400毫米年等降水量带，与中国的雨养农业及无法从事雨养农业的地域之间的区划线，以及汉族与中国诸少数民族的分布地域之间的划分线，都十分接近。

　　比胡焕庸稍晚，拉铁摩尔也提出了一种将中国疆域分为两大部分的类似见解。他把东半部称为汉地，西半部称为中国的长城边疆地区。"拉铁摩尔线"与"胡焕庸线"的差别，仅在于东北农业区究竟应归属于哪一方的问题上。"胡焕庸线"把东北划在中国东部，而按照"拉铁摩尔线"，东北不在东部。从历史上的实际情况看，拉铁摩尔的划分似乎更有道理。因为东北的农业是在清代晚期大批华北汉人闯关东之后才逐步形成。在此之前，东北是一个各种非汉族以渔猎、粗放农业及流动畜牧为生计的区域。那里有河谷平原，但多很小，不足以支撑并形成一个有基础的、长久的汉文化社会。所以，拉铁摩尔的划分更有道理。他界定的"长城边疆"，实际上就是构成中国内亚的各地区。

　　内亚东部的人文地理状况与它的西部不太一样。它最东面的"白山黑水"，如上所述，属于通古斯语–满语人群的活动天地。之西是蒙古高原，那里的人群分布，最初大体是由突厥语人群与蒙古语人群平分其西、东两半（蒙古高原北部则是原西伯利亚诸语人群的分布区）。以后随突厥语人群的西扩，蒙古高原最终被全面蒙古化。蒙古人并从那里西逾阿尔泰山，进入北疆和"七河流域"（今属哈萨克斯坦国），又向南跨越祁连山，进入青海草原，因而获得对南疆与青藏的军事及政治支配权。从中国内亚边疆诸地域发育而成的社会，都具有某种共同的"绿洲"背景：从新疆北部和青海的草原绿洲，到南疆的沙漠绿洲，再到西藏高原被山岭、而不是沙漠包围的绿洲。长城边疆各地域社会的这一生存环境的连续性或共同性，使它们更易于接受来自草原，而不是来自汉地的影响。

　　这样我们就看到，东部内亚的北方和南方，分别分布着蒙古人群和藏人群，两者中间夹入一个突厥化的南疆，就像是从西部内亚伸进来的一根楔子。蒙古在东部内亚的支配地位反映在下述事实中：清朝将漠北蒙古、青海、西藏、准噶尔盆地、塔里木盆地等处纳入国家版图的努力，持续雍正、康熙和乾隆三朝方始大功告成，而它在八九十年间的一个始终不渝的敌人就是西蒙古部。

　　我们应当如何理解中国国土这种一分为二的情况？中国主流见解从中看到的，更多的是"中华文明的影响是如何从中原地带，一点点拓展到西部与北部的踪迹"。但是拉铁摩尔对"长城边疆"的定位，却非常不一样。在他看来，中国的长城边疆各地区，是中国国家建构过程的积极参与者和重要贡献者，存在于它们之间的某种共同性，使它们趋向于形成一个与汉地社会积极互动的整体。他写道："东自满洲混合型地理环境，西至中国突厥斯坦的绿洲和沙漠，乃至西藏的寒冷高原，起源于上述诸地域之内的各种社会的历史角色，最宜于被看作是基于蒙古草原历史的一系列变型。"他以为，也正是在这一意义上，蒙古草原的历史，成为"所有边疆历史中最典型的篇章"。

　　那么，中国历史上的这两大地域"板块"，究竟是怎样被超越，从而才能够形成一个版图辽阔的统一国家的呢？

四、板块限阈（yù）是如何被超越的

　　有关中国历史的标准叙事，基本上是把自战国以来2000多年中这个国家形成与发育的历史，描述为只是由秦汉确立的外儒内法的专制君主官僚制这样一种国家建构模式在被不断复制与向外延伸的过程中逐渐调整、充实和进一步发展的过程。而中国的各边疆地区，则似乎永远处于被动地等待被中心地区"收复""统一"或"重新统一"的地位。据此，即使是像元、清这样起源于传统帝国边疆之内的内亚边疆帝国，它们的成功，也主要是因为它们的统治者能主动学习或仿效"先进"的汉文化，包括袭用外儒内法的专制君主官僚制去统驭它们的全部国土。而它们的失败，又恰恰在于它们还不够汉化。

　　那么，实际情况又是如何？其实中国历史的发展是有一个空间节奏的，可用12字概括：由南向北、自北向南、从东到西。

　　1.由南向北阶段

　　公元前4万年至公元前2000年，99%的现代中国人的祖先从南部进

入中国，然后慢慢分布到中国各地，这个就是所谓由南向北。

2.自北向南阶段

中国的史前文化可谓漫天星斗。但从公元前约2000年开始，华北最先从史前文化跨入文明的门槛，根本地改变了它之前史前文化多头起源、多元发展的格局或景象。华北自满天星斗中凸起的过程，就体现在所谓夏、商、西周"三代"的历史中。在跨入文明门槛的过程中，华北的不同人群、不同文化也在经历着反反复复的互动、冲突与融合，终于在公元前大约1000年左右形成为同一人群、同一文化，亦即华夏和华夏文化。而所谓华夏人群，也就是汉族的前身。

华夏既然形成了若干早期国家，它动员资源的能力、动员人口的能力以及它的经济能力都慢慢强大。于是它开始向外扩大自己的生存空间，具体说来就是往南部扩张。淮河、秦岭以南，本来的土著都是非汉语人群。在大约两千多年时间内，整个南部中国差不多都被汉化，直至广东。而这个自北向南的汉化过程，主要是四大历史事件所推动。

一是孙吴立国江南。此前华夏的政治统治基盘都位于中国北部。孙吴是把统治基础建立在南部中国的第一个汉族政权。它的国都先在武昌，后来移到了南京。二是永嘉南渡。西晋永嘉之乱引发了空前规模的"五胡乱华"浪潮，北方汉族人民为逃避战乱和民族冲突，纷纷举族南迁，大量人口从中原迁往长江中下游。三是从安史之乱直到黄巢起义的唐后期，社会大乱，北方被搅得不像样子，再次推动了汉族人口大规模地往南迁徙。最后是北宋与南宋之间的"靖康之难"，导致中国历史上最后一波汉族人口大规模南迁的浪潮。

在上述四个事件中，后三个纯粹是人口事件。自北向南的汉族移民运动，几乎把东部中国填满了。但这股移民浪潮为什么没有进一步波及更加西面的广大地区呢？因为那里存在一个天然的局限——不能从事雨养农业的地方，汉人进不去。

3.从东到西阶段

直到这一阶段，西部中国才很牢固地变成中国版图的一部分。那是什么时候的事呢？让我们以一千年为一个时间单元，去追寻一下自公元前两千年华北凸起以来的近四千年里，中国的国家建构究竟经历了怎样的一个历史进程？

公元前2000年至公元前1000年：华北各地的史前文化，在经历数千年的交互作用与整合过程后，终于跨过文明的门槛，发育成以"三代"（夏、商、西周）著称的华夏文明。

公元前1000年至公元纪元：华夏逐渐扩大势力范围，将未能被同化在自身文化圈内的其他人群排斥到边缘。华北由此开始呈现"内夏外夷"的空间分布特征，并确立了自己作为中国经济文化核心地区的地位。在那里形成的中央集权的专制君主官僚制王朝，开始把远超出华夏文明地域范围的疆土置于自己的政治统治之下。

公元纪元至公元1000年：汉文明与汉语人群一波紧接一波地从华北向南方社会全面渗透，以越来越快的节奏推动东部中国经济文化均质化（也就是汉化）的进程。中央王朝将西北部中国纳入自己版图的努力则时断时续、事过于倍而功未及半。

公元1000年至公元2000年，在这最后的一千年，伴随着北宋王朝向南部中国的迁移而发生的又一次北方人口大规模南迁，中国经济文化重心南移完成。西部及西北各地区先后被稳固地整合到中央王朝的疆域结构之中。但是，西部中国经济、文化与社会发展水平，尚待进一步提高。

因此，若以一千年为一个时间单元，看一看这四千年来中国国家发生、发展所呈现的这样一个时空变迁进程，我想我们应该能够体会到，开发中国西部的重任是四千年中国历史交付在我们这辈人肩上的庄严而光荣的任务。

那么在最近的一千年中，究竟是谁，将西部变成为中国版图牢不可分的一部分呢？在近千年来，建立起统一的多民族大帝国的政权，分别是蒙古人建立的元朝和满族建立的清朝。我们的历史教科书上的标准叙事，倾向于把元朝和清朝对中国的统一，仅仅看作是汉唐模式的专制君主官僚制国家体制在新历史条件下的进一步扩展。但这个看法大大弱化了元、清两朝对中国作为一个多民族统一国家形成过程的伟大贡献。

按汉唐国家建构模式治理国土的核心制度体系是郡县制。但是郡县制的历史实践表明，它基本上只是实施于汉文明地区，以及可以从事雨养农业、因而具有被汉文明覆盖的潜在可能的那些地区（这里指的主要是淮河与秦岭以南的东南部中国）。到唐代已臻于成熟的控御上述地域范围之外各人群、各政治体的"羁縻"体系，主要由以下两方面的制度性安排构成：驻军屯田，"以伸慰绥、诛伐之志"；册封朝贡，以明君臣上下之礼。这就是所谓恩威并举、剿抚兼行。

但是被纳入此种"羁縻"体系的各人群或国家，可能朝着两个完全不同的方向发生演变。羁縻统治可以经由设立土官、土司建制，到土流并置（即在土司地区兼设流官，负责治理进入那里的汉人群体），然后实现改土归流的路径，把汉文明的边界向那里推进，最终将从前的"化外"之地纳入编户征税的郡县制体系。但是，能够做到这一步的前提条件是，在那里必须培育出一定数量的由汉族移民和被汉化的当地原住民混合组成的编户齐民，从而为将该地区整合到府县管治体系之内造就必不可少的经济、政治文化及社会响应的基础。问题恰恰在于，华夏文明或后来的汉文明尽管拥有极大的扩展自己生存空间的活力，可是这种活力既然以雨养农业传统作为自己的生存基盘，也就要反过来受到可以从事雨养农业的地域边界的天然限制。所以，在雨养农业地域之外的各地方，既然无法通过对当地人口施行汉化的途径来落实郡县制，从而将它们纳入巩固的国家版图，那么长期停留在羁縻体系下的不同人群和地区，就会朝着变成具有与中国对等地位的国家的方向演进。

显而易见，传统中国如果只依靠上述那种国家建构的模式行事，西北中国的大部分地区根本无法被有效地纳入中国疆域之中。事实上，在最近一千多年里，能够把汉文明之外的大片西北疆域括入中国版图的，并不是采纳汉唐国家建构模式的宋、明等"儒家"王朝。而元、清两朝所建立的多民族统一国家，都是兼用汉唐式专制君主官僚制和内亚边疆帝国这样两种国家建构模式才得以成就的。雍正帝因此断言，"中国（汉文明意义上的中国）之一统始于秦。塞外之一统始于元，而极盛于我朝"。版图囊括了"塞外之一统"的"大中国"，没有出于蒙古人、满人创制的上述后一种国家建构模式的参与，是根本不可能产生的。

内亚边疆帝国的国家建构模式，其积极意义集中地体现在两个方面。首先，清代继承元代"宣政院"制度，设"理藩院"管理西北中国各地区的旗界、封爵、设官、户口、耕牧、赋税、兵刑、交通、会盟、朝贡、贸易、宗教等事务。理藩院所行使的，当然是在内政范围里体现国家主权的各种权力。在汉唐式的国家建构模式中，我们根本找不到执行类似权力的权力机构。后者留下来的与羁縻人群、国家或地区相关的档案，无论在实际上或名义上都是由礼部或鸿胪寺掌管的外交档案。

其次，汉唐国家建构模式的理想治理目标，生动反映在《中庸》里的"车同轨，书同文，行同伦"这九个字之中。我们一般看到的都是它对实现国家统一的正面意义。但这不就是要将汉文明覆盖到全部国家版图上去吗？这样的主张真的应当获得我们赞同吗？相反，元、清采取的却都是带有维持文化多样性倾向的政策。它们自然不会有"民族平等"的现代意识，但它们没有想用蒙语、满语或蒙古文化、满文化来统一全国的语言和文化。它们试图用维系并相互隔离国内各大型人群各自活动空间的方式，来避免不同文化间的冲突或互相干扰，同时也防止各人群形成联合的反政府力量。这样的政策安排，客观上有利于诸多民族在相对安定的环境里发展各自的社会与文化。

五、几点结语

首先，应当承认并重视构成"中国性"的内亚因素。

与绝大多数其他现代国家都从帝国分裂当中产生出来不一样，中国是在基本保留了它在帝国时代版图的基础上产生的现代国家。中国民族问题的全部独特性就来源于此。

因此，我们必须非常正面地承认、评价和爱护"中国性"中所包含的内亚特性，而不应把它看成至多也只是中国各民族及其文化在走向进一步"统合"或"同质化"进程中的过渡性元素，或是只允许其权宜存在的保留元素。

中国的诸多历史地形成的民族对于各自世居历史家园的深厚情感，以及民族的区域自治政策所赋予他们的对世居历史家园的各项权利，应当受到更多的尊重和落实。

其次，深化对一个国家内包含了多民族历史家园这一事实的认识。

民族主义从最初的"主权在民"（即向内争取主权）运动演变成"一个民族，一个国家"（即外争独立）的诉求之后，民族主义理念与它的实践后果之间已经出现了越来越多的背离。

由于冷战和阶级政治的抑制，也由于西方发达国家已经形成的制度基础使它们有能力比较稳妥地解决国内族群问题，上述背离在1990年代之前没有引起全球人们足够的关注。但是1990年代以来，各国国内民族问题在全球范围的爆发，迫使我们重新思考如何认识民族主义所留下的政治遗产的问题。

我们需要回到民族主义的原初立场，即主权在民的立场上去。同时，我们也需要突破原教旨民族主义的严重思想局限，以前所未有的热情去拥抱多民族统一国家的观念。

在这样的时候回头检视西方发达国家解决国内民族关系问题的路径，我们吃惊地发现，体现在各国所采取的不同方针政策中的相似思路，十分接近于中国的民族区域自治政策。

因此，简单地用即使是美国人自己也在反思的"熔炉"政策来概括他国解决国内民族关系问题的共同经验，完全是一种昧于实情的误解。

中国的过去是由多民族共同缔造其共同国家的历史。中国的未来只能是属于多民族所共享共有的未来。这是中国的宿命。任何试图改变中国此种宿命的想法和行为，都只会给中国的前途、利益和名誉带来损害。

复次，对边疆史地研究的间接现实功能的认识。

边疆史地研究不能够直接去回答或处理现代边疆和民族关系的实际问题，但却有着某种间接的现实功能。一是从政治学、法学及民族社会学等各种学科的学理角度，加深我们对国内民族关系问题的理解。二是历史视角。中国民族关系的由来是有一个历史过程的。所以，如果对中国民族关系的历史没有一个清楚的认识，我们实际上很难真正妥帖地解决当今的民族关系问题。三是比较视角。民族问题、宗教问题，都不只是当前中国碰到的问题，而是全世界绝大部分的国家都面临的严重问题。中国问题的解决，自然只能靠我们自己。与此同时，今日世界正在变得越来越小，因此我们也必须在东张西望、左顾右盼之中，使中国问题的解决不自外于当代性的价值意义和全球性经验。

最后，人类学对中国很重要。

对当代中国的边疆研究来说，民族学和人类学所怀有的一种根本性关怀绝不仅仅只具有工具理性的价值。人类学强烈主张参与性的考察，把自己变成被考察部落里的成员，参与到他们的祭祀、劳动等各种活动中，了解并亲身体会他们的各种礼仪。在这个过程中，用被研究人群的世界观和眼光去理解并解释该人群自身及其生存环境。如何在中国的民族和边疆研究中更多更有效地纳入少数民族自己的历史表述、纳入他们的各种现代意愿？这个问题现在应该引起我们的足够注意了。无论怎样强调这一点，我以为都是不会过分的。

章开沅

百年锐于千载：
辛亥革命反思

　　章开沅，祖籍浙江湖州，1926年7月生于安徽芜湖。美国奥古斯坦那学院（Augustana College）荣誉法学博士、日本创价大学与关西大学荣誉博士。1951年到华中师范学院（现华中师范大学）任教至今。1978年以来，创建辛亥革命史研究会、华中师范大学中国近代史研究所（原名为历史研究所）与中国教会大学史研究中心。1984—1990年任华中师范大学校长。曾先后兼任孙中山研究学会理事、辛亥革命史研究会理事长。现任华中师范大学中国近代史研究所资深教授、名誉所长，华中师范大学池田大作研究所名誉所长与东西方文化交流研究中心主任。

　　在辛亥革命史、中国资产阶级研究、中外近代化比较、教会大学史、日本侵华史等领域均有研究和建树。著有《辛亥革命与近代社会》《开拓者的足迹——张謇传稿》《南京大屠杀的历史见证》等多部著作；主编《辛亥革命史》《中西文化与教会大学》《比较中的审视：中国早期现代化研究》《中国近代民族资产阶级研究》《辛亥革命史资料新编》等。

辛亥革命怎么评价也不为过。胡耀邦同志在世的时候曾经讲过，中华民族有三次腾飞：第一次是辛亥革命，第二次是中华人民共和国成立，第三次是"四人帮"的垮台、"文化大革命"的结束和改革开放的开始。他这几句话讲得不错，因为辛亥革命是中国近百年来走向现代化的开始。以前都是师夷之长技，从科学技术层面，或者一些工厂、军舰、国防方面来学习西方；虽然到了戊戌变法的时候，认识到仅是从技术层面进行变革不行，还要有制度的改革，但当时制度改革还是很不全面的，时机尚未成熟，仅做到"百日维新"。只有辛亥革命，经过多年的努力，引起全国革命爆发，迅速地推翻了清王朝的统治，结束了维系两千多年的君主专制。这是很不容易的事情。因为孙中山只是一个普普通通的农家子弟，由于是华侨眷属的关系，比较早地接触了西方的一些思想，以后逐渐成了一个革命家。他最早是单枪匹马地从事革命活动，最后引导了革命的潮流，成就了那么大的一个历史的功勋，这也是很不容易的。所以辛亥革命应该纪念。

与此同时，我又有一种担心。我们这个社会有一种奇怪的现象，平时对辛亥革命的纪念并不多，顶多逢五逢十的时候开个纪念会，热闹一下。但到了百年的时候，全国上下全都动了起来，都在开研讨会，动辄邀请一些名不见经传的学者来举办所谓的"高峰论坛"，浪费了很多资源，把辛亥革命百年纪念变成了

孙中山

一个"嘉年华"。

我认为纪念辛亥革命最好的方式就是反思，反思就是重新认识。所谓反思有两种，一是反思辛亥革命百年以来的历史；二是反思百年以来的辛亥革命研究，哪些研究是对的，哪些研究是不对的，哪些对社会起到好的影响，哪些对社会产生了误导。

百日维新

面对当前很多严重的问题，甚至于很多种的危机或者危险，要反思过去的历史，从里面找到经验教训，来探索应对之道，最主要是为了未来，为了明天。所以，我提出三个一百年：一是一百年的背景，辛亥革命的背景要好好研究，不然就不能够深刻地理解辛亥革命。二是辛亥以来的这一百年，我们中国是怎么走过来的？三是展望未来，下一个一百年怎么过？未来的一百年是非常关键的，它是人类文明或走向自我毁灭，或走向新的觉醒的一百年，是人性的苏醒、走向新生的一百年。

一、孙中山学说的历史价值

孙中山的"三民主义"是在对前一百年的世界历史、中国历史全面总结的基础上提炼出来的。他学习西方，但不是盲目地学习，而是有所肯定，有所借鉴，他通过认真的学习，认真的考察，看出了西方社会的弊端之所在。工业革命以来，科技高度发展，经济发展、物质文明的发展也非常之快，所以"百年锐于千载"，就是说一百年的进展的速度比一千年都快，因此叫"锐于千载"，这是孙中山在同盟会的机关报《民报》的发刊词里面说的。如果我们对这一百年没有一个基本的态度和认识，就无法得知三民主义是怎么来的，所以说这一百年是要注意的。孙中山被公认为辛亥革命第一人，是辛亥革命的"最高领袖"。1905年同盟会在日本成立，同盟会的成员来自四面八方，有些人跟孙中山并不认识，但是却一致推举孙中山担任同盟会的总理。作为领袖，孙中山并没有直接参加长江流域的革命，武昌起义以后南宁独立、上海独立、湖南独立等等，他都没有直接参加，因为当时他正在海外募款，争取外国列强的承认。但是他一回来，即被大家一致推选为临时大总统，在南京建立临时政府，这是中国历史上第一个共和政府，是一个了不起的成就。

民国肇建以后直至护法战争，孙中山也不是没有这样或那样的错误。但如果因此就断言孙中山"一无是处"，我却期期以为不可。评价伟大历史人物，主要应客观考察他比前人多做了哪些工作，对社会进步有多少推动作用；而不是专门挑剔他比后人少做了哪些工作，比现今有哪些不足。寻找真实的孙中山是很难的，我们平时看到的孙中山的像都是像标准照一样，板着脸，忧国忧民，深思苦虑。虽然很伟大，但是政治性太强，总缺少一点温情。2011年初，香港几所大学邀请我去做演讲，我在香港孙中山纪念堂看到了一张孙中山与两个女儿——孙婉、孙娫的合影。这张照片中的孙中山充满了亲子之爱，在那一刻他只是一位慈祥的父亲，眼神中充满了关爱、幸福、欢乐。我始终认为孙中山是一个人，人总是有缺点，也有优点，对他的贡献也要历史地判断。我经常讲对历史人物的评价，主要用加法，就是看他比前人，比前面的时代增加了一些什么东西。中国本来共和观念不多，也没有出现一个共和政府，孙中山历经千辛万苦领导中国人民推翻君主专制，建立民主共和，开辟了中国历

《民报》

史的新纪元。尽管失败了，但是开辟了以后历史前进的大方向。我历来提倡治史必须"设身处地"，然后才谈得上"知人论世"。

二、时空转换中的"三民主义"

十月革命之后，新的三大政治出现，孙中山的思想更加开阔了。新三民主义取代了旧三民主义，实际上就是旧民主主义革命让位于新民主主义革命。

民族主义：孙中山的民族主义主要侧重于"排满"，鲜少涉及民族团结，因为要革命，就要把清朝妖魔化，取消它的合法性。但革命一旦胜利，共和政府建立了，那就要提倡"五族共和"了。"五族共和"，实际上就是各个民族的共和，各个民族和平共处。

民权主义：我们过去常常强调，辛亥革命使共和观念深入人心，所谓深入人心，实际上严格地讲，只是深入到一部分社会精英、知识精英的心中，而没有真正地普及到劳动人民、劳苦大众的心中。

民生主义：孙中山从中国传统的大同思想以及均田、公仓等方案中受到启发，提出"平均地权"，以谋防止资本主义贫富两极分化的弊害。孙中山自信"可举政治革命、社会革命毕其功于一役"。对于民生主义，孙中山的想法是具有前瞻性的，他提出了两个思路：一是"节制资本"，资本要发展，但是也要节制，目的是为了避免贫富悬殊；二是"平均地权"，解决土地流转的问题。这两个思路对我们今天仍有启发意义。

三、纵观辛亥革命上下三百年

辛亥革命的背景、起因、进程、后果、影响，需要进行长时段的纵横考察，才能谈得上是对其本身以及历史遗产的真正盘点。"三个一百年"，即一百年历史背景，一百年的历史本身，都需要通盘研究，同时还要进行未来一百年的展望。

19世纪末20世纪初，中国很多先进的思想家已经注意到了工业革命重科技、轻人文的弊端，认为人类文明的发展，不一定都是善，也有恶，是善恶相伴前进的过程，20世纪整个的历史就是这样。孙中山当时已经注意到了这些人类文明的基本问题，所以说孙中山的前瞻性很值得思考。

辛亥革命以来的一百年，我主张把中国作为一个整体来做研究，不要内地讲内地的，台湾讲台湾的，香港讲香港的，澳门讲澳门的，这个是不行的。整体来说，这四个地方都是中华民族的栖息地，民族的灾难、民族的振兴、民族的幸福都有很多共通之处。它是一个整体，我们以前因为党派的成见，互相妖魔化，不能够客观地、冷静地来思考，不管是哪个党，哪些做对了，哪些做得不对，都应该放在一个整体里面来研究。以我党为例，从早期的活动，正式建立苏维埃政府，及苏维埃政府时期如何推进人民民主，抗日根据地又如何来进行的，包括农民利用丢豆子来当选票，那也是推进民主，而且是很真心的推进民主，这些都需要总结。

我们的民主不是原封不动的，我们经过了残酷的国内战争、民族战争，特别是民族的抗日战争，人民的民主权利有了更多的内容。孙中山所提出的民权，或者说"五权宪法"以及"五权宪法"框架下所建构的五院式政治架构，在台湾是实施了，但却存在问题。总的来讲，台湾的民主还是朝前发展的，现在我们政府以及相关的研究机构，定期地直接与台湾方面进行交流，而且也去观察台湾的选举，这么做非常好，也有必要。因为我们现在不能用过去内战时期那种敌对的、意识形态对抗的方式来考虑问题，而应该朝着整个中华民族进一步整合、进一步振兴，而且是共同振兴的方向来努力。我们的思维要进步，不能总背着历史沉重的包袱而妨碍了自身的发展，应该在更大的空间里面，来发挥整个民族的智慧和能量，建设一个更好的国家。所以第二个一百年里，我们一定要把中国各区域的历史作为一个完整的整体，客观、科学地进行分析，共同来总结经验教训，以谋求共同进步。

未来一百年，所有的问题都变成了世界问题，气候问题、资源问题、环境问题等等，都是息息相通的。当今世界公害问题已经严重到无以复加的地步，当代人正在浪费着子孙后代的资源，如纸张浪费、电能浪费等。对于这些问题，孙中山在其晚年就明确地提出了民族主义与世界主义的问题，现在这一问题更加突显。当前，国与国之间因国家利益的不同而引发了多种冲突，人类正沉浸在单纯的科技决定主义之中，认为科技可以决定民族命运。其实不然，科技本身并不能从根本上解决这一问题，这一问题的解决有待于人文的力量。

怎么样更好地从孙中山有益的思想里面，发掘一些有益的思路，进一步思考今后人类文明的发展问题，是每一个国家共同的责任，而不仅仅是中国的问题。人类文明改进最重要的就是人性的复苏问题，因为现在全世界都是市场经济占主导地位，不管什么样的市场经济，它都是个人利益的驱动，不管讲什么都牵扯个人利益。但是问题又正好出在这个地方，个人利益扩而大之变成地区利益，再扩而大之变成一种集团利益，再扩而大之变成国家利益，而国家利益的背后往往都是一些大垄断集团的利益。所以现在有一种说法，认为政治家、军事家都是世界舞台的演出者，幕后真正的主宰者是世界五百强企业，是少数垄断寡头在主宰着世界。

物极必反，否极泰来。我深信日益严重的世界公害，必然转化为世界公利，成为人类最好的老师。核辐射就是一个教训，原来大家不知道核辐射这么厉害，现在知道了，必然引起重视。如果说人类走出中世纪，从地理大发现到人的发现，到人类个性的张扬，到主张民主与民权，再到被压迫民族的解放，是人类的第一次人性觉醒浪潮的话，那么现在人类正面临着第二次人性解放浪潮，即从人类中心主义与科技决定主义导致的文明沉沦中觉醒过来，再一次追求人的发现、人性复苏、人与人和谐相处、人与自然和谐相处，共同战胜自然灾害，以及自身错误酿造的各种人祸，营造一个共享文明福祉和幸福的新世界。

面对当前存在的危机，必须依靠我们自己的觉醒，我们的觉醒可以带动整个民族的觉醒、整个人类的觉醒。所以现在不仅仅要考虑中国的问题，还要考虑世界的问题，世界的问题不解决，中国的问题也解决不了。回过头来又觉得孙中山不简单，所以我对孙中山评价很高。孙中山是近代中国政治领袖里面堪称"世界公民"的第一人。我们现在可以这样讲，我们现在普通的中国老百姓，不仅要当好一个中国公民，也要当好一个世界公民。

郭齐家

中国传统教育思想精华及其现代意义

　　郭齐家，1938年10月出生，湖北省武汉市人。中共党员。北京师范大学教育学部教授、博士生导师。1956年9月—1960年7月于北京师范大学教育系本科学习，毕业后留系任助教，1979年任讲师，1986年任教育系教育史教研室副主任、副教授、硕士生导师，1992年任教授、教育史教研室主任。1993年10月起享受国务院政府特殊津贴，1995年晋升为博士生导师。现兼任中华孔子协会副会长，国际儒联理事会顾问，北京师范大学珠海分校法政学院教授。

　　长期从事中国传统文化教育的教学与研究，著有《中国教育思想史》《中国古代学校》《中国古代考试制度》等专著；撰写《阳明学研究的一个突破——儒学的转折》《中国传统文化与当代市场经济》等论文多篇。

习近平主席就中华优秀文化的传承与弘扬多次做出重要指示。2014年2月24日，习近平主席在中共中央政治局第十三次集体学习时指出："要讲清楚中华优秀传统文化的历史渊源、发展脉络、基本走向，讲清楚中华文化的独特创造、价值理念、鲜明特色，增强文化自信和价值观自信。"这一指示很重要，如果我们文化研究的各个领域、各个学科，都重视本学科发展的历史渊源、脉络、走向以及对文化的独特创造、鲜明的特色，对于继承和弘扬中华文化将起到很大的作用。

中共十八届三中全会通过了具有伟大历史意义的《中共中央关于全面深化改革若干重大问题的决定》，在深化教育领域综合改革部分特别提出"完善中华优秀传统文化教育"。2014年3月，教育部下发了《完善中华优秀传统文化教育指导纲要》，对大学、中学、小学如何完善中华优秀传统文化教育作了指示。为贯彻落实党的十八届三中全会关于完善中华优秀传统文化教育的精神，同时为中华传统文化教育教学提供理论基础和学理支撑，我从中国教育思想史学科角度作一些初步探讨。

我讲五个问题：第一，讲一个人——孔子的教育思想；第二，讲一篇文章——《学记》的教学原则，《学记》是《礼记》中的一篇，它概括了先秦时期中国教育的基本理念和教学原则；第三，介绍一种学校——书院；第四，介绍传统师德；第五，介绍中国传统教育思想的主要特色，及其对完善中华优秀传统文化教育有哪些借鉴和启发。

一、孔子的教育思想

大家都知道，孔子非常伟大。联合国教科文组织把他评为世界十大文化名人之首。另外九位文化名人为：柏拉图、亚里士多德、阿奎那、哥白尼、牛顿、达尔文、培根、伏尔泰、康德。每年，适逢这十大文化名人生日时，联合国教科文组织都要挂旗庆祝。孔子的生日是9月28

日，很多国家的教师节就定在这一天，孔子不仅属于中国，也属于世界。

蔡元培先生1921年在美国考察时发表演说，着重介绍了中国古代教育家孔子和墨子。他说："孔墨教育含有三种性质：（一）专门教育；（二）陶养德性；（三）社会教育。孔子有普通学六种：即礼、乐、射、御、书、数。专门学四种：甲、修辞学；乙、伦理学；丙、政治学；丁、文学。孔子主张陶养性情，发达个性。其教人之法，为因材施教。其总的道德主义为中庸，与西哲亚里士多德相似，又极注重社会教育，故其收学生，无年龄界限及职业界限。"蔡元培先生考察欧美后得出的结论是，理想的教育应包括中国传统的孔墨精神，加之英之人格教育，德法之专深研究，美之服务社会等。"大学教育应采欧美之长，孔墨教授之精神""照以上所述之欧美教育新法，与中国古代教授法……应参酌兼采。"（《在柏克莱中国学生会演说词》）

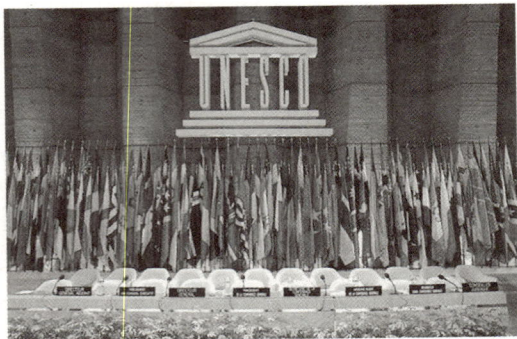

联合国教科文组织

当代著名的英国历史学家汤因比说："自从人类在大自然中的地位处于优势以来，人类的生存没有比今天再危险的时代了""不道德程度已近似悲剧，而且社会管理也很糟糕。"他认为中国传统文化，特别是儒家、墨家的仁爱学说，是解决现代化社会伦理问题所急需的。他说，儒家的仁爱"是今天社会之所必需""墨家主张的兼爱，过去只指中国，而现在应作为世界性的理论去理解。"（《展望21世纪——汤因比与池田大作对话录》）

1970年瑞典籍诺贝尔物理学奖获得者汉内斯·阿尔文博士说："人类要生存下去，就必须回到25个世纪以前，去汲取孔子的智慧。"（1988年1月14日澳大利亚《堪培拉时报》刊登来自巴黎的报道）

孔子的智慧是什么？就是中国文化的精神，就是仁爱，即尊重人，理解人，把人当人对待。所以，郭沫若说，孔子仁爱的思想就是"人的发现"即发现人的价值。孔子的教育思想有以下几个特色：

（一）"有教无类"

孔子曰："有教无类。"（《论语·卫灵公》）"有"相当于办、治。"类"指族群或按政治地位的贵贱、庶鄙等种类。"有教无类"即办教育要本着无类，也就是我们今天讲的公平性的原则。马融注曰："言人所在见教，无有种类。"是说，进行教育不要分类。皇侃疏曰："人乃有贵贱，宜同资教，不可以其种类庶鄙而不教之也；教之则善，本无类也。"（《论语义疏》）皇侃对马融的注做了进一步的解释，即任何人都可给他以教育，不分贵贱、庶鄙等界限，使教育及于平民。

西周的学校为世袭的奴隶主贵族所垄断，不仅奴隶主贵族与平民、奴隶之间有严格的阶级界限，就是奴隶主阶级的内部也等级森严，有贵贱尊卑之分。因此，孔子以前的教育是有"类"的，教育大权把持在少数贵族手里，那时叫"学在官府"。孔子的时代，新兴地主阶级逐渐在一些诸侯国里取得了政权，这就促进了奴隶制的解体，造成了"天子失官，学在四夷"的局面（《左传·昭公十七年》）。"失官"，指的是官府失守学术，致使其不能世代相传。"四夷"指文化学术下移，礼流散于四野，这就为旧的官学衰落和新的私学兴起创造了条件。

孔子提倡的"有教无类"，打

孔子像

破了"学在官府"的垄断局面，适应了"士"阶层的兴起及文化学术下移的历史潮流，其实质是要求将教育对象从贵族扩大到广大平民，扩大了学校教育的社会基础和人才的来源，把学校由"官府"移到"民间"，这是中国古代教育史上具有划时代意义的大事，是孔子最伟大的地方。

孔子教育目的是培养"士"，而"士"的标准是"君子"或"君子儒"。孔子对"君子"的要求是"修己以敬""修己以安人""修己以安百姓"（《论语·宪问》）。意思是修养自己，保持恭敬谦逊的态度；修养自己，使一般人安乐，使老百姓都得到安乐。

修己——讲的是"德"。修养自己，提高自己的道德境界。孔子提出"仁者爱人"，这个"爱"是同情人，关怀人，用肯定的方式说，便是"己欲立而立人，己欲达而达人"（《论语·雍也》），也就是关心人，帮助人，认真为社会做事，这便是忠。用否定的方式说，便是"己所不欲，勿施于人"（《论语·颜渊》），也就是

中国古代私塾

要宽待人，体谅人，尊重人，不损害人，这便是恕。假如不能自觉帮助他人，至少不要有意地去伤害他人，这个"他人"既指个人，也指群体，包括民族、国家、人类。道德行为都是相互的，普遍伦理必须普遍适用，忠恕之道便是可以普遍适用的道德原则。而且恕道比忠道更具基础性和普遍性，是人类社会维持正常秩序的起码准则，被称为黄金规则。大家不要小看"己所不欲，勿施于人"，联合国大厦就刻有这句话。法国1793宪法所附《人权和公民权宣言》以及1795年宪法所附《人和公民权利和义务宣言》写入了这句话。可见，西方津津乐

道的人权思想早就铸上了中国文化的烙印。

孔子说："君子学以致其道。"（《论语·子张》）"道"是规律、理想和方向。君子求学的目的是就"道"。"笃信好学，守死善道"（《论语·泰伯》）就是说，君子应该有坚定的信仰和好学的精神，应该用生命去追求真理，实现理想，捍卫正义。孔子说："德之不修，学之不讲，闻义不能徙，不善不能改，是吾忧也。"（《论语·述而》）品德没有培养，学问不去讲习，听到道义在那里却不能以身赴之，自己有缺点却不能立即改正，这些都是我所忧虑的呀！这句话好像是针对现在讲的，有几次开会，我遇到知名学者中华孔子学会会长汤一介先生，他都要讲这句话。孔子当时的忧也是我们现在年纪大的专家学者的忧。

安人——讲的是"才"。孔子强调君子应有治国安民之术，治国安邦的才干，具有一定的才智和从政的能力。孔子说，能治"千乘之国"，能长"千室之邑"，"使于四方，不辱君命"。"千乘之国"是指有一千辆兵车的小国。在古代，一辆战车上，站着三个人，中间一个人掌握方向，左边的人拿弓，右边的人拿矛，后面还有72个步兵，这是一乘。"千室之邑"即指有一千户人家的地方。"使于四方，不辱君命"是指派到四边当大使，他能够维护国家的主权和利益，能够当外交官。《论语·雍也》记载：季康子想在孔子三个学生中挑选人才，孔子说，"由也果"（子路果断），"赐也达"（子贡通达），"求也艺"（冉求多才多艺），均可在政位上独当一面。孟武伯曾问孔子弟子的情况，孔子说，"由也，千乘之国，可使治其赋也"（子路这个学生，如果有一千辆兵车的国家，可以叫他负责兵役和军政工作）；"求也，千室之邑，百乘之家，可使为之宰也"（冉求这个学生，千户人口的县份，可叫他当县长，百辆兵车的大夫封地，可以叫他当总管）；"赤也，束带立于朝，可使与宾客言也"（公西赤这个学生，穿着礼服，立于朝廷之中，可以叫他接待外宾，办理外交）（《论语·公冶长》）。

孔子还说，君子应有"智、仁、勇"三方面的修养："仁者不忧，智者不惑，勇者不惧。"（《论语·宪问》）仁德的人不忧虑，智慧的人不迷惑，勇敢的人不惧怕。朱镕基总理1999年到美国去访问时，拜见他的老师顾毓秀，请老师题字，老师书写的条幅是："智者不惑、勇者不惧、诚者有信、仁者无敌！"大家看，顾老是90多岁的老人，在美国生活50年了，念念不忘的是中国的文化，孔子的精神。

孔子注意美育陶冶，他提出君子要追求"尽善尽美"（《论语·八佾》）。"美"指声音，就艺术形式而言；"善"指内容，就艺术实质而言。还提出君子应"文质彬彬""质胜文则野，文胜质则史。文质彬彬，然后君子"（《论语·雍也》）。意思是朴实多于文采，就未免粗野；文采多于朴实，又未免虚浮。文采和朴实，内容和形式，配合适当，这才是君子之修养。

由此可见，孔子是中国教育史上第一个提出要使受教育者在"仁"（德）、"知"（智）、"勇"（体）、"美"（乐）、"才"等几方面都得到全面修养和发展这一教育目标的"先师"。

（二）启发诱导

孔子教学的基本方法是启发诱导。他认定掌握知识、形成道德观念，应该是一个主动探索领会的过程，因此在教学中他特别重视学习的主动性。孔子说："学而不思则罔，思而不学则殆。"（《论语·为政》）意思是，只读书而不思考，就容易上当受骗；只思考而不读书，就会产生疑惑。这说明学习不能脱离思考，不思考就不能将学来的知识消化吸收，那样学了也无用处。如果只思考而不学习，会流于空想，那也是有害的。所以，要把学和思结合起来，这就是孔子的教学的辩证法。

孔子有句名言："不愤不启，不悱不发，举一隅不以三隅反，则不复也。"（《论语·述而》）"启发"一词以及成语"举一反三"即由此而来。朱熹注曰："愤者，心求通而未得之意；悱者，口欲言而未能之貌。启，谓开其意。发，谓达其辞。"（《四书章句集注》）"不愤不启"中的"愤"不是愤怒，是心里想通但还没有通。"不悱不发"是想说说不出，不到这个时候不启发你，即启发要把握火候，要注意时机，如果完全不理解，启发是没有用的。一定是对问题有一点钻研，但还没有完全钻研透的时候给予启发；当学生对某个问题思考已有所得，但还不十分明确，还表达不出来的时候，在这个节骨眼上给予开导，效果就最好。大家看，孔子的教学艺术已经达到这样一种程度，不是随随便便地启发，而是注意启发的火候，启发的时机。

教育是个经济学问题，要投资少收获大，就要注意教育的时机，要恰到好处。如现在主张儿童读经，13岁以下儿童的记忆力特别好，这时让他读经书，让他朗读背诵滚瓜烂熟，一辈子不会忘。15岁以后，他的理解力增强，记忆力逐渐下降，这个时候就教他理解消化运用知识。错过了13岁以前最佳的时机，就"时过然后学，勤苦而难成"。中国传统文化非常重要，有好多经典，如孔子的《论语》，老子的《道德经》等，在孩子13岁前就把它背下来，运用一辈子，影响一辈子。

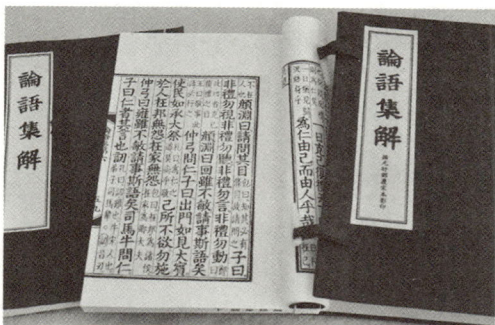
《论语集解》书影

孔子还认为思考的主动性具体表现在遇到问题时就问"怎么办"，这意味着学生动脑筋思考问题。孔子说过："不曰如之何、如之何者，吾末如之何也已矣。"（《论语·卫灵公》）对于一个遇事不问怎么办的人，我也不知道该怎么办了。

（三）因材施教

孔子通过长期私人讲学的实践，创造出了因材施教的教学方法，他把因材施教与启发诱导结合起来，即从学生的个人实际出发，运用启发诱导的方法，发挥学生学习的主动性和积极性，以保证培养目标的实现。

朱熹讲"夫子教人，各因其材"。孔子注意从学生的具体实际出发进行教学，不用千篇一律的说教，往往学生问同样的问题，而孔子的回答却不尽相同。如孟懿子问孔子："怎么才算孝？"孔子答："无违。"意思是说，无论在父母生前死后，都要依照周礼的规定，不能僭越，这才算是孝。孟武伯问怎么才算孝，孔子答："父母唯其疾之忧。"意思是说，要关心父母的健康情况，这是针对这位阔少爷不关心父母的冷暖疾病而说的。子游问孝，孔子认为子游对父母的生活还注意照顾，于是就提出加强对父母的恭敬，所以说："犬马皆能有养，不敬何以别乎？"子夏问孝，孔子回答曰："色难。"意思是说，仅知道代替父母做事，有酒食供给父母吃，还算不得孝，重要的是对父母的态度要和悦亲切。

朱熹

还有一个案例，据《论语·先进》载，子路问："闻斯行诸？"子曰："有父兄在，如之何其闻斯行之？"冉有问："闻斯行诸？"子曰："闻斯行之。"公西华曰："由也问闻斯行诸，子曰，有父兄在；求也问闻斯行诸，子曰，闻斯行之。赤也惑，敢问。"子曰："求也退，故进之；由也兼人，故退之。"子路问孔子："听到一个道理就马上去做吗？"孔子说："你的爸爸、哥哥都在，怎么能听到道理就去做呢？"冉求问："听到一个道理就去做吗？"孔子说："听到道理就去做。"这两个回答都被第三个学生公西华听见了，公西华就问："由也问闻斯行诸，您说有父兄在。求也问，您说对，听到道理就去做。我感到很迷惑，我大胆地请教您。"孔子回答得很妙，他说："冉求性格内向退退缩缩，胆子很小，所以我鼓励他大胆地干。子路一向胆大好胜，所以，让他请示父兄，有意压压他。"这是一个非常典型的例子。

二、《学记》的教学原则

《学记》是《小戴礼记》49篇中的一篇，成书于战国后期，是先秦时期儒家教育经验与教育思想的总结。在中国古代教育文献中，《学记》是最早、体系比较严整而又极有价值的一篇，不仅是我国教育史上一份极为珍贵的遗产，也是世界教育史上最早出现的自成体系的教育学专著。

《学记》虽只有1229个字，却字字珠玑，在具体分析教学中成功与失败经验的基础上，总结出了一系列教育与教学的原则方法，这是《学记》的精华所在，也是当今完善中华优秀传统文化教育应认真参考、细心体会的。

（一）教学相长

"虽有佳肴，弗食不知其旨也；虽有至道，弗学不知其善也，是故学然后知不足，教然后知困。知不足，然后能自反也。知困，然后能自强也，故曰：教学相长也。《兑命》曰：学学半。其此之谓乎！"

这段话的意思是，虽然有好的饭菜，不吃就不知道它的美味。虽然有很高深的道理，不学习它就不知道好在什么地方。所以，学了之后才知道不足，当了老师才知道有困惑之处。知道不足，才能够反省自己，严格要求自己；知道困惑才知道自强不息，所以说教学相长。

教学过程是教师传授知识的过程，又是学生掌握知识的过程，是这两方面辩证统一的互动过程，是教与学辩证统一的过程。从教师方面说，教的过程也是学习的过程，教即是学。教与学互相促进，提高教的水平。从学生方面说，学生从教师的教中获得知识，但仍需要自己的努力，才能有所提高，不限于师云亦云。教因学而得益，学因教而日进。

《学记》明确地指出了"教"与"学"之间相互依存、相互促进的关系，认为"教"与"学"是不断深入、不断发展的同一过程的两个方面。"教学相长"不只意味着"教"与"学"两方面的关系，还意味着教师与学生之间的平等的相互促进的关系。特别是对当今推进"素质教育"来说，更应提倡"教学相长"的精神。

韩愈继承与发展了《学记》"教学相长"的思想，进而提出"相互为师"的观点。"弟子不必不如师，师不必贤于弟子。闻道有先后，术业有专攻，如是而已。"既肯定了教师的主导作用，又明确提出"相互为师"的新思想。教人要向学有专长的人学习，谁在某一方面比自己强就向他学习，建立新的相互为师的师生关系。提倡这种原则的，就是在现代世界教学论著中亦属罕见。这个原则对于我们认识教学过程的本质、提高教学质量、改善师生关系，有很大的理论意义和实践意义。

叶圣陶先生说，教是为了不教，为什么不教呢？是让学生自己有学习的能力，与老师时时互动，形成一个良性循环，那么，教学质量就真正提高了。

（二）藏息相辅

"大学之教也，时教必有正业，退息必有居学。不学操缦，不能安弦；不学博依，不能安诗；不学杂服，不能安礼。不兴其艺，不能乐学。故君子之于学也，藏焉修焉，息焉游焉。夫然，故安其学而亲其师，乐其友而信其道，是以虽离师辅而不反也。"

"藏"是已藏，指课内学习，"息"就是课下，课上和课下要互相配合。这段话的意思是：大学的教育，按规定的时间进行正课教学，课后进行课外练习，即回到家里还要学习。课外不练习好调弦，课内就完成不了乐教的任务；课外不学习好吟诵，课内就不能把《诗经》学好；课外不学好洒扫应对进退等礼节，课内礼教的学问就学不好。课下的动手能力不好，不能调弦，不会吟诵，不懂得日常的礼节，不能乐学，正课的学习就学不好。所以，善于学习的人，在掌握了已学的知识以后，进而进修未学的知识，在已知和未知之间要得到一个平衡。在休息的时候，就尽心游乐，在休息和游乐之间也得到一个平衡。按照这个样子去学习，才能巩固所学，从而亲近师长，乐于交友，恪守信念，日后即使离开了师友，也不会回到原来的水平上。这就叫课内和课外的互动，互相配合。

《学记》认为，课外活动是课内学习的继续和补充，它们之间是相互依存、相互促进的；课外活动，包括课外作业在内，并不是消极的，而是为了更有效地学习。正课教学与课外活动之间辩证的统一，已学知识与未学知识之间辩证的统一，接受知识与消化知识之间辩证的统一，学习与休息之间辩证的统一，"亲师"与"乐友"之间辩证的统一，这些朴素的教育辩证法，如果不是经过长期的教育教学实践，是锤炼不出来的。

（三）预时孙摩

"预"，即在事情未发生之前，要注意加以预防。"禁于未发之谓预"，意思是，老师要有预见性，在学生的不良行为发生之前就予以预防。"发然后禁，则扞格而不胜。"意思是，不要等事情发生以后再去禁止，那就非常难了。也就是说，在事情未发生之前，教师要注意加以预防，做到心中有数，防患于未然，这就叫预防不良倾向产生的教育原则。

"时"，即抓住适当时机，及时地进行教育。"当其可之谓时""时过然后学，则勤苦而难成"。意思是，抓住最佳时机因势利导，叫作及时。古代很注重时间，大家知道，儒家讲时间，道家讲空间，佛家讲时和空的联系。儒家讲如何做一个好人，道家讲如何做一个修炼的人，佛家讲做一个明白的人。所以，儒佛道是非常丰富的，是一个整体。我经常和学生讲，从小有儒佛道的修养，素养提高了，长大后各方面都会受益。所以，抓住适当时机，及时地进行教育，把握最佳学习时机，因势利导，便会取得最佳的教学效果，这就叫及时教育原则。

人的脑细胞都是一样的，有140亿。但是，大脑的重量不一样，刚出生的婴儿是0.6千克，成人是1.6千克，差别在哪里呢？即脑细胞之间联络的触突不一样，触突的形成与刺激有关系，三岁以前用文化刺激他，教他一些儿歌、游戏，打开他的智慧。如果三岁以前耽误了，六岁以前别耽误，教孩子背诗文，这是最好的时机。

教育从娃娃抓起

"当其可之谓时"，恰到好处的时间，就像我们种花一样，不浇水干死了，浇多了淹死了，所以"时"非常重要，要恰到好处。"时过然后学，则勤苦而难成"，时间过了叫他学太难了，中国人学外语就很花时间，把时间都用到外语上，母语水平很差，一落千丈，现在的教育质量不高，主要表现在母语，就是没有注意在恰如其分的时间，学习中华优秀传统文化。

"孙"，即不越级，按照次序进行教育。"不陵节而施之谓孙"，即不超越阶段进行教育。也就是说，要按照次序进行教育，这就叫循序渐进的教育原则，"杂施而不孙，则坏乱而不修"。

"摩"，即相互学习，取长补短。"相观而善之谓摩"，古人很重视互相的学习，相观而善。"独学而无友，则孤陋而寡闻"意思是，如果独自关门来学习，没有朋友帮助，就不容易增进知识。"燕朋逆其师"，如果交不好的朋友，就会违背老师的教导。"燕辟废其学"，行为不端，行为不轨，就荒废了学习。由此，相互学习，取长补短，以文会友，以友辅仁，这就叫发挥集体教育作用的原则。

（四）善喻

"故君子之教，喻也。道而弗牵，强而弗抑，开而弗达。道而弗牵则和，强而弗抑则易，开而弗达则思。和、易、以思，可谓善喻矣。"

优秀的教师总是善于用启发诱导的方法教育学生，即引导学生，而不是牵着他们的鼻子走；激励学生，而不强制使之顺从；启发学生，而不一下把结论和盘托出来。引导他们而不牵着走，则教与学、师与生的关系就会和谐融洽；激励而不强制使之顺从，学生学习起来感到安易、容易；启发而又有所含蓄，就可以让学生去独立思考。

提高课堂教学质量的关键一环是教师在教学内容的选择上能够举一反三，这个"一"是能够迁移的，能触类旁通、自我扩散的知识点。教师优秀与否就是看他教的是"一"还是"三"。在教育教学方法上要遵循"道而弗牵，强而弗抑，开而弗达"的启发教育原理，只有这样才能真正减轻学生的不适当的负担，促进其素质的全面发展，全面提高教育和教学质量。

简单的几个字把教学原则写得淋漓尽致，如果我们都能做到，那么，师生的素质就有很大的提高，整个民族的素质就会大大提高。

（五）长善救失

"学者有四失，教者必知之。人之学也，或失则多，或失则寡，或失则易，或失则止。此四者，心之莫同也。知其心，然后能救其失也。教也者，长善而救其失者也。"

学生学习存在着四种缺点，教师必须掌握具体情况，因势利导。学生在吸取知识过程中，有的缺点表现在贪多务得，过于庞杂；有的缺点表现在单打一，学习很少，知识面流于狭窄；有的缺点表现在对学习的艰巨性估计不足，浅尝辄止；有的缺点表现在畏难而退，缺乏攻关的勇气，半途而废，坚持不下来。这四种缺点类型反映着学生对待学习不同的心理状态。教师只有了解了学生这些心理状态，才能矫正这些缺点。良好的教育方法就在于：它既善于发扬学生的优点，又善于克服学生的缺点。

可见两千多年以前，中国人就懂得教育心理学，要针对学生的心理状态来补救他的过失，怎么补救呢？"教也者，长善而救其失者也。"即当老师的要长善，从依靠优点入手，用自身的本性、善性，积极因素克服受到后天环境影响产生的缺点、消极因素，这就是长善救失、扬长补短，这个原则既包含有重视正面教育的意思，又包含有因材施教的思想，正面和负面讲得多么透彻。一个人总有优点，有他的本性善良的地方，把他的本性善良的地方、他的优势、他的优点发挥出来，用他的优势来克服他的缺点，优秀的老师就是这么做的。大家到中小学去看，一个班级总有几个淘气的孩子，优秀的老师一下就可以驾驭他们。但是，没有经验的老师就没办法，天天叫苦连天，原因在于只看到他们的缺点，看到淘气的一面，没有看到他的本质和优点，没有把他的积极性发挥出来。用他的积极性去克服他的消极性，这是优秀老师做的工作，优秀老师的成功之处，就在这个地方。

（六）善教继志

"善歌者，使人继其声；善教者，使人继其志。其言也，约而达，微而臧，罕譬而喻，可谓继志矣。"

意思是，优秀的歌唱家会使听众不约而同地跟着他歌唱，优秀的教师会使学生自觉地跟着他指引的方向去学习。教师讲解能引人入胜，就在于语言简练而道理明彻，叙述浅近而含义深远，不多举例而富有启发。这样就能让学生按照他指引的方向去努力学习。这在中学最为明显，一个中学的理科老师很强，学生报考大学理科的就多；一个中学的文科老师很强，报考大学文科的学生就多，老师的吸引力是很强的。

《学记》以"善歌继声"做比喻，提出善教者要使学生能积极自觉地跟着老师学习，达到"继志"的要求。这说明教师应该是为一定的社会理想从事教育工作的，测量教育效果的尺度，不只是受教育者知识能力的增进，最根本的乃是理想志向给予他们的影响的深度。这是《学记》所反映中国儒家教育思想的精义之所在，是令人回味的。

两千多年以前，中国人概括的教学原则，现在看起来，仍值得我们认真地学习，认真地汲取它的营养，来丰富、来改变、来提高我们的教学质量和水平。

三、书院的办学指导思想

书院之名始于唐代，书院制度形成于宋代。唐代的书院是藏书、校书的场所，相当于一个图书馆或博物馆。书院也起源于私人讲学。宋以后科举考试盛行，官学教育成为科举考试的附庸更趋于形式化，造成了人才的危机；五代以后雕版印刷被广泛采用，印书藏书之风广为流行，指导读书也成为社会的普遍要求；宋代形成了新的理学教育思潮，一些著名的理学家和知名学者，效法佛教徒于山林名胜之地修习讲经制度。于是传统的私人授徒、家学，在具备充分的藏书基础上，在理学教育思潮推动下，出现了一种高于蒙学的高级的教育组织形式，即宋代的精舍和书院。宋初含教育性质的著名书院有：石鼓书院（湖南衡阳）、白鹿洞书院（江西庐山）、嵩阳书院（河南登封）、岳麓书院（湖南长沙）、应天府书院（河南商丘）、茅山书院（江苏江宁）等。书院经历了宋、元、明、清四代数百年之久，并且，每个书院都有自己独特的风格、内容，重视自己的特色，这是很重要的。

书院的类型有官办的，有民办官助的，也有私人办的。书院的创立，可以补官学之不足，书院的办学目标，首先是要求士子学做人，追求人格之完善，而不是像官学那样以科举入仕为官作为主要目标。书院的教学内容和方法多样化，不只是为了应考科举，可以适应社会多方面的需要，培养不同专业和不同层次的人才。

书院教育德行、学问并重。朱熹在《白鹿洞书院学规》中明确提出"为学"的目的首先是"修身"，而"修身"之要义是"言忠信、行笃敬；惩忿窒欲，迁善改过"。

岳麓书院

"言忠信、行笃敬"是《论语》上孔子讲的，即一言一行要讲忠讲信，行为要厚重、老实、坚定、严肃认真。"惩忿窒欲，迁善改过"是《易经》的话，"惩忿"，就是要把个人不满的情绪、欲望去掉。"接物"的要义是"己所不欲，勿施于人；行有不得，反求诸己"。在"修身"与"学问"之间，是以"修身"为本。"己所不欲，勿施于人"是孔子讲的，"行有不得，反求诸己"是孟子讲的，也就是说，一个人的行为没有达到预期的目的，不要埋怨别人，反过来检查自己是不是有问题，这是以德行为先、求知学文为后的中国儒学传统。用今天的"素质教育"的话来说，就是重视德育，培养学生高尚的志趣和道德情操，提高其心灵素质和道德素质，而不是单纯地传授知识。

书院的山长（院长）或主讲，往往就是知名学者或是一个学派的大师，一般来说即成为该学派的学术研究和教育活动基地，如朱熹修复白鹿洞书院和岳麓书院，陆九渊建象山书院，明代王守仁、湛若水各标其学术主旨，纷建书院，明末顾宪成、高攀龙主持东林书院，发扬"讽议朝政、裁量人物"的精神，提出"风声雨声读书声，声声入耳；家事国事天下事，事事关心"。湖南长沙岳麓书院有一对联：上联讲的是"修己"，"是非审之于己，毁誉听之于人，得失安之于数，陟岳麓峰头，朗月清风，太极悠然可会"。下联讲的是"安人"，"君亲恩何以酬，民物命何以立，圣贤道何以传，登赫曦台上，衡云湘水，斯文定有攸归"。如果我们天天读这样的诗，熏陶自己，无形中就能够迅速成长。

书院教学注重讲明义理，躬行实践，多采问难论辩式，注意启发学生思维，培养学生学习兴趣与学习能力，并倡导学术争辩和学派交流。宋代已倡"会讲"，类似今天的学术讨论会，进行学术交流和争论，但没有固定的形式和组织。如朱熹在白鹿洞书院曾请陆九渊去讲学，陆九渊讲"君子喻于义、小人喻于利"，听众感动有流涕者。朱熹把陆九渊所讲的刻在石碑上。朱陆学派不同，请不同学派学者来讲学，并且这样重视，既体现了"百家争鸣"的学风，也表现出学术上互相尊重的高尚风格。明代书院从"会讲"发展为"讲会"，即将会讲制度化，形成组织，并订会约，类似今天的民间学会、民间学术研究团体。

书院教学以自学、独立研究为主，以答疑形式进行教学。宋以后流行的各家语录，就是师弟子间问答的记录。师生关系融洽，以道相交，师生之间感情深厚，师生朝夕相处，同学互相切磋，从起居生活到学习研究都在一起。大师以"人师"自律，学生则以"醇儒"自策。弟子视师长如父兄，师长视学生如子弟，互学互助，和谐共进，团结和睦，亲如一家，这也是书院制的特点，很值得我们今天教育上重视。

清末民国初教会书院达数十所，其主要目的是培养传教士，但对中西文化交流及人才培养也起了一定作用。如上海美国基督教圣公会办的圣约翰书院（由培雅、度恩两书院合并而成）就是圣约翰大学的前身。广州格致书院就是岭南大学的前身。南京的金陵大学也是由宏育书院与汇文书院合并而成的。这些书院和大学都曾为中西文化交流和人才培养做出了贡献。

20世纪20年代清华国学研究院成立，其办学宗旨是："延名师，拓精舍，招海内成学之士。"它虽未用书院之名，但颇具书院的性质，延聘了王国维、梁启超、陈寅恪、赵元任"四大导师"。虽然只办了四年，但培养出许多知名学者。

1924年清华校长曹云祥向胡适请教如何创办研究院，于是"胡氏略仿昔日书院及英国大学制，为研究院绘一蓝图"[1]。

同年，胡适的好友，同样留美归来的任鸿隽、陈衡哲夫妇联名发表《一个改良大学教育的建议》，特别标举中国的书院精神，希望将其与欧美大学制度相结合。

中国现在的大学，学习西方的东西很多，但继承中国传统书院的精神很少。中国的教育应重视德行，重视性情，重视生命，应汲取书院教学以自学、独立、研究为主，以答疑形式进行教育的思想，使大学真正具有研究的性质，这样才能形成学派。

我们希望蔡元培先生的大学理想能够实现：中国传统的孔墨精神，加之英国之人格教育，德国法国之专深研究，美国之服务社会。但在此

之前，如何协调西方教育体制与东方传统精
神、政府行为与民间学术、人文修养与专才
教育、大学规模与教学水平、思想自由与兼
容并包，乃至大学的结构与主体、功用与义
务等等，值得认真研究[2]。

四、中国传统师德的意义和价值

所谓"师德"是"教师职业道德"的简
称，教师进行教育、教学工作，处理各种关
系应遵循的道德准则和行为规范，包括教师
的道德品质、思想信念、对事业的态度和感
情以及有关的行为习惯等等。中国教育史记
录了伟大的中华民族在漫长的岁月里，有目
的、有计划、有组织的教育活动的历程，反
映了中华民族的智慧。

王国维

在孔子的教育思想中，教师占有特殊
的位置，因为陶冶学生的品德，传授他们的
知识，培养他们的才能，发展他们的专长等
等，都是教师的重大职责。孔子根据自己教
育实践的体会，对教师提出了多方面的要求。

梁启超

（一）以身作则，言传身教

孔子说："其身正，不令而行；其身不正，虽令不从。"（《论
语·子路》）孔子认为如果教师的道德行为和作风正派，就是不发命
令，学生也会执行；如果教师的道德行为和作风不正派，就是发命令，
学生也不听从。

孔子还说："不能正其身，如正人何？"（《论语·子路》）如

果自身不端正，又怎么能端正别人呢？教师是学生的榜样，教师的一言一行，都会直接影响到学生的健康成长。孔子的学生子贡称赞孔子教人"正身以俟"。荀子颂扬孔子"早正以待"（《荀子·儒效》）。

孔子不仅是以身作则的提出者，而且也是这一原则的实践者。教师要以身作则，就要言传身教，把"有言之教"和"无言之教"结合起来，孔子说："可与言，而不与之言，失人；不可与言，而与之言，失言。智者不失人亦不失言。"（《论语·卫灵公》）孔子认为，可以和学生谈，进行"有言之教"，而不去和他谈，这叫错过了人才；不可以和他谈，却去和他谈，这叫浪费了言语。一个聪明、合格的教师既不错过人才，也不浪费言语，采用"有言之教"与"无言之教"两种方式。该用语言讲的用语言讲，不用语言讲的用行为使其模仿。道德往往是无言的力量，所以孔子讲："君子之德风，小人之德草。"（《论语·颜渊》）。

"言教"在于说理，以提高学生的认识；"不言教"在于示范，实际指导学生的行动。在处理二者关系方面，孔子强调的是身教，教师要以自己合乎规范的道德行为给学生做出榜样，教师提倡学生做的，自己必须先做；不让学生做的，自己首先不做。教师所说和所做的一致，证明所说的是正确的，所做的是合理的。这样，教师才能在学生心目中树立威信，教师的榜样才能发挥作用。

孔子对学生说过："予欲无言。"他的学生说："您假若不说话，那我们还有什么可以传述的呢？"孔子说："天何言哉？四时行焉，百物生焉，天何言哉？"（《论语·阳货》）天说了什么呢？四季照样运行，百物照样生长，天说了什么呢？所谓"无言之教"，就是通过暗示、榜样去影响学生，潜移默化，"其濡染观摩之效，自不求而至，不为而成"。全面提高学生的素质，这是很重要的一环。马克思讲，教人者必先受教育。

（二）学而不厌，诲人不倦

孔子说："学而不厌，诲人不倦。"（《论语·述而》）这是说教师自己要努力学习，永不满足；对学生要勤奋教导，不知疲倦。孔子还说："若圣与仁，则吾岂敢！抑为之不厌，诲人不倦，则可谓去尔已矣。"如果说到圣与仁，我不敢当，只不过是学习和工作从不厌倦，教诲学生总不知疲倦。《吕氏春秋·尊师》也有相似的记载：子贡问孔子，后世将怎样称道您老人家？孔子说，"我何足以称道呢？一定要说时，就算是好学不满足，好教而不知疲倦，大概就这样吧！"

（三）爱护学生，无私无隐

爱护学生、关心学生是一个教师成功必须具备的条件，也是师德的重要内容。孔子说"仁者爱人""智者知人"（《论语·颜渊》）。意思是，仁者爱护人，关心人，把人当人对待；智者善于了解人，识别人。孔子爱护学生、了解学生、关心学生品德学业的增进和他们的生活与健康状况。孔子说："爱之，能勿劳乎？忠焉，能勿诲乎？"（《论语·宪问》）爱护他，能够不叫他勤劳吗？忠于他，能够不教诲他吗？又说："二三子以我为隐乎？吾无隐乎尔。吾无行而不与二三子者，是丘也。"（《论语·述而》）你们以为我会隐瞒什么吗？我对你们是没有任何隐瞒的，我没有什么不告诉你们的，这就是我孔丘的为人。说明孔子对学生为学与为人毫无保留，做到了"无隐无私"。

对于年轻一代，孔子是寄予很大希望的。孔子说："后生可畏，焉知来者之不如今也？"（《论语·子罕》）这里包含有"弟子不必不如师，师不必贤于弟子"的发展观点，包含有青年人超过老年人、学生超过老师、长江后浪推前浪的发展观点。尤其难能可贵的是，孔子认为当一种正义事业需要人去担当时，年青一代要敢于勇往直前，责无旁贷，即使在老师面前也不必谦让，"当仁不让于师"（《论语·卫灵公》），面临着实行仁德的事情，可以不必对老师谦让，就是老师也不必谦让。

就《论语》上记载的材料看来，一方面表现出孔子对弟子们的关怀爱护，另一方面表现出弟子们对老师的敬爱尊重，形成了一种严肃认真而又亲切自然的师生关系——尊师爱生的关系，这是中国教育史上的优秀传统。热爱教育，忠于学生，对教育事业表现出充沛的精力和毅力，对青少年一代表现出满腔的热情和关怀，这是教师应具备的情感意志品质，也是对学生进行素质教育的必要条件。

（四）讲究教法，循循善诱

孔子认为教师要讲究教学方法，善于启发学生的心智。他说："温故而知新，可以为师矣。"（《论语·为政》）他提出"不愤不启，不悱不发""举一反三""闻一知十"等，正如颜渊所赞叹的"夫子循循然善诱人，博我以文，约我以礼，欲罢不能"（《论语·子罕》）。老师善于有步骤地诱导我们，用各种文献来丰富我多方面的知识，又用一定的规矩制度来规范我的行为，使我想停止学习都不可能。这说明孔子教育技巧之高超，像一块磁性很强的吸铁石，把学生紧紧吸在自己的周围，弥漫着一种强力磁场，导发出诱人的魅力。由此可见，具有良好的教育教学能力、技巧，讲究教学原则方法，是教师必备的一种心理品质，也是对学生进行素质教育的必要条件。

孟子继承和发展了孔子的教育思想，他说："得天下英才而教育之，三乐也。"（《孟子·尽心上》）这是中国教育史上第一次把"教"与"育"联用，也是第一次提出把培养天下优秀人才当作人生的乐事。孟子说，人生有三件快乐的事，父母俱存，兄弟无故，一乐也；仰不愧于天，俯不愧于人，二乐也；把天下优秀的人才都集中进行教育，这是人生的最大的快乐。

孟子充分肯定教师的地位，认为当教师是君子的责任，他把国君和教师并列："天佑下民，作之君，作之师。"（《孟子·梁惠王下》）他甚至把教师凌驾于君之上，所谓"是王者师也"（《孟子·滕文公上》）。孟子说："中也养不中，才也养不才。"（《孟子·离娄下》）认为道德修养高、有才智的教师不断以自己的德行、才智培养、影响他人，社会就会有更多的贤才，突出了教师的育才作用。"君子引而不发，跃如也；中道而立，能者从之。"（《孟子·尽心上》）意思是说，教师教导学生正如射手张满了弓，却不射箭，做出跃跃欲试的姿势，以启发和诱导学生。教师要在正确道路之中站住，有能力的学生便跟随而来。他有一句名言："尽信《书》，则不如无《书》。"（《孟子·尽心下》）要求学生独立思考，自求自得，才能深入心通，心有所得，达到运用自如的地步。

他说："君子深造之以道，欲其自得之也。自得之，则居之安；居之安，则资之深；资之深，则取之左右逢其原，故君子欲其自得之也。"（《孟子·离娄下》）认为君子的高深造诣要有正确的方法，这就是要求他自觉地追求得到，自觉地追求得到的，掌握得比较牢固，牢固地掌握而不动摇，就能积蓄很深，积蓄很深，便能取之不尽，左右逢源，所以君子要自觉地有所得。"求则得之，舍则失之，是求有益于得也，求在我者也。"（《孟子·尽心上》）教师不能包办代替，教师在教学过程中要起引路人的作用。

荀子是战国后期人，他继承儒家的传统，进一步提高了教师的地位，认为"天地者，生之本也；先祖者，类之本也；君师者，治之本也。无天地恶生！无先祖恶出！无君师恶治！"（《荀子·礼论》）他把教师与"天""地""君""祖"并列，宣称"天地"是生物之本，"先祖"是族类之本，"君师"是统治人民之本。体现了荀子尊师重教的思想。荀子认为，教师的作用首先表现在对国家和社会的发展方面。张载说："天地之塞，吾其体；天地之帅，吾其性。"（《正蒙·乾称》）充塞天地之间的是构成我身体的元气，统帅天地的是构成我心性的物质。距离现在5000年的辽宁牛河梁地区出土的红山文化，就先祭祀天，再祭祀地，再祭祀君，再祭祀祖宗，再祭祀老师，说明天地君师传统已经5000年了。

荀子说："礼者所以正身也，师者所以正礼也。无礼何以正身？无师，吾安知礼之为是也？"（《荀子·修身》）"礼"是用以矫正人的思想行为的，是维护社会安定的根本，但如果没有教师，"礼"的这种作用便无法实现，就会形成"上无君师，下无父子"的"至乱"的局面。由此看来，教师的地位和作用，直接关系到国家的前途和命运。所以，荀子讲"国将兴，必贵师而重傅""国将衰，必贱师而轻傅"（《荀子·大略》）。

《礼记·文王世子》："师也者，教之以事，而喻诸德者也。保也者，慎其身以辅翼之，而归诸道者也。"所谓"师"，是用具体事例教导并用它说明各种德行的人。所谓"保"，是以自己谨慎的言行来辅佐世子使之归于正道的人。

由于《礼记·学记》对教育作用高度评价，因此《学记》要求给教师以崇高的社会政治地位。"能为师，然后能为长；能为长，然后能为君。故师也者，所以学为君也。""师严然后道尊，道尊然后民知敬学。"尊师重道，师是道的代表，道的代言人，拥有最高的解释权。《学记》一方面要求给教师以极其崇高的地位和尊敬，对全社会提出了尊师的要求；另一方面也对教师提出了严格的要求，"是故择师不可不慎也！"

西汉韩婴的《韩诗外传·卷五》上有一句话："智如泉源，行可以为表仪者，人师也。"你的智慧像泉水的源头一样，你的行为可以当我们的表率，这样的是老师。

西汉扬雄的《法言·学行》上有一句话："师哉！师哉！童子之命也。务学不如务求师。师者，人之模范也。"老师啊，老师啊，少年儿童的命运都掌握在你手里了。我们求学问，从事于学问，不如找一个好的老师。"师者，人之模范也"，"师范"即由此而来。

晋人袁宏《后汉记·灵帝纪上》说："经师易遇，人师难遭。"讲经的老师容易找到，讲做人的老师很难找到，古代是

扬雄

这样，现在我们更是这样。所以，徐特立同志说，"我们的教师要采取人师和经师二者合一""两种人格合二为一，这应是教师的完全人格""每个教科学知识的人，他就是一个模范人物，同时也是一个有学问的人。"[3]

韩愈说："古之学者必有师。师者，所以传道、受业、解惑也。"（《师说》）所谓传道，是指儒家的"修己安人"之道，儒家的道统、人生观、宇宙观、价值观，安身立命之道；所谓受业，是指当时读的古籍文献，掌

韩愈

握一定的解读古籍文献的能力；所谓解惑，是指教师在教学过程中不断解答学生们在"道"与"业"两方面的疑惑。韩愈认为，教师的职责重在传道，授业是为传道服务的。古文、经文只不过是载道的工具；而传道又是通过授业完成的。如果教师只是"习其句读"而不传道，那是"小学而大遗"，因"小"而失"大"，忘记了自己的根本任务。他这样分析教师的任务是有意义的，把"传道"当作第一任务，把"受业"当作第二任务，把"解惑"提到应有的地位，这样排列顺序是明确的。分析"传道"与"受业"之间的辩证关系也是合理的，这里不仅包含了在传道、受业、解惑的整个教学过程中，教师应起主导作用的意思，而且还包含了寓思想道德教育于智育之中，思想道德教育通过智育进行的思想。

五、中国传统教育思想的主要特色与完善

中国古代社会重视道德教育，重视道德培养，注重气节与操守，讲究崇高的精神境界，提倡发奋"立志"与"舍生取义"的精神，强调

道德责任感与历史使命感，宣扬那种孜孜不倦、临事不惧、不计成败利钝、不问安危荣辱、以天下为己任的宽广胸怀，把个人完成的社会责任作为个人道德的自我完成，容易形成一股强大的社会凝聚力，逐渐形成了一个长远而深厚的教育传统，上起孔孟老庄，中经禅宗，下迄宋明理学，都特别注重道德教育与自我修养，都是以自我的认识和控制为努力的主要目的。立志有恒，克己内省，改过迁善，身体力行，潜移默化，防微杜渐……形成了一系列具有独特风格的道德教育与道德修养的手段，中国古代教育家重视培育真实的精神修养，树立道德风范，其影响力是无法低估的。他们曾在漫长的中国古代历史上教育、感染、熏陶了多少仁人志士，成为中国教育史上经常起进步作用的重要传统，闪烁着灿烂的光华。总的来说，中国古代的教育思想，大致有以下三个显著的特色。

（一）综合观，即大教育观

中国古代教育家很早就认识到教育这一系统是整个社会大系统中的一个子系统，许多教育问题实质上是社会问题，必须把它置于整个社会系统中加以考察和解决。而教育问题的解决，又必然促进整个社会的发展和进步。

孔子十分重视教育，把人口、财富、教育当成"立国"的三个要素。人口是最基本的，一个国家首先要有人口，有了人口就有了生产力，就有手来生产；第二是发挥人的作用，使他们富裕起来，以满足人们消费的需要；第三是教育，有了物质生活的基础，才能发展教育，把教育搞好了，一个国家才算治理好了。孔子认为，在发展生产使广大人民群众富裕之后，唯一的大事是"教之"，即发展教育事业。他从"国之本在家"的思想出发，重视家庭伦理和社会道德——"孝悌忠信"，看到了教育对于治理国家、安定社会秩序所产生的重大作用。这种把教育放在治国治民的首要地位的认识，把个人的道德修养和提高社会道德水准看成是治国安邦的基础的思想，是十分深刻的。

《学记》把教育的作用概括为十六个字，"建国君民，教学为先""化民成俗，其必由学"。意思是，建立国家管理人民，教学优先发展。教化老百姓形成良风美俗，必须要抓教育，这个不可忽视。认定教育的作用包涵相互联系的两个方面：一是培养国家所需要的人才，一是形成社会道德风尚，形成良风美俗。这可以称得上是中国古代关于教育作用思想的概括和总结，至今仍不失其借鉴意义。

（二）辩证观，即对立统一观

中国古代教育家强调把道德教育放在首要地位，但同时也不忽视知识教育的作用。

孔子说，"君子怀德""君子务本，本立而道生""行有余力，则以学文"。同时，孔子又说，"好仁不好学，其蔽也愚""仁者安仁，智者利仁""未知，焉得仁？"没有智慧、没有知识，怎么得到仁德呢？德非常重要，但是，知识也不能忽视，所以，这是辩证的统一。董仲舒说："仁而不智，则爱而不别也；智而不仁，则智而不为也。"（《春秋繁露·必仁且智》）这就是中国古代的德智统一观，首先是道德教育及其实践，其次才是知识教育。德育要通过智育来进行，智育主要也是为德育服务，德育与智育之间存在着相互依存、相互渗透、相互影响、相互统一的关系。道德教育也是这样，道德观念的认识与道德信念的建立之间也存在互相矛盾、对立统一的关系。如孔子说："知及之，仁不能守之，虽得之，必失之。"（《论语·卫灵公》）认为道德观念虽认识了，如不能保持它，即使得到了，也定会丧失。这就是说，道德观念如果只停留在认识阶段，而不能转化为信念，那么道德就失去了规范行为的作用。知识与才能之间也存在既矛盾又统一的关系。唐人刘知几说，一个人如果有学问而无才能，好比拥有巨大的财富却不会经营它；如果有才能而无学问，则像本领高超的工匠，没有刀斧和木材，也无法建造宫室。

明人徐光启说："古人云：鸳鸯绣出从君看，不把金针度与人。"

反其语曰："金针度去从君用，未把鸳鸯绣
与人。"过去保守的人，制作出绣花品给
你，但是不把制作绣花品的方法告诉你。徐
光启说现在把绣花的方法、思路告诉你，比
给你一个现成的绣花品还要让你受益。徐光
启强调培养才能的重要，认为教学不仅只是
讲一些现成的知识，而且还要培养学生的思
辨能力，掌握科学的方法。

徐光启

（三）内在观，即强调心的内在道德功能或内在自觉性

中国古代教育思想的显著特点是启发每一个人的内心自觉，教人
如何"做人"，如何在现实生活中实现其"治国平天下"理想的入世精
神。强调的是对自身的肯定，人不仅与天地相参而且顶天立地，追求
"同天人""合内外"（即殊相与共相统一、主观与客观统一）。在这
种"天人合一"之中得到一种最高的、理智的幸福。大家看，人顶天立
地，脚踏大地，头顶蓝天，这就是人。所以，王阳明讲"人是天地的
心"，只有人懂得天地的精神，把天地宇宙的精神灌输到人当中，人就
有了正能量。而"良知是人的心"，这就是中国教育的特点。在"天人
合一"之中得到一种最高的、理智的幸福。

中国古代教育家提出一种"做人"的道理，"做人"的要求，"做
人"的方法，并让人从中得到"做人"的乐趣，表现出人的崇高精神境
界。这是教育的根本点，所以古人讲"极高明而道中庸"，既有高明的
理想，又有踏踏实实的行为，强调的是"自律"，而不是"他律"。

中国古代教育思想强调人心中具有一种价值自觉的能力，中国古
人讲四条：第一有慧根；第二德行好；第三缘分，就是机会、机遇，你
可能遇到一个好学校，一个好老师，或者读了一本好书；第四是悟性，
领悟的程度。有慧根是基础，有德行是表现，有缘分是机遇，有悟性才

使你真正成长起来。这四条并列，一条都不能缺，就可以成就你的仁德，将来就成为君子。所以，"为仁由己""自我修养""自省""自反""慎独"，最后是"自我完善"，自我求取在人伦秩序与宇宙秩序中的和谐。

中国古代教育思想追求价值之源的努力是向内、向自身而不是向外、向上，不是听上帝的召唤，亦不是等待佛祖的启示。重视其内在的力量，重内过于重外，这是一个值得注意的教育特色。

我们现在的教育不是在根上浇水施肥，而是在枝叶上浇水施肥。所以，花了很多冤枉钱，没有用到根本上。根本就是人的心灵，做人，性情，生命，这一点非常重要。所以，中国人讲人性是善性，人心是良心，人情是真情，如果我们的教育都落实到这上面，就是成功的。李瑞环同志在《关于弘扬民族优秀文化的若干问题》[4]一文中指出："中华民族文化对于人类的进步和发展产生了广泛深远的影响。我国古代的四大发明对于人类文明的贡献自不待言，若干领域的学术思想成就也丰富了世界思想文化宝库。中国古代的辩证法、教育思想、军事理论等，在当今的世界上仍然具有不衰的魅力。"这个论断是符合实际的。

中国传统文化教育及其价值系统，精深而博大，弥漫着一种强力磁场，导发出诱人的魅力。中国的真正崛起和为世人所瞩目，应该建立在对整个中国古代文明（包括中国古代优秀教育遗产在内）的再发现与再认识的基础之上，忽视了这一点我们将要犯极大的错误。历史虚无主义思潮会泯灭民族精神的再殖力，民族的创造力将会枯萎，它不但使我们丧失社会主义意识形态对国家利益与人民生活的保护，同时也将使我们丧失一国人

民赖以生存于世的基本精神资源。中国古代优秀的教育遗产，也是一种"资料"，一种"资源"，或称之为"历史资源"，甚至还可能是一种"动力资源"，就好像煤、木柴一样，假如能把它用得很好的话，它就可以变成现代发展的一个动力。

毛泽东同志说："学习我们的历史遗产，用马克思主义的方法给以批判的总结，是我们学习的另一任务。我们这个民族有数千年的历史，有它的特点，有它的许多珍贵品。对于这些，我们还是小学生。今天的中国是历史的中国的一个发展；我们是马克思主义的历史主义者，我们不应当割断历史。从孔夫子到孙中山，我们应当给以总结，承继这一份珍贵的遗产。这对于指导当前的伟大的运动，是有重要的帮助的。"[5]列宁说："马克思主义的这一革命无产阶级的思想体系赢得了世界历史性的意义，是因为它并没有抛弃资产阶级时代最宝贵的成就，相反却吸收和改造了两千多年来人类思想和文化发展中一切有价值的东西。"[6]列宁讲的"吸收和改造了两千多年来人类思想和文化发展中一切有价值的东西"，当然也包括了中国古代教育遗产中有价值的东西，我们不应当妄自菲薄，不要以为自己民族传统的东西统统不如人，中国古代教育遗产中有许多好的东西应当去发掘和整理，那是一个无限丰富的宝藏。可以设想，建立具有中国特色的社会主义教育理论体系，很有可能是兼有中国古代传统教育精华的崭新教育理论体系，它必将在世界教育史上放出异彩。

我们今天深入挖掘中国传统教育思想中有价值的观念和成功的理念，对于当前加强和深化教育改革、完善中华优秀传统文化教育、培养创新人才有重要的借鉴意义与参考价值，其目的是为了实现"中国梦"和"实现中华民族的伟大复兴"。

注释：

[1]蓝文征：《清华大学国学研究院始末》，《清华校友通信》新卅二期，1970年4月。

［2］参阅陈平原《中国大学百年》，《学人》第13辑，1998年3月，江苏文艺出版社。

［3］《各科教学法讲座》，《徐特立教育文集》，第242—243页。

［4］《求是》，1990年第10期。

［5］《毛泽东选集》第二卷，第499页。

［6］《列宁选集》第四卷，第362页。